ANDREAS FALK

Der NAZI WAHN

Deutschland im Würgegriff linker Zerstörungswut

...Schluss mit dem linken **Maulkorb!**

amadeus-verlag.com

Amadeus Verlag GmbH & Co. KG
Birkenweg 4
74576 Fichtenau
Fax: 07962-710263
www.amadeus-verlag.com
Email: amadeus@amadeus-verlag.com

Druck:
CPI – Ebner & Spiegel, Ulm
Satz und Layout:
Jan Udo Holey
Umschlaggestaltung:
Jan Udo Holey

ISBN 978-3-938656-34-1

INHALTSVERZEICHNIS

Vorwort.......................................S. 11

1 **Die Kennzeichen des Wahns**....................S. 15

- Die Klassische Konditionierung....................S. 16
- Die Distanziritis....................S. 21
- Die Massenpsychologie....................S. 22
- Nudging....................S. 26
- Die Manipulation der Sprache....................S. 28
- Das unterschwellige Klima der Angst und Verunsicherung..S. 33
- Denunziation wird wieder salonfähig gemacht....................S. 47
- Der Wahn ist überall....................S. 49
- Zusammenfassung....................S. 63

2 **Das linke Unwesen**....................S. 65

- Der Gutmensch....................S. 65
- Der Linksideologe....................S. 70
- Der Linksextremist/Linksradikale....................S. 71
- Die Vernunft als notwendiges Mittel gegen den Extremismus....................S. 74
- Der Wahn mit der deutschen Schuld....................S. 76
- Der deutschfeindliche Linksextremismus....................S. 81
- Die linke Beeinflussung an Universitäten....................S. 89
- Ein trauriges Beispiel für gezielte Manipulationen durch die Linkspresse....................S. 93

3 **Die Einwanderung – ein schwieriges Thema**...S. 95

- Vernünftiges Denken hat nichts mit Rassismus zu tun......S. 95
- Was darf und muss man von Einwanderern verlangen?......S. 101
- Ist Deutschland ein Einwanderungsland?....................S. 106
- Die Flüchtlings-Thematik....................S. 111
- Wer helfen möchte, muss in erster Linie gegen Kriege sein!.S. 116
- Die Männergruppen sind ein Problem!....................S. 119
- Was können wir gegen die Massenzuwanderung tun?.......S. 124

- Von dem Rassismusgeschwafel nicht verrückt machen lassen .... S. 132
- Kulturnahe und kulturferne Migration .... S. 134
- Die Verdrängung der Völker auf „demokratische" Weise ... S. 138
- Die Deutschen sind doch angeblich so rassistisch – warum will dann fast jeder hierher? .... S. 139
- Forderung an die Politiker und Links-Journalisten – Aktion Glaubwürdigkeit .... S. 140

4 Die Dekadenz unserer Zeit .... S. 145

- Die Wahrheit über Abtreibungen .... S. 148
- Der Gender-Irrsinn .... S. 156
- Gender-Mainstreaming ist unlogisch .... S. 158
- Gender-Mainstreaming ist nicht nur lächerlich, sondern auch gefährlich! .... S. 159
- Gender-Mainstreaming ist eine Beleidigung für die deutsche Sprache .... S. 160
- Die Pornografisierung .... S. 161
- Ausufernde Liberalität .... S. 163
- Der blinde Glaube an die Wissenschaft .... S. 164
- Wichtige Gedanken zum Schulsystem .... S. 166
- Falsche Vorbilder .... S. 169
- Prominente sind auch im System gefangen .... S. 171

5 Das Demokratiedefizit .... S. 175

- Die fehlende Souveränität Deutschlands .... S. 183
- Eine reine Stellvertreterdemokratie ist immer eine Scheindemokratie .... S. 189
- Das Demokratiedefizit in Deutschland .... S. 191
- Täuschung und Heuchelei im politischen Diskurs .... S. 195
- Der sozialistisch geprägte Konsumkrüppel .... S. 201
- Der moderne Mensch .... S. 206
- Wie erreichen wir mehr Demokratie nach dem Willen des Volkes? .... S. 209

Schlusswort .... S. 215

Quellenverzeichnis .... S. 220

Über den Autor .... S. 224

Vorwort

„Denk ich an Deutschland in der Nacht,
dann bin ich um den Schlaf gebracht.“

Heinrich Heine

Ich sitze auf der Couch im Wohnzimmer und starre fassungslos auf den Bildschirm, genannt Fernseher. Dort sehe ich einen Claus Kleber, der mir mit fast schon beschwörerischen Worten klar machen will, wie segensreich doch der Massenansturm von Zuwanderern für unser Land ist und dass die „Mutti-Regierung“ natürlich wieder alles richtig gemacht hat. So kenne ich den Kleber, immer alles schönreden, politisch korrekt bis zum Abwinken. Ich schaue nach links auf den Boden, da steht glücklicherweise noch der Kotzeimer vom Vorabend, in den ich mich öfter einmal oral entleeren muss, wenn ich zu viel von diesem Süßholzraspler-TV sehe. Aber selbst schuld, was schalte ich den Mist auch immer wieder ein. Ich drücke auf den Ausschaltknopf der Fernbedienung und die Mattscheibe verdunkelt sich. Jetzt ist es schon besser, der Brechreiz hat abrupt nachgelassen.

Nun versuche ich mich ein wenig abzulenken, schalte das Radio ein. Doch siehe da, auch hier werde ich nicht verschont. Eine Ansagerin berichtet gerade über Neonazis. Die sind mittlerweile überall bei uns zu finden, diese Fremdenfeinde, wie die gute Frau zu berichten weiß. Ich selbst frage mich nur immer, wo sich diese angeblichen Massen von Rechtsradikalen versteckt haben? Ich sehe mich täglich auf der Straße um – Fehlanzeige! Zuhause durchforste ich regelmäßig die Schränke, schaue unters Bett – nichts! Ich kann sie einfach nicht finden. Verstecken können die sich so was von gut, das muss man denen schon lassen.

Natürlich bin ich mir über die Existenz solcher Menschen bewusst. Aber ob es bei uns wirklich solche Massen von denen gibt, wie uns die hysterisch kreischende Öffentlichkeit weismachen will? Ich habe Zweifel.

Die Frau redet weiter. Diese Neonazis haben scheinbar irgendetwas angestellt, mich interessiert aber ehrlich gesagt gar nicht was, deshalb schalte ich gleich wieder ab. Was tun, wenn man nicht die ganze Zeit von dieser linksverstrahlten Propaganda in Funk und TV belästigt werden will? Ah ja, es gibt da noch das Internet. Ich setze mich an den Computer und rufe meine Postfachseite auf. Verdammt, schon wieder eine Schlagzeile. Ich sehe das Antlitz von Til Schweiger. Sicherlich plant er wieder ein neues „Projekt", doch ich drücke schnell auf „Log In", um der Nachricht zu entkommen. Puh, gerade noch geschafft, sonst hätte ich eventuell schon wieder den Kotzeimer gebraucht. Nachdem die wenigen wichtigen E-Mails bearbeitet sind, fahre ich den PC herunter.

Alle Geräte sind aus. Jetzt herrscht endlich Ruhe – vorerst. Denn die linken Meinungsmacher werden sicherlich keine Kosten und Mühen scheuen, mich am nächsten Tag wieder mit ihrer lästigen Propaganda zu penetrieren. Na ja, immerhin zahlt man dafür auch Zwangsgebühren. Und dabei ist die Zwangsbeglückung eben inklusive.

Es ist nicht immer leicht, sich dieser Dauerbeschallung zu entziehen, doch an manchen Tagen gelingt es mir trotzdem. Ich gehe einfach hinaus, mache einen Ausflug an der frischen Luft. Oder sogar ein paar Tage Urlaub. Weit weg von all den Gefahrenquellen der Propagandaorgane. Wenn ich manchmal so durch die Natur schlendere, durch den Wald, über Wiesen oder in den Bergen, dann erfreue ich mich immer an der Schönheit, die um uns herum herrscht. Ja, Deutschland ist ein schönes Land, das muss man schon sagen. Doch ich weiß, sobald ich mich wieder von dieser ruhigen Oase der Natur entferne und zurückkehre in den ganz normalen Wahnsinn des Alltags, ändert sich die Wetterlage schlagartig. Das Gefühl, dass radikale Kräfte an unserem Land nagen und versuchen, es zu seinem Nachteil zu verändern – was teilweise schon gelungen ist – täuscht dabei leider nicht. Wie oft habe ich mich schon über die Ignoranz und über den politischen Kurs geärgert, der uns direkt an die Wand fahren wird, wenn es so weiter geht.

Dieses Buch soll keine wissenschaftliche Arbeit darstellen, sondern spiegelt in erster Linie die Meinung eines ganz normalen Bürgers wider, der sich sehr viele Sorgen um sein Land macht und langsam nicht mehr verstehen kann, welch unfassbarer Wahnsinn hier geschieht. Ich bin nur ein Mensch, einer unter vielen, der einfach nicht mehr glauben kann, was um uns herum passiert. Lange habe ich mich gefragt, was es ist, was da nicht stimmt in unserem Land. Warum werden viele fruchtbare Diskussionen schon im Keim erstickt und jegliche Kritiker der öffentlichen Marschroute bis aufs Blut bekämpft? Warum dürfen die Probleme der aktuellen, ausufernden „Flüchtlingswelle", die zwar überwiegend aus friedlichen Menschen besteht, aber auch Kriminelle, Extremisten und Frauenschänder in unser Land bringt, nicht offen diskutiert werden, ohne dass man als Kritiker mit Dreck beworfen wird? Und warum spielt gerade Deutschland bei der für unseren Kontinent so belastenden Flüchtlingskrise eine geradezu verrückte Rolle, die das Land innerhalb Europas Stück für Stück isoliert, weil sich immer mehr Länder kopfschüttelnd abwenden und ihre Grenzen schließen? Es hat gedauert, doch irgendwann kam es über mich wie eine Erleuchtung. Es ist ein Wahn, der vor allem hier in Deutschland in den Köpfen vieler Menschen tobt. Ich nenne ihn den „Naziwahn".

Diese Form des Wahns wurde uns über Jahrzehnte von Seiten des Staates und der Medien eingetrichtert, und nun schwebt dieses Gespenst wie eine dunkle Wolke über uns und unserem Land. Es zieht und zerrt an uns, verhöhnt uns, schlägt uns und spuckt über uns aus. Wir müssen es loswerden, aber wie? Der erste Schritt zur Lösung ist das Erkennen! Wir müssen die hässliche Fratze des Gespenstes freilegen und diesem mit dem Licht der Wahrheit begegnen. So werden wir es vertreiben. Es muss aus den Köpfen heraus, in denen es spukt. Wir müssen es hinausjagen!

Wieso wir von diesem Gespenst geplagt werden, warum wir es unbedingt loswerden müssen und wie uns das gelingt, werde ich in diesem Buch konkret erläutern. Doch zuvor noch eine kurze Information: Ich werde Dich, lieber Leser, mit „Du" ansprechen. Ich hoffe das ist für

Dich in Ordnung. Sollten wir uns nicht kennen und uns irgendwann einmal begegnen, dann werde ich Dich selbstverständlich mit „Sie" anreden. Ich habe für dieses Buch jedoch die „Du"-Form gewählt, weil ich hier einen direkten Appell an den Leser richten möchte. Ich bitte also schon mal vorab um Entschuldigung, ich will niemandem zu nahe treten.

Ach, und bitte sieh' es mir auch nach, dass ich Dich „Leser" nenne und nicht immer „liebe Leserin, lieber Leser" oder „liebe/r Leser/in" schreibe. Das ist für die Lesbarkeit nicht wirklich von Vorteil und zudem hat das Gender-Mainstreaming bei mir leider noch keine Wirkung gezeigt. Irgendetwas in mir sträubt sich einfach dagegen, vielleicht kannst Du mich ja verstehen.

Eines noch: Was die Inhalte des vorliegenden Buches angeht, so möchte ich mir ganz bestimmt nicht herausnehmen, für alle, also für „das Volk" zu sprechen. Denn dafür sind zu viele Menschen unterschiedlicher Meinung. Und gegenwärtig erleben wir bei bestimmten Themen eine Art Spaltung innerhalb unserer Gesellschaft. Aber ich glaube durchaus, dass ich mit diesem Buchbeitrag das Sprachrohr eines bestimmten „Teils des Volkes" bin. Dieser Teil ist sehr wahrscheinlich gar nicht so klein, sondern wesentlich größer, als es den Wächtern über die öffentliche Meinung lieb ist. Und ich habe das Gefühl, dieser Anteil wächst täglich.

Was den anderen Teil angeht, so möchte ich gerne versuchen, diese Menschen wachzurütteln – so viele, wie nur möglich. Vielleicht gelingt es mir ja.

Kapitel 1: Die Kennzeichen des Wahns

„Das Ziel des Lebens ist Freiheit von Wahn.“
Antisthenes, griechischer Philosoph

Die Freiheit von Wahn, von der Antisthenes spricht, ist ein durchaus erstrebenswertes Ziel – für jeden Menschen, und gerade für uns Deutsche, wie zum Teil sicherlich auch für unsere österreichischen Freunde. Wir leben aktuell in einer Zeit des Wahns, einer Zeit, in der jeder zum „Nazi“, „Rechtsradikalen“ und „Unmenschen“ erklärt wird, der das abgedrehte, weltfremde Weltbild der linksaffinen Meinungsdiktatoren nicht mitheuchelt. Man kann unser aktuelles, akutes Problem, das wir vor allem in Deutschland haben, zum Teil auch mit dem Hexenwahn vergleichen. Natürlich werden bei uns keine Menschen gefoltert oder verbrannt, aber es gibt durchaus Parallelen zwischen dem Hexenwahn auf der einen und dem Naziwahn auf der anderen Seite.

Dazu sei gesagt, der Hexenwahn war in früheren Zeiten nicht etwa nur eine Ausgeburt der Katholischen Kirche. Er hatte genauso von der Protestantischen Kirche, den weltlichen Gerichten, Teilen des Adels und Teilen der landläufigen Bevölkerung Besitz ergriffen. Es handelte sich somit um ein quer durch die Gesellschaft auftretendes Phänomen. Und genau das trifft auch auf den heutigen Naziwahn zu. Auch dieser Wahn hat wieder von beiden Kirchen Besitz ergriffen sowie von den weltlichen Gerichten, großen Teilen des Polit- und Promi-Adels, und nicht zuletzt leider ebenfalls von Teilen der (Gutmenschen)-Bevölkerung.

Bevor es jetzt einen Aufschrei von katholischer Seite gibt: Ja, es stimmt, die Katholische Kirche war mancherorts, vor allem in Spanien, sogar ein großer Kritiker des Hexenwahns. In Spanien gab es deshalb sogar überhaupt keine Hexenverfolgungen. Dafür tobte dort allerdings zeitgleich die Inquisition und suchte nach Ketzern. Aber mal ganz ehrlich: Ob ich nun als Hexe oder als Ketzer gefoltert, verbrannt oder geköpft werde, macht am Ende keinen großen Unterschied. Ich hätte die Ketzerverfolgung übrigens auch als Beispiel heranziehen können, aber der Hexenwahn eignet sich einfach am besten, da er sich durch alle Institutionen und Gesellschaftsschichten zog. Die Parallelen zum Naziwahn sind an dieser Stelle einfach zu deutlich.

Nun stehen wir eben vor diesem aktuellen Wahn-Problem, das sich in allen Institutionen und Teilen der Gesellschaft breit gemacht hat. Die hysterische, panikartige Angst vor vermeintlichen Nazis steckt in vielen verwirrten Köpfen fest. Durch die Medien und linke Politiker werden die Unsicheren und Verwirrten noch zusätzlich außer Rand und Band gebracht. Überall sollen sie angeblich lauern, diese Nazis. Hinter jedem Busch, hinter jeder Hecke könnte so einer hocken und schon das Messer wetzen. Die Panikmacher und Aufpeitscher sparen dabei nicht mit hypnotischen Formeln, die sie bei den allwöchentlichen Talkrunden und Nachrichteninterviews freizügig unters Volk werfen: *„Der Kampf gegen Rechts ist unsere Pflicht!“* oder *„Rechtsradikalismus ist eine Gefahr für die öffentliche Sicherheit!“*

Denjenigen unter den Zuschauern, die es bisher leider nicht geschafft haben, sich von dem Staatsfernsehen zu lösen, wird auf diese Weise dann endgültig das Hirn frittiert. Der Naziwahn bohrt sich bis in die kleinsten Gehirnwindungen und frisst sich fest. Am Ende muss man das Wort „Nazi“ nur mal nebenbei erwähnen, um manchen Leuten den Puls auf hundertachtzig zu treiben. Wissenschaftlich gesehen ist das ganz klar eine Form der *Klassischen Konditionierung*.

Die Klassische Konditionierung

Die *Klassische Konditionierung* ist eine Lerntheorie, die von dem russischen Physiologen Iwan Petrowitsch Pawlow begründet wurde. Pawlow entdeckte die Zusammenhänge der Klassischen Konditionierung rein zufällig, als er Untersuchungen zu den Verdauungsprozessen von Hunden durchführte. Während den Untersuchungen fiel Pawlow plötzlich auf, dass die Tiere verstärkt speichelten, wenn man ihnen Futter brachte. Das ist soweit nichts Ungewöhnliches, doch mit der Zeit stellte sich eine weitere, unerwartete Beobachtung ein. Plötzlich speichelten die Hunde schon, bevor sie das Futter überhaupt sahen. Es genügte ihnen anscheinend denjenigen zu hören (die Schritte), der ihnen das Futter brachte. Pawlow entschloss sich, dies genauer zu untersuchen.

Er startete im Jahre 1905 ein Experiment, bei dem er mit einer Glocke läutete, kurz bevor die Hunde ihr Fressen bekamen. Mit der Zeit reagierten die Tiere mit Speichelfluss, wenn sie nur das Geräusch der Glocke hörten. Normalerweise erfolgt auf einen *unbedingten Reiz* (Futter) eine *unbedingte Reaktion* (Speichelfluss). Bei der Klassischen Konditionierung führt schließlich ein *neutraler Reiz* (in diesem Fall das Glockenläuten), der durch gezielte Wiederholung zum unbedingten Reiz wird, zu der *unbedingten Reaktion* (Speichelfluss). Somit hatte Pawlow seine Lerntheorie experimentell belegt.

Ich kann die Wirkungsweise der Klassischen Konditionierung auch immer gut zuhause beobachten, wenn ich meine Goldfische füttere. Es genügt schon, den Deckel des Aquariums zu öffnen, und die Fische strecken ihre Köpfe aus dem Wasser und beginnen zu schmatzen – auch dann, wenn ich gar kein Futter hineinstreue. Die Fische haben unbewusst gelernt: Deckel auf = Futter.

Aber nicht nur bei Tieren, sondern auch beim Menschen funktioniert das Prinzip der Klassischen Konditionierung. Der Psychologe John B. Watson erforschte im Jahre 1920 die Wirkungen der Konditionierung an einem Kleinkind. Im sogenannten *Little-Albert-Experiment* wurden einem kleinen Jungen verschiedene Gegenstände und Tiere gezeigt. Darunter war auch eine weiße Ratte, die dem kleinen Albert überhaupt keine Angst machte und die er neugierig anfasste. Es wurde weiterhin untersucht, wie das Kind auf laute Geräusche reagiert. Das laute Klopfen mit einem Hammer auf eine Eisenstange versetzte den Jungen in Angst. Nun führte Watson das eigentliche Experiment durch. Er zeigte dem Kind die Ratte, während im Hintergrund gleichzeitig auf die Eisenstange gehämmert wurde. Nach mehrfachen Wiederholungen zeigte der kleine Albert schließlich eine Angstreaktion auf die Ratte. Und nicht nur auf die Ratte, sondern auch auf andere Tiere, wenn sie Fell besaßen, und sogar auf Baumwollbüschel.

Solche Experimente sind heutzutage Gott sei Dank verboten – zumindest offiziell. Aber es ist ein sehr guter Beleg dafür, dass die Konditionierung auch beim Menschen funktioniert.

Gehen wir nun direkt zum Naziwahn über. Auch er ist ein Produkt Klassischer Konditionierung. Wörter wie „Nazi", „Rassismus" oder „rechts" usw. sind im ersten Moment nichts anderes als neutrale Reize. Aber dadurch, dass in der Öffentlichkeit, vor allem in den Medien, diese Wörter im Zusammenhang mit Unmenschlichkeit und einer Form von *„Schlimmer geht's gar nicht!"* gebracht werden, lösen sie Ängste aus. Ich meine, ich will hier nichts verklären, natürlich ist es wichtig, negative Dinge auch als solche zu benennen. Nur bei diesen Worten wird – besonders an Deutsche gerichtet – eine besondere Form der Warnung ausgesprochen. Und jeder weiß, wenn er jemals als so etwas bezeichnet wird, dann ist er gesellschaftlich unten durch. Komplett erledigt! Der letzte Unmensch! *„Wage es ja nicht, das Falsche zu sagen, sonst bist Du ein Nazi!"*, ist die unterschwellige Botschaft, die ständig mitschwingt. Die Menschen nehmen dieses ungute Gefühl, das eng an die genannten Worte gekoppelt ist, in sich auf, tief ins Unterbewusstsein. Und irgendwann erfolgt aus dem Hören oder Lesen des Wortes „Nazi" eine unbedingte Reaktion, nämlich Angst, Panik und Hysterie. Das Wort „Nazi" und ähnliche Wörter, die damit in Verbindung gebracht werden, bekommen somit etwas höchst Bedrohliches zugeschrieben, und bedrohliche Dinge machen Menschen Angst, ganz einfach. Die darauf folgende Panik und Hysterie sind wiederum weitere, übliche Reaktionen auf die hervorgerufene Angst.

Hier eine kleine Übersicht:

Vor der Konditionierung

Wort „Nazi" = *neutraler Reiz* (Es wird keine Bedrohung empfunden, daher keine unbedingte Reaktion.)

Bei einer echten Bedrohung hingegen, beispielsweise einem tätlichen Angriff, gilt:

Angriff/Gefühlte Bedrohung = *unbedingter Reiz*
Angst/Panik/Hysterie = *unbedingte Reaktion*

Nach der Konditionierung

Wort „Nazi" = *unbedingter Reiz* (Durch stetige, aggressive Beschallung und gebetsmühlenartiges Wiederholen, in Kombination mit Warnungen sowie negativen Bildern und Begriffen, wird das Hören oder Lesen des Wortes als Bedrohung empfunden.)

Angst/Panik/Hysterie = *unbedingte Reaktion*

Das Wort „Nazi" wird durch stetige Wiederholung – vor allem in der Öffentlichkeit – stets in äußerst bedrohlichen Zusammenhängen und durch Ermahnungen mit der Zeit zu einer Form der „Bedrohung", von der man sich möglichst weit fernhalten will. Es löst daher eine unbewusste Angstreaktion aus, was wiederum zu Panik/Hysterie führt, sobald man mit diesem Wort in Berührung kommt. Wie bereits erwähnt, will ich damit jetzt nicht sagen, dass das Wort „Nazi" etwas Tolles oder Schönes ist. Ich möchte hierbei nur auf die unterschwellige Angst aufmerksam machen, die einen bei Diskussionen – besonders politischen Diskussionen – sehr leicht aus dem Konzept bringen kann und die die Leute regelrecht kirre macht. Schluss damit! Wir können nur vernünftig diskutieren und überhaupt Vernunft walten lassen, wenn wir uns von solchen Beeinflussungen befreien.

Ein sehr gutes praktisches Beispiel für die Naziwahn-Konditionierung bieten die AfD (Alternative für Deutschland) und der Parteiaustritt von Bernd Lucke. Ich möchte hierbei betonen, dass ich keinesfalls Wahlkampfwerbung oder dergleichen betreiben will. Ich bin kein Mitglied irgendeiner Partei. Einen neutralen Standpunkt beizubehalten, ist mir sehr wichtig, nur so kann man freie Entscheidungen treffen. Das folgende Beispiel habe ich nur gewählt, weil es sehr gut zur Verdeutlichung des Konditionierungs-Problems dient.

Ich erinnere mich noch: Mit wie vielen Leuten hatte ich gesprochen, die meinten, sie fänden die AfD ja grundsätzlich schon interessant, aber sie würden sich an diesem unmöglichen Lucke stören, der sich so oft ungeschickt verkauft. Damit hatten diese Leute auch nicht ganz unrecht. Herr Lucke wirkte tatsächlich nicht immer in allen Lagen souverän, außer in Wirtschaftsfragen, muss man fairerweise sagen. Eines Tages war es dann soweit, es kam der Augenblick, an dem Herr Lucke tatsächlich aus der Partei ausschied und Frauke Petry den Vorsitz übernahm. Nun war also endlich das geschehen, was oben besagte Leute gefordert hatten. Aber siehe da, eine Überraschung stellte sich ein. Die Betreffenden waren sich plötzlich noch unsicherer, ob sie weiterhin oder überhaupt die AfD wählen könnten, denn die war jetzt so weit nach „rechts“ gerückt, und davon wolle man sich ja distanzieren. Damit wolle man nichts zu tun haben.

Ich war zunächst ein wenig verwundert über die Reaktionen, doch dann wurde das Bild vor meinen Augen klar. Der ganze Vorgang war ein perfektes Beispiel für den Naziwahn und die einhergehende Konditionierung. Da hatten bestimmte Medien die Gelegenheit beim Schopfe gepackt und ganz schnell die Aussage *„nach rechts gerückt“* hinausposaunt. In den Köpfen vieler Menschen begann das dann logischerweise zu wirken. *„Nach rechts gerückt“*, um Gottes Willen! Könnte das etwas mit Nazis zu tun haben? Panik macht sich in einem breit, weil die Konditionierung wirkt. Und plötzlich sieht man die AfD ganz kritisch, obwohl eigentlich gerade das passiert ist, was man selbst vorher noch gefordert hatte. Aber natürlich nicht zu diesem Preis, denn mit Rechten will man schließlich nichts zu tun haben, nicht wahr? Das geht gar nicht! Panik!

Viele Menschen reagieren dermaßen unlogisch und irrational, wenn Schlagworte wie „rechts“ ins Spiel kommen, dass es kaum zu glauben ist. Das ist ein gutes Beispiel für die verrücktmachende Wirkung des Naziwahns.

Noch eine kleine Anmerkung nebenbei: Zudem ist auch die Rolle der Medien in diesem Spiel sehr merkwürdig. Ich meine, das ist irgendwie schon komisch. Erst war der Herr Lucke in den Medien so eine Art kleiner Adolf, weil er das Wort „entartet“ benutzt hatte, und auch sonst wurde jeder Pups von ihm auf die Goldwaage gelegt und kein Versuch unterlassen, ihn nach „rechts“ zu rücken. Und plötzlich soll gerade sein Ausscheiden ein Indiz für einen „Rechtsruck“ in der AfD sein? Das passt irgendwie nicht zusammen. Aber die Linksmedien biegen sich das Ganze so zurecht, wie sie es brauchen. Wir sehen das gut an diesem Beispiel.

Die Distanziritis

Die *Distanziritis* ist eine Störung, die sich aus der Anti-Nazi-Konditionierung ergibt und damit eine der vielen Auswirkungen des Naziwahns. Mit Distanziritis ist ein krankhafter Distanzierungszwang gegen Rechts gemeint, der durch permanente Forderungen von Politik und Medien extrem befeuert wird.

Man muss hierbei sagen, dass es sich bei der Distanziritis um eine waschechte Zwangsstörung handelt, die sich logischerweise durch Zwangshandlungen (stetige Distanzierung von Rechts) kennzeichnet, von der nicht nur Politiker oder andere Leute, die in der Öffentlichkeit stehen, betroffen sind. Denn selbst der „Normalo-Bürger“ ist in der Regel davon beseelt, sich möglichst deutlich von „Rechts“ zu distanzieren. Viele Menschen fühlen sich bewusst oder unbewusst dazu genötigt, sich ständig gegen „Rechts“ abzugrenzen. Nun gut, natürlich will man seine eigene Position klar machen und nicht mit Leuten gleichgesetzt werden, deren Meinung eine ganz andere ist. Das ist logisch und verständlich. Aber man muss im Gegenzug auch aufpassen, dass man sich vor lauter Distanzierung nicht verrennt und verzettelt. Denn genau das ist der Trick, den Linksmedien und Politiker anwenden, um unliebsame Kritiker kaltzustellen.

Es ist doch eigentlich ganz einfach: Wenn jemand seine persönliche Meinung klarstellt und diese auf sinnvolle, differenzierte Weise wiedergibt, dann grenzt die Person sich dadurch schon automatisch von dem Gedankengut ab, das nicht ihrer eigenen Denkweise entspricht. Man muss seine eigene Meinung nur klar verdeutlichen. Dass manch anderen Leuten dies eventuell nicht genügt, ist *deren* Problem und nicht Deins. Lass Dich nicht kirre machen!

Es ist ein Psycho-Spiel. Da muss sich derjenige, der bürgerlich-konservative Werte vertritt, ständig von irgendetwas abgrenzen und kommt dabei gar nicht richtig dazu, seine eigenen Argumente ordentlich anzubringen. Aber nicht nur das, denn der Distanzierungszwang dient seinen Befürwortern auch wunderbar dazu, das unbequeme, gegnerische Lager zu spalten. Die Linksmedien und die Politik haben das begriffen.

Das machen sie schon schlau, unsere Moralapostel aus der Öffentlichkeit. Fordern von allem und jedem, dass er sich von allem Möglichen distanziert, sie selbst haben aber überhaupt kein Problem damit, auf Demonstrationen und sonstigen Veranstaltungen direkt neben gewaltbereiten Linksextremisten zu stehen und zu gehen. Immer schön von den andern fordern und selbst machen, was man will. Das ist deren Motto. Aber so langsam durchschauen das immer mehr Menschen. Gott sei Dank! Die Distanzierungspflicht muss auch für Vertreter der Medien und vor allem für Politiker gelten! Sonst machen diese weiterhin, was sie wollen, fordern aber von jedem anderen „Distanzierung".

Die Massenpsychologie

„Aber wie funktioniert so eine Schmierenkomödie überhaupt?", werden sich viele fragen. Ist das alles nur die Konditionierung? Wie kann man Menschen dermaßen manipulieren? Die Antwort ist nicht einfach, aber eventuell in der Massenpsychologie zu finden. Die Theorien der Massenpsychologie gehen davon aus, dass Wahrheiten in den Köpfen der Masse durch stetige Wiederholung erschaffen werden (denk an die Konditionierung). Es handelt sich also um keine wirklichen Wahrheiten, sondern um scheinbare Wahrheiten, die in Wirklichkeit keine sind. Die rationale, beweisgestützte Argumentation wirkt in diesem Falle überhaupt nicht, wenn man es schafft, durch geschickte Tricks und Effekthascherei an die Aufmerksamkeit der Masse zu gelangen. Und wenn dann eine Botschaft stetig bis zum Erbrechen wiederholt wird, frisst sie sich in die Hirne. Diese vermeintlichen „Wahrheiten" entste-

hen also schlicht und einfach durch Wiederholung. Mit sinnvoller Argumentation und wirklicher Wahrheitsergründung hat das selbstverständlich nichts zu tun. Wenn etwas oft genug wiederholt wird, wird es somit zu einer Tatsache in den Köpfen der Massen, ohne dass jemals ein wirklicher Beweis für die jeweilige Behauptung erbracht wurde.

Heutzutage wurden die Taktiken der Massenpsychologie noch weiter ausgearbeitet. Doch neu sind sie an sich nicht, sondern schon sehr alt. Man denke nur an die Bücher von Gustave le Bon Ende des 19. und Anfang des 20. Jahrhunderts. Vor allem das Buch *Psychologie der Massen* ist dem interessierten Leser hierbei zu empfehlen.

In diesem Zusammenhang möchte ich ebenfalls auf das Umerziehungsprogramm der Alliierten für Deutschland nach dem Zweiten Weltkrieg aufmerksam machen. Das nach Kriegsende von den Alliierten festgelegte Programm *Reeducation of the German People* (Umerziehung der Deutschen) kam tatsächlich praktisch zur Anwendung. Es ging inhaltlich hauptsächlich um eine „Demokratisierung" und eine sogenannte „Entnazifizierung". Die Alliierten nahmen dabei auch erheblichen Einfluss auf das deutsche Bildungssystem.

Was die wenigsten Deutschen wissen: Es gibt einen Passus im Zwei-Plus-Vier-Vertrag, dass die Deutschen die Geschichtsschreibung der Alliierten nicht in Frage stellen dürfen. Das wurde 1990 im Zwei-Plus-Vier-Vertrag verlängert. Und zwar steht im Überleitungsvertrag von 1954, Artikel 7 (1), dass *„deutsche Gerichte und Behörden... alle Urteile und Entscheidungen"* aus den Nürnberger Prozessen *„in jeder Hinsicht als rechtskräftig und rechtswirksam... zu behandeln haben"*. Wichtig war vor allem der Passus, dass dazu die *„Feststellungen"* zum Ablauf der Ereignisse gehörten, die zum Kriege führten. Das umzusetzen unterlag den Kultusministerien der Länder, die wiederum die Aufsicht über den Inhalt der Geschichtsbücher an den Schulen führen. Die Alliierten bestanden beim Zwei-Plus-Vier-Vertrag im Jahre 1990 darauf, dass der Artikel 7 (1) weiterhin Bestand hat. Der Zwei-Plus-Vier-Vertrag hatte den Überleitungsvertrag von 1954 abgelöst. Diese Vereinbarung wurde am 27. und 28. September 1990 von unseren deutschen Vertretern schriftlich zugesichert.

Es gab vor dem Reeducation-Programm schon zahlreiche Überlegungen und Pläne, was man mit dem deutschen Volk nach einer Niederlage machen sollte. Hirnverbrannte Nachkriegsplaner wie Theodore N. Kaufman, Henry Morgenthau und Earnest A. Hooton zerbrachen sich schon vor dem Ende des Zweiten Weltkrieges ihre Köpfe darüber, was mit den Deutschen geschehen solle. Kaufman wollte die Sterilisierung aller Deutschen, Morgenthau wollte Deutschland deindustrialisieren und einen reinen Agrarstaat daraus machen, und Hooton plädierte für die „Herauszüchtung" der deutschen Negativtriebe durch massenhafte Einwanderung.

Alle dieser „Planer" waren sich darin einig, dass das deutsche Volk angeblich kriegerisch, brutal und eroberungswütig sei, also das Problem nicht Hitler und die Nazis darstellten, sondern das deutsche Volk selbst – und das nicht etwa durch Erziehung oder kulturelle Prägung, sondern durch die Abstammung, die Gene. Das ist eine unbestreitbar im höchsten Maße rassistische Sichtweise. Dabei gingen diese Wahnsinnigen von einem völlig falschen Geschichtsbild aus, denn genau das Gegenteil ist der Fall. Die Deutschen und ihre Vorfahren waren schon immer mehr mit inneren Konflikten und der Absicherung der eigenen Grenzen gegen Eindringlinge beschäftigt als mit Eroberungskriegen. Das ergibt sich schon aus der geographischen Lage Deutschlands innerhalb Europas. Jeder, der sich nur ein bisschen für Geschichte interessiert, weiß das. Die Annahmen und Aussagen von Kaufman & Co. sind daher völlig daneben, fernab jeglicher Realität.

Was Eroberungskriege angeht, so wird man in der Geschichte auf ganz andere Völker aufmerksam. Ich nenne jetzt keine Namen, ein jeder kann das mühelos selbst nachforschen. Allerdings möchte ich um Gottes Willen nicht damit behaupten, dass diese Völker von Hause aus kriegerisch und gestört sind. Auf keinen Fall, solche Theorien halte ich für den letzten Mumpitz!

Es war jedenfalls ein großer Gehirnfurz, der da durch die Schädel mancher Nachkriegsplaner wehte. Dem deutschen Volk wurden bösartige Eigenschaften unterstellt, die es nie besaß und auch heute nicht besitzt – ausgegangen von einem völlig falschen, wenn nicht sogar überhaupt nicht vorhandenen Geschichtswissen oder einer absichtlich bösartigen Interpretation dessen.

Nach der Kapitulation Deutschlands wurde schließlich keiner dieser verrückten Pläne umgesetzt, sondern das Programm der Reeducation beschlossen. Dieses wiederum orientierte sich jedoch ziemlich stark an den Vorgaben des Buches *No more German Wars!*, das ebenfalls von Kaufman stammt. Der Publizist Dr. Klaus Rainer Röhl schreibt in seinem Buch *Verbotene Trauer* Folgendes dazu:

> *„Dieser zweite Kaufman-Plan ist womöglich noch erstaunlicher als der erste, denn er enthält, in zehn Punkten, eine ziemlich genaue Beschreibung dessen, was nach der Kapitulation von den Alliierten unternommen wurde: die Abtrennung der Ostgebiete, die Verlegung der Hauptstadt von Berlin in den Westen des Landes, die Umerziehung, vor allem der deutschen Jugend, die Überwachung von Presse und Rundfunk durch die Militärregierung, einen alliierten Wirtschaftsrat zur Kontrolle der Produktion und des Außenhandels, und sogar eine Währungsreform.“*[(1)]

Zweifellos, das mit der Umerziehung und Entnazifizierung hat auf jeden Fall hervorragend geklappt, wie man heutzutage sehen kann. Etwas zu gut, finde ich, denn es ist zum Wahn geworden. Es sind mittlerweile vor allem die Deutschen selbst, die ihre eigene geistige und vor allem seelische Verkrüppelung vorantreiben. Es genügte ein Anstoß und das Volk macht nun begeistert weiter damit, sich selbst und seine Geschichte zu demontieren. Wir erleben das als ein einzigartiges Beispiel weltweit. Es gibt auf unserem Planeten kein zweites Volk, das von einem solchen Schuldkomplex beherrscht wird wie das unsrige. Diese Umstände sollten jedem Einzelnen von uns zu denken geben.

Wenn man von einem Extrem ins andere rutscht, dann hat man am Ende nichts dazugelernt. Das bleibt unter dem Strich stehen. Kommunismus-Götzen anzubeten und jegliche Form von gesundem Patriotismus abzulehnen, führt konsequent in den Untergang.

Nudging

Für die Massenmanipulation gibt es auch eine ganz neue Taktik, die *Nudging* genannt wird. In einem interessanten Artikel[2] der Tageszeitung *Die Welt* bekommen wir folgende Erklärung, was der Begriff in der Praxis bedeutet: *„Der Staat nutzt dabei Erkenntnisse aus der Verhaltensökonomie, baut in Gesetze kleine Kniffe ein und bringt den Bürger über kleine ‚Stupser' dazu, sich besser zu verhalten: Energie zu sparen, fürs Alter vorzusorgen oder sich gesünder zu ernähren."*

Ach so, das sagt uns wohl, dass das Nudging dabei angeblich gar nicht manipulieren soll, sondern lediglich dafür da ist, *„einen Stups in die richtige Richtung"* zu geben. Die Frage ist dabei nur: Was ist die richtige Richtung? Wer legt das fest? In wessen Interesse wird das Ganze festgelegt? Das, was für den einen gut ist, muss es noch lange nicht für den anderen sein.

In den USA werden durch das Nudging beispielsweise auch die Essgewohnheiten der Menschen in Kantinen beeinflusst. Man legt die „ungesunden" Nahrungsmittel in der Auslage einfach an Plätze, die schwerer zu erreichen sind als die anderen. Weiterhin müssen die Kreditkartenanbieter in den USA nun ihre Kunden benachrichtigen, wenn diesen durch Rückstände in der Ratenzahlung höhere Zinsen drohen.

Das hört sich im ersten Moment gar nicht so übel an – vor allem das mit den Kreditkarten –, aber eigentlich ist das ja nichts anderes als Transparenz. Wobei doch jeder selbst so vernünftig sein sollte, seine finanziellen Angelegenheiten im Griff zu haben. Bei all diesen harmlos klingenden Effekten darf man aber nicht vergessen, dass dieses Nudging trotz alledem eine Form der Beeinflussung darstellt und auch missbräuchlich angewendet werden kann. Das „Stupsen" der Menschen kann in manchen Bereichen sicherlich auch sehr unterschwellig ablaufen, nämlich durch Täuschung. Das Nudging könnte als ein sehr gutes Zusatzinstrument zur Kontrolle der Bürger fungieren, und das macht es gefährlich. Eine Manipulation, egal auf welche Weise sie durchgeführt wird, ist generell immer abzulehnen. Richtige, transparente Information ist das, was wir brauchen! Aber keine Manipulation. Frau Merkel möchte laut dem Welt-Artikel nun ebenfalls durch Nudging *„wirksamer regieren"* und sucht daher Experten. Die hat sie bestimmt auch schon gefunden...

Der Verhaltensökonom Axel Ockenfels von der *Universität Köln* wird in der *Welt* folgendermaßen zur Thematik zitiert: *„Eine Politik, die auf solch relevante Erkenntnisse verzichte, mache sich anfällig für Manipulationen und Fehler."* Und weiterhin: *„Deshalb ist der Vorstoß der Bundesregierung ein vielversprechendes Experiment."*(2)

Interessant, was der Herr Ockenfels da zu sagen hat. (Ob er sich mit diesen Worten wohl als Experte bewerben wollte?) Nur irgendwie ein bisschen komisch. Lautet die Logik aus seiner Aussage also: Wenn die Politik den Bürger nicht manipuliert, dann ist sie selbst anfälliger für Manipulation, oder wie? Etwas merkwürdig das Ganze und aus demokratischer Sicht betrachtet höchst zweifelhaft.

Aber vor allem das Ende des letzten Satzes ist bemerkenswert: *„ein vielversprechendes Experiment"*. Jetzt wird alles klar. Die ganze Angelegenheit ist also ein riesiges Experiment und wir Bürger sind dabei die Versuchskaninchen. Da fühlt man sich doch gleich viel wohler in seiner Haut.

Also mal ehrlich, ich weiß nicht, wie es Dir geht, aber ich glaube nicht, dass ich eine Richtungsvorgabe von irgendwelchen, sich selbstüberschätzenden Gehirnschraubern brauche. Das kann ich schon ganz gut selbst. Ein kleiner Tipp: Viel in die Natur gehen, sich viel Ruhe gönnen, dabei die eigenen Sinne schärfen. Die verraten Dir wesentlich besser, was Deine richtige Richtung ist als irgendwelche wahnsinnigen Menschheitsmanipulierer.

Nudging ist, um das nochmal auf den Punkt zu bringen, jetzt aber nicht das ultimativ neue Mittel. Massenmanipulation wird schon seit Jahrhunderten betrieben, wie wir mittlerweile wissen. Das Nudging ist nur ein kleiner, weiterer Baustein davon. Jetzt auch in Deutschland.

Die Manipulation der Sprache

„Wir müssen unsere Worte sorgsam wählen." Wenn ich diesen Popanz von Politikern höre, und man hört das öfters, wird mir schon schlecht. Aber genau darum geht es, um die Worte!

Worte haben eine unglaublich manipulative Kraft, vor allem, wenn man ihnen bestimmte Eigenschaften zuschreibt und diese Zusammenhänge in die Köpfe der Menschenmasse implantiert. Das Implantieren funktioniert, wie wir mittlerweile wissen, wunderbar durch Wiederholung in der Öffentlichkeit. Worte wie „rechts", „Rechtspopulist", „Mischpoke", der undifferenzierte Gebrauch des Wortes „Flüchtling" oder „Schutzsuchender". Es gibt viele Beispiele, man könnte ewig so weitermachen.

Es gibt zahlreiche Begriffe dieser Art, die uns tagtäglich um die Ohren fliegen und die in den verschiedensten Zusammenhängen verwendet werden. Dabei schwingt immer eine unterschwellige Botschaft mit, die uns genau sagt, wie wir diese Worte zu verstehen und einzuordnen haben. Aber ist das in der Realität auch wirklich so?

Sehen wir uns doch ein paar dieser Kampfbegriffe genauer an. Beginnen wir mit dem Wort „bunt". Mal ehrlich, was soll das bedeuten? Ich meine, jetzt speziell auf die Gesellschaft übertragen. Hierzu ein interessantes Zitat des griechischen Publizisten Dimitrios Kisoudis: *„Deutschland ist bunt wie nie. Aber bunt sind auch die Zufallsgemälde des Schimpansen Bongo."*

Kisoudis trifft hier den Nagel auf den Kopf. „Bunt" kann alles Mögliche bedeuten, aber positiv muss das nicht zwingend sein. Uns wird dieses Wort – auf unsere Gesellschaft bezogen – zwar öffentlich immer als absolut erstrebenswert verkauft, aber ob das der Wahrheit entspricht, ist die andere Frage. Ob dieses „bunt" am Ende nicht eher ein „buntes Treiben" darstellt, das uns ins Chaos stürzt?

Wenn wir das auf die „Vielfalt" beziehen, so muss man sagen, dass diese ja gerade abgeschafft wird. Verschiedene Länder und Kulturen, oder noch enger gesehen, verschiedene Regionen und deren Eigenheiten wie Dialekte usw., das alles wird immer stärker aufgeweicht. Das

Ergebnis ist also eine Abnahme der Vielfalt und nicht umgekehrt. Es geht in der Konsequenz um die Vereinheitlichung des Menschen zu einem austauschbaren, überall auf der Welt gleichgeschalteten Wesen. Ganz schön „bunt“, nicht wahr?

Das sprach auch Frankreichs Ex-Präsident Nicolas Sarkozy am 17. 12.2008 vor EU-Führungspersönlichkeiten in Palaiseau, Frankreich, aus:

„*Was also ist das Ziel? Das Ziel ist Rassenvermischung... Es ist keine Wahl, es ist eine Verpflichtung. Es ist zwingend... und wir werden uns zu diesem Ziel verpflichten. Wenn das nicht freiwillig vom Volk getan wird, dann werden wir zwingende staatliche Maßnahmen anwenden.*“(3)

Aber die „Vielfalt“ der Begriffe reißt nicht ab, ich habe da noch einiges im Petto. Unter anderem die „Willkommenskultur“. Was auch immer das ist... Ich habe lange gesucht, ob irgendwelche historischen Bezüge zu diesem Begriff zu finden sind, aber Fehlanzeige. Dieses Wort, das es scheinbar nur im deutschen Sprachgebrauch gibt, existiert wohl erst seit wenigen Jahren – und genau so wenig Sinn hat es auch. „Willkommenskultur“, was soll das denn überhaupt sein? Keiner weiß es so wirklich, aber die Sinnhaftigkeit liegt wohl irgendwo zwischen dem Drang nach gutmenschlichen Selbstbeweihräucherungsorgien und einem falsch ausgelebten Toleranzverständnis, einhergehend mit einem doch eher gestörten Verhältnis zur eigenen Herkunft und Identität. „Schwachsinnskultur“ wäre wohl der bessere Ausdruck dafür.

Ein weiteres interessantes Wort auf der Liste der manipulativen Sprache ist „Islamrassismus“. Ich habe dieses Wort schon einmal aus dem Munde des Juristen und Fernsehmoderators Michel Friedman gehört, der es in einer Talksendung(4) äußerte. Auch dieses Beispiel zeigt sehr gut die manipulative Kraft von Kampfbegriffen auf. Das ist der Knaller, Islamrassismus! Aber mal ernsthaft, das Wort ist absoluter Schwachsinn! Inhaltlich völlig daneben!

Schauen wir uns die Sache näher an: Der Islam ist eine Religion, die nicht nur von einem Volk praktiziert wird. Auf der anderen Seite bezieht sich Rassismus in seiner Bedeutung auf die Ablehnung einer Rasse bzw. eines Volkes. Aber wie passt das dann zusammen? Da es eben nicht nur ein Volk auf der Welt gibt, das den Islam praktiziert, sondern verschiedene, ergibt das Ganze doch keinen Sinn. Ah, vielleicht doch. Der Friedman meint einen Rassismus, der gegen alle Völker gerichtet ist, die den Islam praktizieren. Hört sich im ersten Moment sinnvoll an, ist es aber ebenfalls nicht. Denn in diesen Völkern gibt es auch immer Menschen, die keine Muslime sind, sondern einer anderen Religion angehören wie z. B. dem Christentum. Nehmen wir mal ein konkretes Beispiel: einen syrischen Christen. Wie ist das dann? Wird der syrische Christ von den „Islamrassisten" auch deshalb gehasst, weil er syrischer Herkunft ist? Wenn nicht, dann frage ich mich, was das Ganze mit Rassismus zu tun hat. Wenn ja, dann frage ich mich, was das Ganze mit dem Islam zu tun haben soll. Es handelt sich doch um einen Christen und nicht um einen Moslem.

Wir sehen also, das Wort „Islamrassismus" ergibt inhaltlich überhaupt keinen Sinn und ist einfach nur Unsinn! Aber als Kampfbegriff, der im ersten Moment seine Wirkung zeigt, hat Michel Friedman das Wort gezielt in der Talkrunde eingesetzt. Vielleicht ist der Herr Friedman ja ein Populist, was er sonst gerne anderen vorwirft.

Das nächste Beispiel ist eine ebenfalls interessante Wortfolge. Die Aussage *„nach rechts gerückt"* sollten wir uns unbedingt noch einmal näher ansehen. Man kann an dieser Stelle nochmals das Beispiel mit der AfD heranziehen, da es einfach gut passt. Dass die AfD nach Luckes Austritt *„nach rechts gerückt"* ist, ist an sich ja noch nicht mal falsch, allerdings bedeutet das „rechts" in diesem Zusammenhang *„mehr in die konservative Richtung"* oder schlicht gesagt, *„weg vom Kurs FDP 2.0"*. Mit Rechtsextremismus hat das jedoch wenig zu tun, denn wenn wir uns mal das Wort NationalSOZIALISMUS anschauen, so sehen wir deutlich, dass dieser politisch sogar links zu verorten ist. Die Medien wissen das auch ganz genau und dennoch vermitteln sie es so, dass der

Bürger verunsichert wird. Der wahre Krieg, den die Linksmedien führen, wird gegen das Bürgertum und konservative Werte geführt, und dabei als angeblicher Kampf gegen Rechtsextremismus und Rassismus verkauft. Es ist eine Manipulation vom Feinsten. Auch die Linksextremisten kämpfen in Wirklichkeit nicht gegen den Rechtsextremismus (das ist nur aufgebauschtes Beiwerk), sondern in erster Linie gegen das Bürgertum. **Das Bürgertum ist die Keimzelle des Volkes, und diese soll vernichtet werden.** Diese Wahrheit zu begreifen ist essentiell wichtig!

Im Gegenzug zu der Wortfolge „nach rechts gerückt“ oder einfach nur dem Wort „rechts“ wird in der Öffentlichkeit alles, was als „links“ bezeichnet wird, als gut dargestellt und in den schönsten Farben gemalt – so als wäre das etwas besonders Positives. Viele Menschen in Deutschland, insbesondere in den Medien und der Politik, sind auf dem linken Auge blind. Die Gefahr, die von linksradikalem Gedankengut ausgeht, wird von vielen überhaupt nicht erkannt.

Ich möchte nun noch auf einen weiteren Begriff näher eingehen. Es handelt sich um das Wort „traumatisiert“, das gerne im Bezug auf Flüchtlinge und illegale Einwanderer angewendet wird. Ohne Zweifel sind viele der Menschen, die zu uns flüchten, sicherlich traumatisiert. Allerdings verhält es sich mit dem Wort so, dass es neuerdings als willkommene Entschuldigung für kriminelles Verhalten herhalten muss. Zumindest im Wortschatz der Berufslinken.

Sehen wir uns mal ein praktisches Beispiel an: In der Nacht vom 19. auf den 20. August 2015 ereignete sich in der Erstaufnahmestelle für Flüchtlinge in Suhl eine gewalttätige Auseinandersetzung. Ein Mann aus Afghanistan hatte dort einige Seiten aus einem Koran gerissen und dadurch den Unmut der anwesenden Muslime auf sich gezogen. Einige von ihnen attackierten den Mann, der sich allerdings in die Wache der Einrichtung retten konnte. Die Angreifer gaben sich damit aber nicht zufrieden und versuchten gewaltsam in die Wache einzudringen. Die anrückende Polizei wurde mit Steinen beworfen. Anschließend legten noch ein paar der Krawallmacher Feuer. Am Ende waren mehr als hundert Heimbewohner in die Auseinandersetzung verwickelt und die Polizei musste sich Verstärkung holen. Es waren einhundertfünfundzwanzig Beamte im Einsatz. Zudem wurden auch mehrere Polizeifahrzeuge und ein Rettungswagen beschädigt. Bei den Krawallen wurden fünfzehn Menschen, darunter sechs Polizisten, verletzt.[5]

Das war heftig. Aber was nun? Die Reaktion ließ nicht lange auf sich warten. Kurz darauf forderte der thüringische Ministerpräsident Bodo Ramelow eine Trennung nach Ethnien bei der Unterbringung der Menschen. Spitze, Herr Ramelow! Trennung nach Ethnien. Sind Sie etwa ein Rassist? Wollen Sie in Deutschland die Apartheit einführen? Und wie passt das zu „bunt", wenn wir die ganzen schönen Farben einzeln sortieren?

Aber der Herr Ramelow hatte noch mehr zu sagen, und jetzt kommen wir zum eigentlichen Punkt. Der thüringische Ministerpräsident meinte zudem, dass er durchaus Verständnis für die Randalierer habe. Immerhin handele es sich um *„hochtraumatisierte Menschen"*, die alle *„Opfer"* seien. Da ist es doch, das Zauberwort. Ramelow betont, wie „traumatisiert" die Leute sind – sogar „hochtraumatisiert". Alles klar, die Randalierer sind also nur arme Opfer. Lieber Herr Ramelow, ganz ehrlich, irgendwo hört der Spaß auf. Man kommt sich doch leicht veräppelt vor, wenn man solche billigen Entschuldigungsversuche hört. Das, was dort geschehen ist, hat nichts mit „traumatisiert" zu tun, sondern mit grenzenlosem Hass und Zerstörungswut! Hören Sie auf, immer alles entschuldigen zu wollen, was nicht von Deutschen verbrochen wurde.

Doch selbst nach der unglaublichen Nacht des Verbrechens und der Schande, der Silvesternacht von 2015 auf 2016, erlebten wir Beschönigungen und Verharmlosungen der Geschehnisse. Die erste Schmach war definitiv die Schweigespirale, die durch die Systemmedien tagelang aufrechterhalten wurde. Erst als der Druck durch die freie Berichterstattung und Diskussion in den alternativen und sozialen Medien im Internet zunahm, bemüßigte man sich, endlich ordentlich und offen zu berichten. Doch mit der Berichterstattung kamen auch sogleich die

Verharmloser und Universalrelativierer aus ihren Löchern gekrochen. Sexuelle Übergriffe oder sexuelle Gewalt seien ein gesamtgesellschaftliches Problem und daher nichts Neues. Bla bla, es war mal wieder unerträglich – eine Verschleierung der Tatsachen, nichts anderes. Es wird plötzlich von einem *„generellen gesellschaftlichen Problem"* gefaselt, anstatt die Dinge genau beim Namen zu nennen und diese Vergewaltigungshorden und ihre Hintergründe genauer zu beleuchten – und somit auch die Ursachen schonungslos offenzulegen. Alles wird zerredet, auch jetzt noch. Was muss denn noch alles passieren, bis das aufhört? (Auf die „Nacht der Schande" und die darin involvierten Männergruppen werde ich in Kapitel 3 übrigens noch ausführlicher eingehen.)

Die Beispiele der Täuschung durch die gezielte Benutzung und Streuung bestimmter Begriffe ließen sich endlos fortsetzen. Wir sehen an diesem Punkt, wie manipulativ Sprache eingesetzt werden kann. Es ist so wie in dem Roman *1984* von George Orwell. Der dort beschriebene „Neusprech" dient zur Verblödung der Masse und der Verschleierung von Tatsachen. Also denke daran, wenn mal wieder ein Politiker sagt: *„Wir müssen unsere Worte sorgsam wählen."*, was das wirklich zu bedeuten hat.

Das unterschwellige Klima der Angst und Verunsicherung

Nun kommen wir zu einer besonders heimtückischen Masche, die vor allem medial durchgeführt wird. Ich möchte an dieser Stelle wieder ein praktisches Beispiel anführen und zwar die Krawalle vom 21. und 22.8.2015 in der sächsischen Kleinstadt Heidenau. Die Ausschreitungen fanden vor einem, als Asylunterkunft genutzten, Baumarkt statt. Anhänger der rechtsextremen Szene, aber auch normale Bürger, demonstrierten dort. Später ließen die Rechtsextremen die Lage eskalieren. Dabei kam es zu Angriffen auf Polizisten, bei denen einunddreißig Beamte verletzt wurden.(6)

Wenn Rechtsextreme gewalttätig werden, dann machen sie exakt das, was von ihnen erwartet wird. Die radikalen Spinner merken dabei auch gar nicht, wie sie den Linksmedien in die Hände spielen. Für die war Heidenau eine willkommene Ablenkung von den Vorgängen in Suhl und zusätzlich eine vortreffliche Gelegenheit, alle anwesenden Demonstranten mit den Gewalttätern in einen Topf zu stopfen.

Es sei hierbei noch erwähnt, dass am folgenden Sonntag Linksextremisten mit Knüppeln bewaffnet durch Heidenau zogen und dabei Menschen attackierten, die sie für „Rechte" hielten. Drei Menschen wurden dabei verletzt. Nun gut, das ist nichts gegen die Vorkommnisse zuvor. Allerdings gibt es auch genügend linke Aufmärsche, bei denen weit mehr Menschen, auch Polizisten, verletzt werden. Das Stürmen und Demolieren von Polizeiwachen(7) ist in der linksextremen Szene ebenfalls sehr beliebt. Diese Taten werden von den Medien allerdings oft heruntergespielt oder nur mal nebenbei erwähnt. Vor allem im Fernsehen erfährt man nur selten davon.

Ich persönlich finde es absolut richtig, dass die Medien detailliert über die Krawalle in Heidenau berichtet haben, keine Frage. Nur würde ich mir das für alle Vorkommnisse in gleichem Maße wünschen. In der Realität ist das aber leider nicht so. Während rechtsextreme Krawalle extrem aufgebauscht und ausgeschlachtet werden, versinken Krawalle durch ausländische Gruppierungen meist in der Bedeutungslosigkeit. Bei den Taten von Linksextremisten ist es fast noch schlimmer, die werden nicht selten komplett verschwiegen. Hier würde man sich doch eine Gleichbehandlung wünschen, aber Fehlanzeige! Der Bürger soll in dem Glauben leben, dass nur Rechtsextremisten zu solchen Taten fähig sind und auch nur diese solche Taten verüben. Klar, offiziell streiten die Medien eine solche Agenda ab, aber dennoch wird es genauso gemacht.

Zudem kommt nun die perfide Masche, um die es mir geht, mit der ein Klima der Angst erzeugt wird. Und mit diesem Klima meine ich nicht das vielbeschworene *Angstklima durch die Neonazis*, sondern das, was die Linksmedien erzeugen, indem sie psychischen Druck auf die Menschen ausüben. Das Ganze funktioniert folgendermaßen: Rechtsextreme Krawalle wie in Heidenau werden sehr detailliert behandelt und notfalls aufgebauscht. Im gleichen Atemzug werden dann Begriffe wie „PEGIDA", „Asylkritiker" oder „asylkritische Demonstranten" genannt. Auf diese Weise wird suggeriert, dass die durchgeknallten Neonazis genau das Gleiche sind wie der durchschnittliche PEGIDA-Teilnehmer oder Asylkritiker generell. Rational und objektiv betrachtet ist das natürlich völliger Quatsch, zusammenhangslos und nicht haltbar! Aber die Meinungshüter machen es genau auf diese Art und geben so die unterschwellige Botschaft heraus: *„Wenn Du asylkritisch bist, dann bist Du ein Nazi. Also pass auf, was Du sagst. Halt in der Zukunft lieber Deinen Mund."* Oder wie bei den Krawallen in Heidenau: *„Wenn Du jetzt noch asylkritisch bist, dann bist Du auch ein Teil des Problems. Auch Du bist das, was in Heidenau geschehen ist."* Die Botschaften werden selbstverständlich nicht ganz so deutlich ausgesprochen, aber sie schwingen im Hintergrund mit. Die Medien machen das ganz geschickt und erzeugen dadurch bewusst Ängste in der Bevölkerung.

Wer sich auf einer asylkritischen Demonstration befindet, muss in Zukunft also aufpassen, nicht als „Rechtsradikaler" deklariert zu werden. So baut man nun automatisch Druck auf unliebsame Bürger auf, die die offizielle Marschroute kritisieren. Da wird man mal ganz schnell in einen Topf mit den Radikalen geschmissen und fühlt sich an die Wand gedrückt, während Gutmenschen mit Linksextremisten zusammen demonstrieren dürfen, ohne sich distanzieren zu müssen, da deren Gewaltexzesse weitestgehend heruntergespielt werden. Zudem kommen dann noch Politiker und Medienleute ins Spiel, die Teile der Bürgerschaft ganz offen und auf asoziale Weise beleidigen. Man denke nur an Sigmar Gabriel, der infolge der Vorkommnisse in Heidenau das Wort *„Pack"* benutzte. Allerdings nicht nur auf die Randalierer gemünzt, sondern auf alle Anwesenden. Der Bundespräsident Gauck sprach in diesem Zusammenhang gar schon von *„Dunkeldeutschland"*. Das hilft natürlich nicht gerade beim Glätten der Wogen und trägt auch nicht zum vernünftigen Umgang mit der Sachlage bei. Ein Herr Jessen, der Chefredakteur von *stern.de*, schrieb derweilen: *„Bisher war ich der Überzeugung, dass es menschlichen Dreck gar nicht geben kann. Seit dem Wochenende bin ich mir da nicht mehr so sicher."*[8]

Und auch er weigerte sich, zwischen den Gewalttätern und den anderen Demonstranten zu unterscheiden. Denn die Anwesenden waren laut seiner Meinung allesamt entweder „Nazis“ oder „Das-wird-man-ja-wohl-noch-sagen-dürfen-Bürger-Hooligans“. Was für eine Glanzleistung. Andere als Hetzer bezeichnen und dann aber selbst hetzen. Es ist beschämend! So leisten die Politik und die Medien ihren Beitrag zur Vergiftung des Klimas. Wenn man, um es noch einmal kurz zu erwähnen, dann an den Satz *„Wir müssen unsere Worte sorgsam wählen.“* denkt, könnte man glatt lachen. Oder weinen, je nachdem.

Ein weiterer düsterer Punkt in der Berichterstattung über Heidenau war die Verwendung der Bezeichnung *„der hässliche Deutsche“*, unter anderem im RTL-Nachtjournal. Es ist unglaublich, was diese Linksverdrehten alles aus der Mottenkiste holen. Die Bezeichnung „der hässliche Deutsche“ stammt noch aus dem Ersten Weltkrieg, als die Regierungen der kriegsbeteiligten Länder den jeweiligen Gegner durch Hetzpropaganda als Unmenschen darstellten. So wurde bei den Alliierten der Deutsche als „der hässliche Deutsche“ dargestellt. Solch üble, menschenverachtende Propagandasprüche sollte man heutzutage eigentlich nicht mehr verwenden, aber das RTL-Nachtjournal und diverse andere Medien hatten kein Problem damit. Klar, wäre es nicht um Deutsche gegangen, wäre man sehr zurückhaltend gewesen. Aber bei den Deutschen, da kann man draufhauen bis zum Geht-nicht-mehr. Das ist das Motto.

Es ist der wahre Irrsinn. Mal ganz ehrlich, ich wage zu behaupten, dass Deutschland eines der am wenigsten rassistischen Länder auf der ganzen Welt ist. Deutschland ist das einzige Land weltweit, bei dem der Begriff „Patriotismus“ überhaupt hinterfragt wird. Woanders ist das mehr als selbstverständlich, nur bei uns nicht. Und die Deutschen sind sehr duldsam und stets bemüht, Fremden gegenüber freundlich zu sein. Zugegeben, die wenigen rechtsextremen Chaoten nicht, aber der Großteil, der weitüberwiegende Großteil der Deutschen eben schon. Das ist auch überall bekannt. Die Linksmedien sollten endlich einmal aufhören, gegen das eigene Volk zu hetzen und objektiv berichten, und zwar über alle Geschehnisse.

Ob wir hier wirklich noch zur Vernunft gelangen? Ich weiß es nicht. Da fordert eine Frau Anja Reschke in den ARD-Tagesthemen, Menschen öffentlich an den Pranger zu stellen. Wo leben wir eigentlich? Im Mittelalter? Man muss dazu sagen, Frau Reschke meinte scheinbar in erster Linie Menschen, die tatsächlich ziemlich dummes Zeug schreiben. Aber trifft es dann wirklich nur die, oder auch andere, die sich anständig äußern, aber kritisch sind? Eine schwierige Frage. Deshalb wollen wir uns den Kommentar von Frau Reschke und die daraus abgeleiteten Gedankengänge einmal näher anschauen.

Es handelt sich um den Kommentar, der am 5.8.2015 in den Tagesthemen gesendet wurde. Am Anfang ihres Kommentars meint Frau Reschke: „*Wenn ich jetzt hier öffentlich sage: Ich finde, Deutschland soll auch Wirtschafsflüchtlinge aufnehmen – was glauben Sie, was dann passiert? Es ist nur eine Meinung, die darf man äußern. Schön wäre also, wenn darüber sachlich diskutiert würde. Aber so würde es nicht laufen. Ich bekäme eine Flut von Hasskommentaren.*“[(9)]

Da gebe ich Ihnen vollkommen Recht, Frau Reschke. Es gibt keinen Grund, Sie für Ihre Meinung anzufeinden. Sie haben das Anrecht auf Ihre eigene Meinung, so wie andere auch. Zugegeben, Ihre Meinung ist schon etwas eigen. Eine Masse an Wirtschaftsflüchtlingen untergräbt das Asylrecht und erschwert die Hilfe für echte Flüchtlinge. Zudem wird der Sozialstaat dadurch regelrecht ausgeplündert. Aber dennoch, auch wenn sie noch so unlogisch ist, Ihre freie Meinung steht Ihnen zu. Wer Sie dafür anfeindet, anstatt mit Ihnen über Inhalte zu diskutieren, der hat noch nicht begriffen, was Demokratie bedeutet.

Frau Reschke gab in ihrer Ansprache weiterhin ein paar Beispiele für Hasskommentare wie: „*Scheiß Kanaken*“, „*soll man anzünden*“, „*Dreckspack soll im Meer ersaufen*“ usw. und mahnt an, solche Idioten, die so etwas schreiben, nicht einfach zu ignorieren, sondern diese an den Pranger zu stellen. Am Ende des Kommentars fordert sie zudem noch einen „*Aufstand der Anständigen*“.[(9)]

Ja, Frau Reschke, in der Tat. Wer tatsächlich meint, dass die im Meer ersaufen sollen oder dergleichen, der hat definitiv was an der Waffel. In diesem Punkt bin ich nochmals Ihrer Meinung. Allerdings möchte ich an dieser Stelle auch vor Verallgemeinerungen warnen. Allzu oft werden diejenigen, die argumentieren und keinerlei menschenverachtende Worte wählen, mit den Spinnern in einen Topf geworfen. Wenn Sie also einen *„Aufstand der Anständigen"* fordern, dann tun Sie doch bitte nicht so, als gäbe es nur die dumpfen Rechtsradikalen auf der einen und die Aufrichtigen auf der anderen Seite. So einfach ist das nicht. Auf der vermeintlich „rechtsradikalen" Seite gibt es nämlich sehr wohl viele Menschen, die sachlich diskutieren wollen, aber allein nur deshalb schon an den von Ihnen geforderten Pranger gestellt werden. Gerade aus der linken Gutmenschen-Ecke (und die haben für mich nichts mit „den Anständigen" zu tun), kommt doch sehr viel Unwille zur sachlichen Diskussion. Vor allem die sachlichen, logischen Kriterien sind es doch, die diese Gruppe nicht hören will und ständig abstreitet. Wie schnell wird man da als „Rechtspopulist" oder „Nazi im Schafspelz" und was weiß ich noch bezeichnet, wenn man Kritik am vorgegeben Kurs äußert. Wir sollten diese Tatsachen bei der Diskussion nicht verdrängen. Deshalb bitte nur dann den Pranger anwenden, wenn es gar nicht mehr anders geht. Nicht, dass am Ende auch noch die, die eigentlich sachlich argumentieren wollten, mit an dem Selbigen stehen. So viel zu der Ansprache von Frau Reschke.

Weitere harte Verbalschläge gibt es von überall: aus der Politik, den Medien und dem Rest der Öffentlichkeit. So entglitt auch dem Schauspieler Til Schweiger die Diskussion auf seiner Facebook-Seite. Es ging dabei um das ominöse Asylprojekt, das der Schauspieler starten wollte und aus dem jetzt im Nachhinein nichts geworden ist.

Zugegeben, einige der Kommentatoren gingen hart unter die Gürtellinie, aber die Reaktion von Herrn Schweiger eskalierte am Ende ebenfalls. So beschimpfte er die Nutzer, die bei der Thematik nicht seiner Meinung waren, mit diesen Worten: *„Oh Mann – ich hab's befürchtet!! Ihr seid zum Kotzen! Wirklich! Verpisst Euch von meiner Seite, empathieloses Pack! Mir wird schlecht!!!"*[10]

Daraufhin brachen erst recht Diskussionen los und viele der Angesprochenen wollten sich das nicht gefallen lassen. Natürlich hat Herr Schweiger das Recht dazu, das auf seiner Facebook-Seite zu schreiben. Aber ein bisschen mehr Vernunft und ein sinnvoller Beitrag zur Deeskalation wären an dieser Stelle vielleicht besser gewesen. Doch dem Schauspieler war bei der Debatte dann auch irgendwann gar nichts mehr unangenehm. Facebook-Einträge wie *„Bäm!!! Der Vizekanzler hat sich gemeldet!“* sind eher peinlich und laden eher zum Fremdschämen ein, als dass sie beeindrucken.

Nachdem es für sein Treffen mit Sigmar Gabriel ebenfalls wieder Kritik aus der Internetgemeinde hagelte, folgte die nächste Facebook-Entgleisung: *„Ihr seid so arm....!!!! Anstatt uns bei einer extrem wichtigen Sache zu unterstützen, giesst ihr eure Häme aus...! Schämt euch!!! Twitter-Spott...! Was ist das!???! Irgendwelche Deppen, die lästern und nichts zu tun haben.....! Ich guck auf euch runter, voller Mitleid und Verachtung...!!!! Twitter-community(Mehrheit) und SPON(überwiegende Mehrheit)....ihr seid so arm...!! Und dumm..!!!! Aber ich scheiss auf euch und zieh mein Ding durch!!!! Ausserdem: Sigmar Gabriel ist ein gerader Mann!!! Respekt!!!! Und jetzt geht pennen, zu mehr langt es eh nicht bei euch...!!!!! Til Schweiger.... PS: für die Schlauen : direkte Anrede klein geschrieben aus mangelndem Respekt.....!!!!“* (Originalzitat; A.d.A.)[(11)]

Oh je, oh je... das denkt der Herr Schweiger also über die Menschen, die nicht in sein Horn blasen. Ziemlich verächtlich. Naja, Hauptsache die gucken weiterhin seine Filme und zahlen GEZ, damit er beim nächsten Tatort wieder den Hobbyterminator mimen kann und weiterhin abkassiert. Das war bis dahin nicht gerade eine glorreiche Darbietung des Herrn Schweiger und der Auftritt in der Maischberger-Sendung vom 18.8.2015 war da auch nicht viel besser. Zuerst steckte Schweiger dem CSU-Generalsekretär Andreas Scheuer: *„Sie gehen mir auf den Sack, echt!“*, um dann noch mit weiteren schlauen Sprüchen aufzuwarten. Er meinte, Deutschland habe am meisten vom Euro profitiert und sei wegen seiner Geschichte besonders verpflichtet usw. Mal wieder die übliche Liste an Gründen, warum wir angeblich so eine große Verantwortung tragen und deshalb in höchstem Maße die Selbstaufopferung zelebrieren müssen. Der Herr Schweiger ist wahrlich ein großer Denker, das muss man ihm schon lassen.

Und zudem ist er auch ein mehr als großzügiger Wohltäter. Überall im TV und im Radio macht er Werbung für seine „Projekte" und erwähnt dabei immer ganz beiläufig, wie einzigartig das alles ist und dass das vor ihm noch keiner so gemacht hat usw. Jaja, wir müssen ihn alle bejubeln! Man könnte fast meinen, es ginge ihm gar nicht wirklich um die Sache an sich, sondern nur um den Applaus und die Wichtigtuerei. Aber das scheint sicher nur so. In Wirklichkeit ist er absolut selbstlos. Nebenbei: Wie unpassend der Name „Schweiger" doch für diesen Mann ist. Er schweigt leider viel zu selten.

Ach, was soll's, eigentlich sollten wir doch alle dankbar sein. Schließlich zahlen wir GEZ dafür, uns einen solchen Schund anhören zu dürfen. Aber so geht es dem heutigen Bundesbürger. Er darf arbeiten und brav Applaus geben, wenn ihm die hochwohlgeborenen Herrschaften ihre Weisheiten um die Ohren blasen. Aber wehe, er muckt auf oder sagt etwas offiziell Unerwünschtes. Dann wird der ahnungslose Dunkeldeutsche sofort von Selbstdarstellern wie einem Til Schweiger belehrt, dass jeder rechts und dumm ist, der die offiziell vorgegebene Meinung über die Asylpolitik nicht teilt.

Natürlich werden an dieser Stelle kritische Stimmen laut, denn der Schweiger macht doch auch so viele gute Sachen. Ruft zu Spenden auf, hat selbst eine Organisation gegründet usw. Ja, das stimmt. Ich will nun keinesfalls alles kritisieren, was dieser Schauspieler tut. Spenden ist eine gute Sache! Es gibt wunderbare Projekte wie die „Arche", welche auch von Schweiger unterstützt wird, die finanziellen Beistand verdienen. (www.kinderprojekt-arche.eu) Ich mag dieses Projekt und kenne es schon seit Jahren. Wenn man Kindern helfen möchte, ist eine Spende an die Arche auf jeden Fall eine sinnvolle Investition. Da bin ich ausnahmsweise der gleichen Meinung wie Herr Schweiger. Was ich allerdings weniger gut finde, ist die Art, wie er sich bei der Thematik selbst produziert und vor allem, wie unüberlegt er über die aktuelle Situation mit den Flüchtlingen spricht und den grenzenlosen Zuzug propagiert.

Wenn wir über die Flüchtlingsthematik sprechen, so müssen wir sehr genau ins Detail gehen. Wie hilft man am besten, wo hilft man am besten usw. Vor allem auch die Unterscheidung zwischen Familien mit Kindern aus Kriegsgebieten und Männergruppen, teilweise aus Nicht-Kriegsgebieten, ist dabei absolut wichtig! Die Angelegenheit muss in vernünftige Bahnen gelenkt werden, sonst wird sie sowohl für die Flüchtlinge als auch für die europäischen Bevölkerungen, vor allem auch in Deutschland, nicht abschätzbare Probleme mit sich bringen. Damit wäre am Ende niemandem geholfen. Deshalb ist kopfloser Aktionismus definitiv nicht angebracht, sondern eine gewissenhafte Betrachtung der Faktenlage und das Erstellen von Lösungskonzepten, die genau dieser Realität Rechnung tragen. Auf was ich damit hinaus will, werde ich in Kapitel 3 noch detailliert darlegen.

Beschäftigen wir uns nun erst einmal weiterhin mit dem unschönen Klima der Angst und Verunsicherung. Ach, es gibt doch so viel Geschmackloses dieser Tage. Dabei möchte ich einen im Feuilleton der Wochenzeitung *Die Welt* erschienenen Artikel(12) nicht verschweigen, der den reißerischen Titel *Lasst uns Auschwitz wieder eröffnen* trägt. Der Autor ist der Standup-Comedian und Kolumnist Oliver Polak.

Ich werde an dieser Stelle einen Großteil des Artikels mit Zwischenkommentaren meinerseits wiedergeben.

> ***„Lasst uns Auschwitz wieder eröffnen!***
> *Niemand hat eine Lösung für die Flüchtlingsfrage. Unser Kolumnist Oliver Polak schon. Der Standup-Comedian schlägt vor, Neonazis in Züge Richtung Osten zu setzen. Dort wartet eine Überraschung.“*

So lautet der Beginn des Artikels, der uns schon einiges verspricht. Danach folgen aber erst einmal Belanglosigkeiten. Polak erzählt über Marshmallowcookies, die er so gerne isst und wie er faul in seinem Bett liegt. Bisher ist der Artikel inhaltlich relativ banal. Der Leser weiß nun immerhin, dass sich Herr Polak ungesund ernährt. Soweit, so unspannend. Doch dann wird es schon interessanter.

„Niemand weiß, wie man mit der Flüchtlingsproblematik umgehen soll, alle sind so überfordert. Lustig, sonst sind sie doch nie überfordert, wenn man im Zug in der Ruhezone telefoniert, dann steht sofort ein Ferngesteuerter vor einem, der einen darauf hinweist, dass man im Zug in der Ruhezone nicht telefonieren darf. Du bist mit Deinem Baby im Flugzeug, und es schreit vor Schmerzen wegen dem Druckausgleich, ich verspreche Dir, jemand wird Dich darauf hinweisen, dass das stört."(12)

Aha, weil wir das mit der Ruhezone im Zug so wunderbar beherrschen, ist die Aufnahme von über einer Millionen Menschen (plus das, was in den nächsten Jahren noch kommt) doch auch kein Problem. Eine interessante Logik. Ok, der anschließende Vergleich zwischen der Flüchtlingsproblematik und einem schreienden Baby im Flugzeug ist ebenfalls spektakulär. Passend allerdings nicht.

Weiter geht es mit einer Zwischenüberschrift:

„Atemlos durch die Nacht
Aber wenn es um Zivilcourage geht, ist Game over. Ich denke viel über Deutschland nach, dieses Land, welches vor Ohnmacht nahezu kollabiert, wenn es um Fleisch, Fußball oder Fischer geht, aber beim Datenschutz phlegmatisch mit den Schultern zuckt und sagt: ‚Das? Ja, ja, das darf ruhig weg', bei hilfsbedürftigen Menschen: ‚Das? Ja, ja, das soll bloß weg.' Unverzagtheit beim Unwichtigen, Zaghaftigkeit beim Wichtigen, das führt über kurz oder lang zur Diktatur der Trottel und Rückgratlosen."(12)

Naja, „Game over" vielleicht nicht. Kommt darauf an, was man unter „Zivilcourage" versteht. Darüber haben unterschiedliche Menschen so ganz unterschiedliche Vorstellungen. Das Eine stimmt jedoch: Dem Unwichtigen wird oft zu viel Bedeutung zugemessen und umgekehrt. Ich meine das sicherlich ein wenig anders als Herr Polak, aber im Großen und Ganzen kann man das stehen lassen. Was die Diktatur angeht, irrt er allerdings gewaltig. Von wegen *„über kurz oder lang"*. Die Diktatur der Trottel und Rückgratlosen herrscht doch schon längst. Herr Polak hat es nur noch nicht bemerkt.

„Niemand hat eine Lösung für die Flüchtlingsproblematik. Ich schon. Lasst uns doch einfach Auschwitz wieder eröffnen, wobei, es ist ja offen. Aber nein, so wie früher. Lasst uns all diejenigen, die Steine werfen, Häuser anzünden und auf Menschen urinieren, in Viehwaggons packen, Richtung Osten transportieren. Sie an der Rampe in Auschwitz empfangen, sie ausziehen lassen, ihnen ihr Hab und Gut wegnehmen, rasieren muss man sie ja nicht mehr – und sie in die Gaskammern schicken. Hinter ihnen die Türen verriegeln und dann, statt Gas, über die Lautsprecherboxen Helene Fischers ‚Atemlos' spielen.
Danach dürfen dann alle wieder nach Hause fahren. Und ich würde, wenn die Leute die Gaskammern verlassen, auf dem Dach stehen und ihnen zuzwinkern – in einem T-Shirt mit dem Aufdruck ‚My relatives went to Auschwitz and all I got was this lousy T-shirt'. Auf sie zu urinieren würde keinen Sinn machen, das fänden sie noch geil. Die Nazis in Deutschland sind so ekelhaft, dass sogar Hitler sich distanzieren würde.“(12)

Ab hier wird es nun richtig geschmacklos. Aber auch Herrn Polak steht es zu, offen über seine geheimen Fantasien zu sprechen. Am Ende sollte er damit aber doch mal zum Psychologen gehen.

Ich sehe ein, Steinewerfer und Zündler sind nicht gerade die sympathischsten Menschen. Ich denke, die wären im Knast ganz gut aufgehoben. Aber ob es gleich Auschwitz sein muss? Gut, Polak meint „ohne Gas“ und macht dann noch seinen Witz mit dem T-Shirt. Trotzdem ist das irgendwie verstörend... Und was soll das mit Helene Fischer? Was hat die Sängerin dem Schreiber des Artikels getan? Es bleibt ein Rätsel.

„Meine Mutter hatte recht, als sie sagte: ‚Oliver, als man den Leuten 1945 gesagt hat, dass sie jetzt freundlich sein sollen zu den Juden, hat man vergessen zu sagen, dass das auch für andere Völker und Religionen gilt.'“(12)

Den Leuten? Welchen Leuten? Allen Leuten? Oder nur Leuten aus einem bestimmten Land? Die Jahreszahl 1945 legt nahe, dass Herrn Polaks Mutter wohl die Deutschen meint. Betrachten wir das mal: Der erste Teil der Aussage stimmt, aber der zweite Teil… der passt irgendwie nicht ganz. Die Aussage *„…vergessen zu sagen, dass das auch für andere Völker und Religionen gilt“* spricht letztendlich gegen die Deutschland-These. Denn wenn ich mich recht erinnere, ist doch Deutschland gerade das Land, in dem weltweit auf einzigartige Weise seit vielen Jahrzehnten – und in den letzten Jahren ganz verstärkt – alles Fremde überhöht und vergöttert wird, während man sich selbst in den Dreck zieht. Das Land, in dem Horden von schmierigen Gutmenschen auf ihren Brustwarzen angekrochen kommen, um jedem, der nicht deutsch ist, sofort willig und eifrig die Füße zu lecken. Nein, dieses Land und diese Leute kann sie nicht meinen. Das verträgt sich nicht mit der Realität. Es bleibt demnach ungewiss, wer die ominösen Leute sind.

> *„Der nächste emotional verkrüppelte Typ wird kommen und mir sagen, dass ich doch nicht wieder ‚die Auschwitzkeule' schwingen soll. Polak, irgendwann muss doch mal gut sein – wie lange ist das alles jetzt her? Ja genau. Genau das denke ich mir auch. Irgendwann muss mal gut sein, aber dann hört doch einfach auf damit. Auschwitzkeule my ass.“*[(12)]

Ja klar, diese emotional verkrüppelten Typen. Gut, dass der Herr Polak so empathisch erscheint in diesem Artikel. *„…aber dann hört doch einfach auf damit.“* Was meint er denn jetzt schon wieder? Womit aufhören? Solchen Leuten wie ihm in den Arsch zu kriechen, oder was? *„Ausschwitzkeule my ass.“* Spitzenklasse! Von mir aus… wenn er meint. Polak my ass.

Es folgt die nächste Zwischenüberschrift, und die hat es in sich:

„Die Flüchtlinge, die Juden von heute“

Alleine diese Zwischenüberschrift ist so was von grundfalsch und daneben, dass man nur noch mit dem Kopf schütteln kann.

> *„Klar muss niemand niemanden aufnehmen. Aber lasst doch zumindest die das machen, die das wollen. Bewusstsein schaffen, dafür, dass diese Menschen bleiben, für immer, und dass sie Hilfe benötigen.“*[(12)]

Diese Menschen bleiben für immer? Wer sagt das? Warum? Wollen das diese Menschen überhaupt? Vielleicht würden die irgendwann gerne wieder zurück in ihre Heimat, falls möglich. Ist Herr Polak auch schon von diesem „Die-müssen-alle-für-immer-hier-bleiben-ob-sie-wollen-oder-nicht-Virus" befallen?

„Die Schwertraumatisierten und überhaupt alle, und dass sie besser erzogen werden als wir. Was nicht so schwer ist. Eine Schande für Deutschland? Deutschland ist die Schande für Deutschland."(12)

Deutschland ist also die Schande für Deutschland. Hier werden nun gleich alle Deutschen angesprochen. Es ist eine unglaubliche Frechheit, was sich dieser Mensch herausnimmt. Deutschland ist das europäische Land, das mit Abstand am meisten Flüchtlinge aufnimmt und Fremden gegenüber eine Toleranz aufweist, die nicht in vielen Ländern zu finden ist. Also was soll der Schwachsinn? Die Dreistigkeit ist unglaublich. Herr Polak, Sie sind hier die wahre Schande! Allerdings nicht für Deutschland, sondern für sich selbst!

„Vor Wochen wurden Flüchtlingsmädchen gestreichelt, und jetzt bepissen wir sie."(12)

Wir haben Flüchtlingsmädchen bepisst? Wer ist „wir"? Herr Polak, das gibt die Logik vor, meint mit „wir" also auf jeden Fall auch sich selbst. Er und irgendwelche anderen Leute haben also Flüchtlingsmädchen bepisst (so die Logik der Aussage). Das finde ich in der Tat ziemlich asozial. Allerdings möchte ich gleich klarstellen, dass ich bei der Aktion nicht anwesend war. Deshalb sollte Herr Polak mit dem Wort „wir" etwas vorsichtiger sein. Er verallgemeinert halt gerne, das merkt man bei seinen Texten. Differenzierung ist nicht seine Stärke.

„Als ich gestern meinen 89-jährigen Vater, der sieben Jahre KZ überlebt hat, am Telefon sprach und ihn fragte, was er denkt, sagte der nur: ‚Oliver, die Flüchtlinge sind die Juden von heute.'"(12)

Dass der Vater von Herrn Polak im KZ war, tut mir aufrichtig leid, so wie um jeden, der unschuldig eingesperrt wurde oder wird. Aber das ist trotzdem kein Argument, wie wild mit der verbalen Axt um sich zu schlagen. Wenn Herr Polak das denkt, dann ist er gewaltig auf dem Holzweg. Und die Aussage *„Die Flüchtlinge sind die Juden von heute."* wird dadurch auch nicht richtiger.

> *„Ich liege immer noch in meinem Bett und denke mir, dass man einfach einen Agrarstaat aus Deutschland hätte machen sollen, nur wüsste ich dann jetzt nicht, wo ich meinen Marshmallowcookie bekommen würde."*[(12)]

Einen Agrarstaat? Ah, der Herr Polak spielt jetzt auf den Morgenthau-Plan an. Da das Niveau sowieso schon bodenlos ist, passt auch diese Anspielung. Nur gut, dass es doch nicht so gekommen ist. Immerhin muss der deutsche Michel doch fleißig den Euro und andere „Projekte" finanzieren. Wer würde denn sonst den Zahlhansel spielen?

Aber der Verfasser dieses überaus wertvollen Textes bekommt am Ende dann doch noch einen Geistesblitz. Der „Marshmallowcookie"! Das ist ein Argument. Das Beste überhaupt! Ach, wenn der Herr Polak sich doch nur auf das Essen dieser Marshmallowcookies beschränken würde… das würde doch reichen.

Soweit der Artikel. Was mich letztendlich hauptsächlich daran stört, ist Folgendes: Anstatt sich nur gegen Gewalttäter und Dummschwätzer zu richten, nimmt der Autor gleich alle Deutschen in Sippenhaft. Er beschränkt sich dabei nicht nur auf die Gruppe der Kritiker des vorgegebenen Kurses, was an sich schon absolut falsch und undifferenziert wäre, nein, er meint gleich alle. *„Deutschland ist die Schande für Deutschland."* Was soll dieser unsägliche Quatsch? Alle Deutschen sind Nazis! Ist es das, was Sie sagen wollen, Herr Polak?

Ein größtenteils geschmackloses Geschreibsel. Ich möchte allerdings betonen: Es ist das unantastbare Recht des Herrn Polak, einen solchen Artikel zu schreiben. Da lobe ich mir die Meinungsfreiheit. Aber einen bitteren Nachgeschmack hat die Sache dann doch. Auf der *Welt*-Seite war unter dem Artikel die Kommentarfunktion gesperrt, sodass sich die angesprochenen Deutschen nicht zur Wehr setzen konnten. Dafür habe *ich* das jetzt getan.

Ein solcher Hetzartikel ist zwar bodenlos unverschämt, aber am Ende völlig harmlos. Was nicht harmlos ist, ist jedoch der zunehmende Druck auf kritische Menschen, der aus allen Rohren in der Öffentlichkeit abgefeuert wird. Der öffentliche Pranger ist da nur *ein* Mittel von vielen. Die scharfen Töne und die Androhungen von Repressalien gegen Asylkritiker – und generell gegen Systemabweichler und Fragensteller – nehmen zu. Wir erleben momentan in der westlichen Welt, vor allem in Deutschland, einen Krieg gegen das freie Denken und die freie Meinungsäußerung. Wer nicht dem offiziellen Kurs huldigt, wird im besten Falle kritisch beäugt, im schlimmsten Falle knallhart bekämpft und denunziert. Man pickt sich dumme, radikale und einfältige Kommentare heraus und tut so, als sei das repräsentativ für alle Kritiker. Die extreme Linke nutzt Orwell-Sprache, um eine angeblich freie und tolerante Gesellschaft abzubilden und vorzugaukeln. Doch in Wirklichkeit ist es keine freie Gesellschaft, sondern eine Gesellschaft, die immer mehr unter der Knute von linksradikalem, familienfeindlichem Gedankengut steht und den Systemabweichlern gegenüber null Toleranz walten lässt. Wer nicht mitmachen will, ist der Feind! Ganz einfach. Kritiker sind alle Nazis und müssen damit rechnen, fertiggemacht zu werden. Es entsteht ein unterschwelliges Klima der Angst und der Verunsicherung.

Denunziation wird wieder salonfähig gemacht

„Der größte Lump im ganzen Land, das ist und bleibt der Denunziant."

August Heinrich Hoffmann von Fallersleben

In den Tagen des öffentlichen Prangers erlebt eine alte, fast schon in Vergessenheit geratene Unsitte eine Renaissance: das Denunziantentum. Auf Facebook tummeln sich dank Justizminister Heiko Maas mittlerweile etliche dieser Denunzianten, um sog. „Hasspostings" aufzuspüren und diese von den Betreibern löschen zu lassen bzw. die Urheber an Behörden und Arbeitgeber zu melden. Was genau unter solchen „Hasspostings“ zu verstehen ist und welche Aussagen als solche deklariert werden, liegt dabei wohl eher im Auge des Betrachters. In der Tat, manche Kommentare, gerade auch zur Flüchtlingsthematik, sind so was von daneben und geschmacklos, dass man sich fragen muss, was mit den Verfassern nicht stimmt. Da muss wohl die ein oder andere Schraube locker sein. Denunziantentum rechtfertigt dies allerdings nicht. Das darf es nicht!

Vor allem in unserem Nachbarland Österreich könnte das Denunziantentum bald weitreichende Folgen haben. Dort wurde nun im Jahre 2015 der Verhetzungsparagraph abgeändert. Ich zitiere von der Webseite der österreichischen Tageszeitung *DER STANDARD*:

> *„Bisher wurden Verhetzungsverfahren oft eingestellt. Die Begründung: Das Publikum, an das sich die Hetzrede richtete, sei zu klein. Das Gesetz forderte mindestens 150 Zuhörer, künftig sind es 30 – auch kleinere Versammlungen oder Onlineforen sind also umfasst. Künftig sind auch einzelne Angehörige einer Minderheit besser vor Hetze geschützt: Bisher war der Verhetzungsparagraf großteils auf Hass gegen Gruppen – ‚die Homosexuellen, die Muslime‘ – ausgerichtet. Nur wer zu Gewalt gegen Einzelne aufrief, macht sich derzeit strafbar. Künftig reicht schon das ‚Aufstacheln zu Hass‘. Das sei zwar ‚schwammig formuliert‘, sagt Strafrechtsprofessor Helmut Fuchs von der Uni Wien, doch ‚wird es an den Gerichten liegen, dem Begriff scharfe Konturen zu geben‘.“*[13]

Solche Gesetze sind sehr kritisch zu sehen. Wie gesagt, wer gegen Menschen hetzt oder den Tod von Menschen fordert, der ist definitiv nicht ganz dicht. Diese Leute sollen damit nicht entschuldigt werden. Aber auf der anderen Seite sind solche Gesetze gefährlich, weil man sie beliebig dehnen und auslegen kann. Wer legt denn fest, was Hetze ist und was nicht? *„Aufstacheln zu Hass“*, was ist das und wer legt das fest? Was, wenn auf einmal eine ganz normale, durchdachte Kritik als Hetze bewertet wird? Dann ist es schnell vorbei mit der Meinungsfreiheit, mit der Demokratie und der freien Gesellschaft. Zudem noch die Förderung des Denunziantentums, wodurch sich bestimmte Internethilfssheriffs dazu aufgerufen fühlen, im Dreck zu wühlen, und schon haben wir einen Gesinnungs- und Überwachungsstaat. Das ist keine Alternative für die Zukunft. Zumindest nicht für Menschen, die gerne in Freiheit leben möchten.

Am 22.5.2016, während der Wahl des Bundespräsidenten in Österreich, wurde ein kleiner Vorgeschmack auf unsere zukünftigen Verhältnisse mehr als deutlich. Die Facebookseite von *Anonymous.Kollektiv* (rund zwei Millionen Abonnenten) hatte zur Unterstützung für den FPÖ-Kandidaten Norbert Hofer aufgerufen. Kurz darauf wurde die Seite geschlossen – angeblich wegen rassistischer Äußerungen. Man bedenke, es ging um die Unterstützung eines demokratisch legitimierten Wahlkandidaten. Doch wer nicht ins politische Weltbild passt, der bekommt ganz schnell die Zensurkeule von Heiko Maas & Co. zu spüren. *Anonymous.Kollektiv* ließ sich von dem Zensuranschlag natürlich nicht beeindrucken und hat sich daraufhin eine neue Netzpräsenz aufgebaut. Dennoch bleibt die Frage stehen: Wie weit werden solche antidemokratischen Zensurversuche wohl noch voranschreiten?

Der Wahn ist überall

Es sind eben leider die zuvor aufgezählten Mechanismen und Vorgehensweisen, die sehr gut funktionieren, um Menschen zu verwirren, einzuschüchtern und geistig abzurichten. Und so versuchen die Propagandapriester auch weiterhin, das Volk verrückt zu machen, und bei manchen schaffen sie es auch. Diese Menschen reagieren dann auf jedes Wort, das im Zusammenhang mit dem Dritten Reich steht, ganz besonders aber auf das Wort „Nazi“ extrem allergisch. Sobald es sich in einer Diskussion dann um dieses Thema dreht, sind diese Menschen auch nicht mehr fähig, logisch und rational zu denken. Stattdessen spuken ihnen wirre Gedanken durch den Kopf und der Blutdruck schießt in die Höhe. Manche überschlagen sich gar in ihren Äußerungen, die meist mehr an Dummschwätzerei als an intelligente Rede erinnern. Es ist wie ein Blackout, der da oben im Kopf stattfindet. Die Logik, das Rationale und die Fakten werden völlig bei Seite geschoben. Der Betroffene wirkt wie ein sabbernder Zombie, der gerade einen epileptischen Anfall bekommt. Vor allem die Worte „Rassismus“ und „Rechtspopulismus“ sprudeln dabei gerade so aus dem armen Geschöpf heraus. Es klingt wie auswendig gelernt – was es auch ist –, aber es geht um mehr. Es ist eine verdrehte Welt, die sich im Geist der Bedauernswerten breit gemacht hat. Die Gehirnwäsche, der die Menschen über Jahre, je nach Alter vielleicht sogar Jahrzehnte, ausgesetzt war, entfaltet ihre volle Wirkung.

Die Anti-Nazi-Zombies ziehen dann durch die Straßen und missionieren alles und jeden, der noch nicht auf dem politisch korrekten Kurs steuert. Dabei begreifen diese Unglückseligen gar nicht, dass sie die pure Lüge predigen. Die Politische Korrektheit ist dabei der Leitfaden, an dem sie sich abarbeiten. Doch genau das ist der Fehler, denn die Politische Korrektheit ist der Feind der Wahrheit! Durch diese Politische Korrektheit wird alles so lange zurechtgebogen und umgeformt, bis es ins linksideologische Weltbild passt. Für die Wahrheit bleibt da nicht mehr viel Platz. Doch was rede ich, die Anti-Nazi-Zombies wollen davon doch gar nichts hören. Sie ziehen weiterhin durch die Straßen und verbreiten überall ihre „bunte“ Gesinnung. Wobei diese Gesinnung in ihrem Endresultat zu nichts „Buntem“ und „Schönem“ führen wird, sondern zu einem trostlosen Chaos. Die Menschen, die noch bei Trost sind, wissen das auch ganz genau und versuchen diese Zombies wachzurütteln, bei manchen gelingt es sogar. Andere, hartnäckigere Fälle hingegen, befinden sich in solch einer tiefen hypnotischen Trance, dass Wachrütteln fast schon nicht mehr hilft.

Man muss bei der ganzen Angelegenheit sowieso sehr vorsichtig sein, denn die Zombiehorden sind nicht alleine unterwegs. Unter ihnen befinden sich auch zahlreiche Hexen- bzw. Nazijäger. Und vor denen sollte man sich besonders in Acht nehmen. Diese finsteren Gesellen sind getrieben von einem unvorstellbaren Hirngespinst, das die Hatz auf unliebsame Meinungen und Personen geradezu zum Zwang werden lässt. Sie strecken gierig ihre Nasen in die Luft und erschnüffeln die Abweichler schon aus weiter Entfernung. Jeden Tag sind sie auf der Suche und wehe dem, der erwischt wird. Der wird dann aber so was von an den Pranger gestellt.

Unter der Bevölkerung herrscht mittlerweile eine starke Verunsicherung. Wer eine Meinung vertritt, die nicht ins öffentlich gewünschte Weltbild passt, behält sie lieber für sich. Zu groß ist die Angst vor sozialer Schmähung und beruflicher Vernichtung. Ja, gar vor der Existenzvernichtung! Denn das sind die neuen Hinrichtungsmethoden unserer heutigen Zeit. Der Scheiterhaufen wurde durch die Existenzvernichtung ersetzt. Immerhin, heute darf man weiterleben, nur *wie* man dann lebt, das ist ganz und gar nicht gemütlich. Die Konsequenzen sind hart und unerbittlich. Schließlich müssen die Nazis auch ordentlich bestraft werden. Wer weiß, was die im Geheimen alles planen, diese bösen Braunhemden.

Das braune Phantom spukt in den Köpfen der Nazijäger und lässt sie nicht mehr los. So wie einst die vermeintlichen Hexen, sollen nun auch Nazis überall im Untergrund ihr Unwesen treiben. Vielleicht hat mittlerweile schon eine unheilvolle Metamorphose stattgefunden. Hexen und Nazis haben sich im Kanalisationssystem genetisch vermischt. Das wäre doch auch ein gelungener Titel für einen Trash-Film: „Die Nazi-Hexen greifen an". Aber lassen wir das jetzt. Zurück zur Ernsthaftigkeit.

Die moderne Inquisition und Hexenjagd zeigt sich mittlerweile immer deutlicher und ungenierter. Das unglaubliche Beispiel Akif Pirinçcis macht das deutlich. Dem Autor wurde eine Aussage, die er bei einer Rede auf einer PEGIDA-Veranstaltung getätigt hatte, im Mund herumgedreht. Er sagte dort: *„Offenkundig scheint man bei der Macht die Angst und den Respekt vor dem eigenen Volk so restlos abgelegt zu haben, dass man ihm schulterzuckend die Ausreise empfehlen kann, wenn es gefälligst nicht pariert. Es gäbe natürlich auch andere Alternativen. Aber die KZs sind ja leider derzeit außer Betrieb.*"[14] Sinngemäß hatte Pirinçci also mehr oder weniger Folgendes gesagt: *Die Politiker müssten den unbe-*

quemen Bürgern zur Auswanderung raten, weil die KZs ja leider geschlossen seien und man sie daher nicht dorthin verfrachten könne. Der Autor hatte dies wohl sarkastisch gemeint. Klar, sehr überlegt war das nicht. Bei einer Rede vor einer großen Menschenmenge, bei der sicherlich in den hinteren Reihen nur Wortfetzen zu verstehen sind, Worte wie „KZ“ zu benutzen, ist nicht gerade klug. Das hat Pirinçci mittlerweile sicherlich auch eingesehen. Zudem ist eine solche Aussage ziemlich heftig. Natürlich ist es eine bodenlose Unverschämtheit, wenn Politiker asylkritischen Bürgern zur Auswanderung raten. Diese Leute werden zu recht dafür kritisiert. Aber diesen Politikern zu unterstellen, sie würden die Unbequemen am liebsten ins KZ stecken, schießt hier doch weit über das Ziel hinaus. Zumindest für meinen persönlichen Geschmack.

Auf der anderen Seite rechtfertigt das natürlich trotzdem keine Falschbehauptungen. Und das, was mit Pirinçcis Aussage gemacht wurde, ist nichts anderes als eine Falschbehauptung. Laut Medienberichten soll er sinngemäß gesagt haben: *Die Politiker und Asylanten könne man leider nicht ins KZ verfrachten, weil diese geschlossen seien.* Das ist eine absichtlich falsche Interpretierung. Es ist, wenn man sich die Rede anhört, relativ gut zu verstehen, was Pirinçci sagt und wie er es meint. So intensiv können die Medienvertreter nicht auf den Kopf gefallen sein, dass sie das nicht verstanden haben.

Letztlich ging es bei der ganzen Schmierenkomödie in erster Linie um die Verunglimpfung von PEGIDA und von Asylkritikern allgemein. Pirinçci war hier nur das sogenannte Bauernopfer. Lange hatte man auf eine Möglichkeit gewartet und bei der nächstbesten Gelegenheit zugeschlagen. Mittlerweile ist die „islamkritische PEGIDA-Bewegung“ ja auch zur „fremdenfeindlichen PEGIDA-Bewegung“ mutiert. Auf einmal war es einfach so. Und viele Leute schnappen das jetzt auf. Eine Begründung, warum das auf einmal so ist, wird man nicht bekommen, aber es wird nun einfach so gesagt. Durch Wiederholung in der Öffentlichkeit (ich erinnere an die Mechanismen der Massenpsychologie) frisst es sich in die Hirne der Menschen. Nun muss jeder Mensch selbst entscheiden, ob er sich in Zukunft „Wahrheiten" durch permanente Dauerbeschallung und Berieselung eintrichtern lassen möchte oder ob er anfängt, nach dem „Warum" zu fragen. Wir haben unser Gehirn nicht nur zum Empfang von Befehlen und Dogmen, sondern auch zum selbständigen Denken. Hoffentlich machen möglichst viele Leute Gebrauch davon.

Zurück zu Pirinçci, denn dessen Leidensweg und Hexenprozess sollte nach den öffentlichen Falschbehauptungen erst noch beginnen. Nachdem man dem Autor die Worte im Mund herumgedreht hatte, kamen alsbald die ersten Forderungen nach Existenzvernichtung. Das alleine ist schlimm genug, doch diesmal wurde ein neuer Höhepunkt des antidemokratischen und antifreiheitlichen Gesinnungsdenkens in Deutschland gesetzt. Den Forderungen wurde nachgegeben. Pirinçcis Verlag kündigte ihm die Zusammenarbeit, seine Bücher verschwanden von vielen Internetplattformen und aus vielen Läden. Es ist unfassbar! Und das im Jahre 2015! Bemerkenswert ist hierbei ebenfalls: Nicht nur die politischen Bücher, sondern auch die Katzenkrimis das Autors waren plötzlich nicht mehr erhältlich. Wollte man an Pirinçci ein Exempel statuieren? Ich glaube schon!

Spätestens ab diesem Zeitpunkt hätte es einen lauten Aufschrei geben müssen! Doch Fehlanzeige! Gerade einmal ein paar Literaten wetterten, darunter auch linke Schreiber. Diese vernünftigen Linken haben sich eben den Sinn für Freiheit und Demokratie bewahrt. Das ist ja auch der Unterschied zwischen *politisch links eingestellten Menschen* und *Linksextremisten*. Leider gibt es von der zweiten Sorte immer mehr, auch wenn sie sich gut tarnen.

Die Antidemokraten sind in Deutschland auf dem Vormarsch, nur dass sie sich selbst nicht als solche benennen. Im Gegenteil, diejenigen, die für mehr Freiheit und Volksabstimmungen eintreten, werden als die angeblichen Antidemokraten verunglimpft. Der Bock macht sich somit selbst zum Gärtner. Es ist doch ohnehin ein Witz, dass Leute, die gegen Volksentscheide sind, sich selbst als lupenreine Demokraten bezeichnen. Na klar, man könnte auch sagen: *„Ich bin Vegetarier und am liebsten esse ich blutige Steaks."* Das passt genauso wenig zusammen. Und wenn solche lupenreinen „Demokraten" auch kein Problem mit der Existenzvernichtung von anderen haben, dann ist das ebenfalls nicht mehr verwunderlich. Immer gegen Andersdenkende wettern und diese als Nazis bezeichnen und sich dann aber selbst deren Methoden bedienen. Das ist typisch für solche Gestalten. Das Aufbegehren gegen diese düstere Entwicklung ist momentan noch viel zu schwach. Zu tief sitzt der Wahn. Im heutigen Deutschland herrscht die Paranoia. Und das sieht man auch überdeutlich an unseren Politikern und deren Aussagen. Hier mal ein paar Beispiele: *„Wir wollen ein modernes Recht, das frei ist von der Sprache der Nazis."*, so Justizminister Heiko Maas.(15)

Ganz ehrlich, Reformen im gängigen Recht können sinnvoll sein, und unser Rechtssystem benötigt dringend Änderungen an allen Ecken und Enden, aber die Begründung von Maas ist dermaßen typisch für die Naziphobie und damit schwachsinnig.

Nun ja, merkwürdige Aussagen tätigt der liebe Herr Maas, der einen Teil der Bürger, die ihn finanzieren, gerne mal als *„Schande für Deutschland"* bezeichnet, des Öfteren. Schämen tut er sich, der Arme, aber die Kohle nimmt er von den bösen Nazi-Bürgern trotzdem. Da kennt der feine Herr mal gar nichts. Solche Politiker kosten den Steuerzahler eine Menge Geld und sollten sich daher in ihren Ausdrucksweisen und Äußerungen besser mal ein wenig mäßigen.

Doch es gibt noch mehr Kuriositäten, die der Justizminister zu bieten hat. Ein gutes Beispiel dafür gab er uns in der Talksendung von Günther Jauch am 18.10.2015. Dort meinte Maas – angesprochen auf den berühmten PEGIDA-Galgen –, die anderen Demonstrationsteilnehmer hätten den Galgenträger aufhalten oder bei der Polizei melden müssen. Ein jeder Mensch in diesem Lande habe zwar das Recht auf freie Meinungsäußerung und Demonstration, aber auch Pflichten. Und da gehöre es dazu, so jemandem entgegenzutreten und nicht einfach nur danebenzustehen. Außerdem würden die PEGIDA-Besucher dort nur Rechtsradikalen hinterherlaufen und diesen dann noch Applaus spenden oder gar die Kinder zur Veranstaltung mitbringen. Er finde so etwas unerträglich. Zudem meinte er: „*Wenn man irgendwo hingeht, wo rechtsradikale Parolen verbreitet werden, dann stellt man sich da hin und dann trägt man sowas mit.*“(16)

Solche Vorwürfe hat Maas schon des Öfteren getätigt. Vor allem gegen PEGIDA und die Leute, die an den Demonstrationen teilnehmen. Doch der Justizminister sollte sich in Zukunft vielleicht mal ein wenig zurücknehmen, oder besser gesagt vor der eigenen Türe kehren. Aufschluss darüber gibt uns ein Artikel(17) des Journalisten Wolfgang Büscher, der Herrn Maas bei einer Gegendemonstration zu BÄRGIDA in Berlin antraf und ihm eine interessante Frage stellte.

Büscher: „*Eine Frage, Herr Maas. Der PEGIDA wird ja vorgeworfen, Rechtsradikale in ihren Demonstrationen zu dulden – Sie demonstrieren heute gemeinsam mit Linksradikalen, wie geht das?*“

Maas antwortete darauf: „*Wieso, wo sind denn welche?*“

Büscher: „*Na, gleich hinter Ihnen, schauen Sie, da steht die Antifa.*“

Maas schüttelte den Kopf. „*Ich habe hier meine SPD-Fahne und meine IG-Metall-Fahne, ich kann nicht jeden kennen, der hierhin kommt.*“

So ist das also. Von den anderen Menschen Dinge einfordern, die man selbst nicht einhält. Oder vielleicht lebt der Herr Maas auch einfach nach dem Motto: „*Wenn zwei das Gleiche tun, ist das noch lange nicht dasselbe.*“ Da bekommt der Ausspruch „*mit zweierlei Maß messen*“ eine ganz neue Bedeutung. Wie wäre es mit einer offiziellen Änderung? „*Mit zweierlei Maas messen*“ würde jetzt doch viel besser passen. Wie auch immer, auf diese Weise macht sich der Justizminister definitiv unglaubwürdig. Entweder hält er sich tatsächlich für etwas Besseres, oder ihm fehlt schlicht der neutrale Blick auf die Dinge. Aber ich will auch nicht zu viel verlangen, denn manche Menschen sind eben auf dem linken Auge blind oder tragen dort eine unsichtbare Augenklappe.

Kommen wir an diesem Punkt noch einmal auf die Journalistin Anja Reschke zurück, die ebenfalls Gast in der Sendung von Jauch war, denn auch sie scheint Probleme mit dem Blick nach links zu haben. Jauch stellte Reschke gegen Ende der Sendung folgende Frage: „*Was ist für die Beförderung solcher Ressentiments gefährlicher? Die rechten Stimmungsmacher wie PEGIDA, vielleicht auch AfD, vielleicht auch Teile der CSU, weil sie als so etwas wie geistige Brandstifter wirken, oder sind es die linken Ausgrenzer, weil sie mit ihren Tabus und Multikulti-Floskeln die Bürger erst recht in eine fremdenfeindliche Ecke drücken?*“[18]

Reschke setzte daraufhin einen verwunderten Blick auf: „*Also die linken Ausgrenzer sagen mir jetzt nichts…*“[19]

Das ist doch interessant. Die gute Frau schien gar nicht zu wissen, was der Jauch von ihr will. Sie schüttelte nur eifrig das Köpfchen und signalisierte Unverständnis. Ich nenne das totale Realitätsverweigerung! Im Ernst, ich halte die Reaktion von Frau Reschke für sehr unglaubwürdig. So realitätsfern kann man nicht sein. Welche linken Ausgrenzer? Na klar, ist doch alles in Butter bei uns. Die linken Tugendwächter gibt's gar nicht. Realitätsverweigerung pur!

Egal, ob Herr Maas oder Frau Reschke, beide drehen sich die Realität so, wie sie ihnen passt. Man gibt sich ahnungslos. Nur die anderen, diese Wutbürger, das sind die Bösen.

Apropos „Wutbürger“, dieses Wort reicht in Zukunft auch nicht mehr aus, um die kritischen Menschen treffend zu beschreiben. Der Journalist und Politikberater Michael Spreng setzte in der Sendung *Hart aber fair* vom 26.10.2015 da noch einen drauf. Er meinte, im Bezug auf PEGIDA und Asylkritiker: „*…ich sage nur, da sind Leute inzwischen nicht mehr erreichbar. Es sind Hassbürger. Aus Wutbürgern sind Hassbürger geworden.*“[20]

Soso, die Hassbürger. Natürlich, die sind an allem schuld. Die vergiften das Klima. Die Politik und die Systemmedien sind hingegen völlig unschuldig. Die machen alles richtig. Das scheint wohl die krude Sichtweise eines Herrn Spreng zu sein. Aber so eine Sichtweise wird zu nichts führen. Die Fronten verhärten sich zunehmend und durch solch dumme Aussagen und Unwörter noch viel schneller. So lange sich Leute wie Spreng im Elfenbeinturm um sich selbst drehen, werden wir sicher keine fruchtbaren Lösungen finden. Jede Grundlage für eine halbwegs vernünftige Diskussion wird damit im Keim erstickt. Und die Menschen lassen sich solche Verbalattacken auch nicht mehr länger gefallen. Zurecht!

Doch es gibt noch andere Unglaublichkeiten dieser Tage. Jetzt kommen wir zu einem ganz unrühmlichen, besser gesagt sogar boshaften Beispiel. Es geht dabei um den 70. Jahrestag der Zerstörung Dresdens und die darauf bezogene Sichtweise des dortigen Grünen-Fraktionschef Thomas Löser. Ich zitiere aus einem Artikel der Wochenzeitung *Junge Freiheit*:

> *„'Das Gedenken am 13. Februar schaut jedes Jahr zurück und zementiert den Opfermythos und die Selbstbezogenheit der Stadt.", sagte der Fraktionschef im Dresdener Stadtrat, Thomas Löser, der Sächsischen Zeitung.*
> *Dresden könne den diesjährigen 70. Jahrestag der Zerstörung ‚als Anlass nehmen, um auch nach vorn zu schauen', betonte Löser. Ein ‚derart aufgeladenes Gedenken' wie in der sächsischen Landeshauptstadt brauche es nicht. ‚Schön wäre es, wenn ein Fest wie 'Dresden ist bunt' ein jährlich wiederkehrendes Ereignis würde, für ein weltoffenes und demokratisches Dresden.'“*(21)

Ach so, Herr Löser, na dann ist ja alles klar! Dann lassen wir das mal mit dem Zurückschauen. Aber bitte halten Sie sich mit Ihrer Partei dann auch konsequent daran und beenden Sie das ständige Gequassel um den ausgelutschten Schuldkult. Aber das sehen Sie bestimmt ganz anders. Alles wird so gedreht, dass es perfekt ins grüne Weltbild passt.

Übrigens, ich muss sagen, dass ausgerechnet ein Mitglied der Grünen ein „demokratisches Dresden“ fordert, bringt mich doch etwas zum Schmunzeln. Eine Partei, die abweichende Meinungen bis aufs Blut bekämpft, hat mit demokratischem Denken reichlich wenig zu tun.

Von wegen Opfermythos. Die verheerende Bombardierung Dresdens, die in erster Linie die Zivilbevölkerung traf, war nichts anderes als ein Kriegsverbrechen. Solche Verbrechen gab es während des Zweiten Weltkrieges nun mal auf beiden Seiten, nicht nur auf der einen. Angesichts dieser Realität ist es unfassbar, was manche Grünfutzis regelmäßig zu solchen Themen von sich geben. Diesen Typen ist wirklich gar nichts heilig.

Es verwundert schon sehr, wie diese Grünkappen immer mit zweierlei „Maas“ messen. Auf der einen Seite zelebrieren sie selbst eine Hysterie nach der anderen, wenn es um irgendwelche Randgruppen und andere Völker geht, aber sprechen von einem Mythos und spielen alles herunter, sobald es sich um Deutsche handelt.

Wenn ich mir diese grüne Partei einmal genauer betrachte, dann erkenne ich einen Josef Stalin, der in einen grünen Mantel gehüllt ist und ganz und gar unschuldig wirkend, scheinheilig ein Liedchen vor sich hin pfeift. Allerdings ist dieser Stalin noch viel verrückter als das Original. Er trägt zusätzlich zu seinem Hass auf die Klassen und bestimmte Menschengruppen auch noch den Hass auf die deutsche Kultur in sich und liebt plötzlich fremde Religionen und Gender-Theorien.

Das ist sowieso der Witz schlechthin. Die Grünen fördern auf der einen Seite das Gender-Mainstreaming und auf der anderen Seite können sie gar nicht genug vom Islam bekommen. Aber – und das haben die Grünen in ihrer geistigen Schattenwelt noch nicht bemerkt – beides schließt sich gegenseitig aus. Wenn es nicht um das Wohl des eigenen Landes und unserer Nachfahren ginge, könnte man sich eigentlich ganz vergnügt eine Tüte Popcorn oder Chips greifen und dem Treiben zuschauen. Aber leider geht das nicht. Wir können nicht einfach dabei zuschauen, was diese Verrückten da von sich geben. Denn am Ende werden wir alle davon betroffen sein.

Wie kann es überhaupt angehen, dass eine antinationale, deutschfeindliche Partei wie die Grünen bei Wahlen überhaupt so viele Prozente erhält? Bei der letzten Bundestagswahl waren es immerhin 8,4%. Ok, es gab auch genug Nichtwähler. Wobei es Nichtwähler streng genommen nicht gibt. Wer nicht wählt, wählt automatisch die stärkste Partei. Also haben alle Nichtwähler bei der letzten Bundestagswahl CDU gewählt, ob sie wollten oder nicht. Und Parteien wie die Grünen, deren Klientel immer schön brav wählen geht, bleiben dadurch auch im Spiel. Man kann getrost sagen: Mindestens neun von zehn Menschen in Deutschland wollen die gar nicht, müssen sich deren verwirrtes Gequäke aber ständig antun. Außer man lässt den Fernseher aus und meidet auch alle anderen Medien. Dennoch ist es unfassbar, wie so eine Partei überhaupt nur 1% erhalten kann. Die Vernichtung der deutschen Kultur ist deren höchstes Ziel.

Aber in diesen Tagen sind es nicht nur die Grünen, die unwählbar geworden sind. Auch die anderen etablierten Parteien glänzen nicht gerade. Die SPD, mit ihren Vorzeigekommunisten Ralf Stegner und Heiko Maas, bietet uns ebenfalls ein trauriges Bild. Von diesen Leuten wird verbal heftig ausgeteilt und über unliebsame Bürger gescholten. Es fallen immer wieder Wörter wie „Nazis" oder „Schande", aber gleichzeitig gibt man sich mimosenhaft, wenn die Kritik zurückkommt. Mal davon abgesehen, dass verbale Entgleisungen, wie sie von Stegner und Maas, aber auch von anderen regelmäßig zu hören sind, absolut unprofessionell anmuten, gilt folgendes Motto: Wer austeilt, muss auch einstecken können! Das lernt man eigentlich schon im Kindergarten, spätestens auf dem Schulhof. In der SPD hat man das aber anscheinend verlernt. Was für ein merkwürdiger Haufen das doch geworden ist. Mit der ehemaligen SPD von früher hat das jedenfalls überhaupt nichts mehr zu tun.

Gehen wir weiter und betrachten die CDU, eine ehemals konservative, christliche Partei. Was ist davon übrig geblieben? Die Union ist so weit nach links gerückt, dass sich Franz Josef Strauß mit Sicherheit schon mehrfach im Grabe herumgedreht hat. Mit Frau Merkel hat die Partei zunehmend ihr Fundament verloren. Die CSU hat dabei zu lange zugeschaut. Erst jetzt, durch den Flüchtlingsstrom, kommt Gegenwind. Wahrscheinlich zu spät. Auch bei der CDU selbst regt sich etwas, aber ob das noch reicht? Vielleicht sollte die Union einmal über eine mögliche Koalition mit der zunehmend stärker werdenden AfD nachdenken. Es existieren auf der anderen Seite ja sogar die verrückten Pläne zu Schwarz-Grün, was bei einer CDU im traditionellen Sinne mal überhaupt nicht passt. Bei dem aktuellen Linkskurs zwar schon, aber den sollte die Partei schleunigst wieder verlassen. Das wäre bei einer Koalition mit der AfD definitiv der Fall. Ob die CDU das tun wird? Höchstwahrscheinlich nicht, zumindest nicht in nächster Zeit. Zu tief hängt man schon im Netz der Politischen Korrektheit und Uneinsichtigkeit. Zudem hofft man wohl insgeheim auf ein gutes Ergebnis für die FDP. Nach dem Motto: *„Schön alles beim Alten belassen, bloß keine Veränderung.“* Doch diese wäre nun mal dringend notwendig.

Von der Hoffnung auf Veränderung bleibt indessen allerdings nicht mehr viel übrig, die Realität sieht leider anders aus. Die CDU hat sich im Prinzip durch den Parteitag am 14.12.2015 in Karlsruhe endgültig aus der politischen Mitte verabschiedet. Die dort zelebrierte Huldigung Merkels zeigte am Ende den Unwillen und die Kraftlosigkeit der Parteimitglieder, gegen den desaströsen Kurs der Kanzlerin anzugehen. Damit hat sich die Partei eindeutig links der Mitte positioniert und ist somit für viele ihrer treuen Wähler uninteressant geworden. Die Frage ist nur, ob diese Wähler das auch begreifen.

Wie auch immer, Mutti thront weiterhin eisern auf dem Kanzlerstuhl und wird sich von ihrem Weg ohnehin nicht abbringen lassen. Wie sagte Frau Merkel jetzt schon mehrfach so schön: *„Wir schaffen das!“* Na klar, was sonst! Oh mein Gott, ganz ehrlich, ich kann solche Durchhalteparolen schon lange nicht mehr hören. Wobei die Frage wäre, was Frau Merkel eigentlich genau mit *„Wir schaffen das“* meint. Meint sie damit vielleicht die Überfremdung und die Zerstörung der Kultur und des Friedens in Europa, insbesondere in Deutschland?

Wenn ja, dann kann ich ihr nur voll und ganz zustimmen. Ja, Frau Merkel, Sie schaffen das! Nicht „Wir“, denn nicht alle sind von diesem Kurs begeistert, aber Sie und alle Ihre Anhänger und Unterstützer schaffen das! Davon bin ich überzeugt, wenn es so weitergeht.

Frau Merkel steuert momentan einen harten Kurs. Stur und unbeirrt. Dabei verspielt sie immer mehr Sympathien, was ihr aber scheinbar egal ist. Es ist der direkte Weg in den Abgrund, den die Kanzlerin gewählt hat, und sie nimmt uns alle mit in den Untergang. Wie Captain Ahab, als er schon längst tot auf dem harpunierten Rücken des weißen Wales Moby Dick hing, seiner Mannschaft aber immer noch zuwinkte. Und sie folgten ihm in sein nasses Grab. Genauso folgen auch wir immer noch der Kanzlerin und ihrer alternativlosen Willkommenspolitik des Untergangs. Vielleicht wachen wir noch auf, bevor wir in die Tiefe gerissen werden. Vielleicht…

Man sollte immer optimistisch bleiben und das Beste hoffen, aber die Zustände in der BRD werden immer grausiger. Neben alternativlosen Politikern sowie den Gutmenschen und Linksromantikern, sind es auch die Pseudogebildeten und Pseudointellektuellen, die einem auf die Nerven gehen. Jemand, der einfach nur ungebildet ist, hält sich meist aus größeren Diskussionen heraus, aber wer verbildet bzw. pseudogebildet ist, der denkt meist noch, er hätte die Weisheit mit Löffeln gefressen und posaunt die aufgesogene Propagandabotschaft lauthals hinaus. Bildung ist eben nicht gleich Bildung. Das gilt auch für die Pseudoschlauen, die ihre Geschichtsbildung nur aus der Tageszeitung und diversen TV-Sendungen beziehen. Kritische Bücher hingegen werden gemieden, ebenso die Vertiefung in die Materie und das Erforschen von Gründen und Ursachen für bestimmte Begebenheiten in der Vergangenheit. So etwas ist auch viel zu anstrengend. Da ist es doch gemütlicher, sich einfach berieseln zu lassen und an den Lippen irgendwelcher Historien-Gurus zu hängen. Wie schlau sie sich dabei doch fühlen, die Möchtegern-Alleschecker. Sie lechzen geradezu nach noch mehr geistigem Müll und sind auch immer ganz Ohr, wenn uns der Märchenonkel in der öffentlich-rechtlichen Geschichtsstunde die zurechtgebogene Story erzählt. So sind sie eben, in jede Diskussion klinken sie sich mit den immer gleichen Argumenten ein und röhren nur „Nazis", „Faschisten", „brauner Mob" und andere Schlagwörter, um Andersdenkende und Systemabweichler verbal sofort zu denunzieren. Die auswendig gelernten Wörter werden dabei immer brav abgespult. Wie gut dressierte Hündchen machen sie wie auf Kommando stets brav Männchen vor ihren Dompteuren, um für ihre grenzenlose Folgsamkeit sogleich ein Leckerli in Form eines Lobes an die eitle Gutmenschenseele zu erhaschen und genüsslich zu verspeisen. Wach auf kleines Hündchen, die verarschen Dich!

Man kann dieses hirnlose Gerede bald nicht mehr hören. Alleine das Wort „Nazi" ist schon dermaßen abgenutzt. Es ist eigentlich nur noch eine Worthülse, sonst nichts. Doch es gibt Menschen, die nicht müde werden, immer wieder den gleichen Mist abzuspulen, so als wären sie eine hängengebliebene Schallplatte.

Betrachten wir das Geschwurbel mal etwas genauer: Wenn wir mal ehrlich sind, ist die Bezeichnung „Nazi" doch auch sehr neben der Spur, denn die Nazis gibt es schon lange nicht mehr (außer ein paar sehr alter Greise, die sich vielleicht noch zugehörig fühlen). Wenn überhaupt, dann sprechen wir von „Neonazis". *„Ja genau, aber die sind auf jeden Fall gefährlich!"*, schreit da schon wieder der linke Spinner an der nächsten Ecke. Schon recht, schließlich lauern die ja überall, diese Neonazis. Panik! Panik!

Fakt ist: Echte Neonazis sind Extremisten und die sind immer gefährlich! Das soll auch gar nicht verharmlost werden. Aber mal davon abgesehen, wie ist das eigentlich wirklich? Da es sich, mal ganz realistisch gesehen, bei den Neonazis in Deutschland um eine absolute Minderheit handelt, so müssten diese in unserer heutigen Gesellschaft und Öffentlichkeit doch extrem unter Schutz stehen. Normalerweise dürfen Minderheitengruppen in unserem Land doch ihre Weltbilder offen predigen, und nicht nur das, sondern diese auch dem Rest der Bevölkerung aufzwingen, wenn nötig. Warum gilt das eigentlich nicht für diese kleine Randgruppe der Neonazis? Na klar, werden jetzt die Schlauen sagen, wegen dieses Naziwahns. Das wird es wohl sein. Tja, Pech gehabt ihr armen Braunhemden, wärt ihr keine Neonazis, sondern eine andere Randgruppe, dürftet ihr hier machen, was ihr wollt und eine Forderung nach der anderen stellen. So wird das nämlich mit anderen Minderheiten bei uns in der BRD gehandhabt. Nichts gegen die Toleranz gegenüber Minderheiten, die halte ich für sehr wichtig und unabdingbar! Aber ob man deren Interessen immer über die Interessen der Allgemeinheit stellen muss? Also ich weiß nicht.

Zusammenfassung

Was ist das Ergebnis dieses ersten Kapitels? Es gibt in Deutschland ein Gespenst, das herumgeistert. Ich nenne es den ***Naziwahn***. Dieser Naziwahn führt wiederum dazu, dass in den Köpfen der Menschen, und dadurch in unserem Land selbst, ein verwirrendes Chaos entsteht und wir ein mehr als ungesundes Verhältnis zu unserer eigenen Nationalität und Herkunft haben. Das Gespenst hilft bei der Manipulation von Gehirnen und macht die Menschen geradezu verrückt. Wir müssen diesen Geist verjagen, und das klappt am besten mit Licht. Das Licht ist in diesem Falle als die Verbildlichung der Erkenntnis zu verstehen – die Erkenntnis, dass der Naziwahn enden muss! Sofort!

Kapitel 2: Das linke Unwesen

In diesem zweiten Kapitel werde ich etwas tiefer auf wirre Gesellschaftsstrukturen wie das Gutmenschentum – und vor allem den Linksextremismus und seine Ausmaße – eingehen.

Genau wie der Rechtsextremismus, ist der Linksextremismus meiner Meinung nach eine schwere psychische Störung! Während der Rechtsextremismus bei uns in Deutschland, wie der vernünftige und informierte Mensch weiß, nicht das ausufernde Riesenproblem darstellt, wie es von den Medien immer propagiert wird (außer man bezeichnet das Bürgertum und dessen Prostest als rechtsradikal, was medial gerne getan wird), wächst sich der Linksextremismus im Verborgenen zu einer Bedrohung für die Gesellschaft aus. Dieser linke Extremismus, unter anderem ausgelöst durch den Naziwahn, herrscht in den Köpfen von großen Teilen der Politik und der Medien. Der Linksextremismus in Deutschland erreicht langsam aber sicher bedrohliche Ausmaße, das ist nicht mehr zu leugnen. Nicht unbedingt, weil die Masse der Linksextremisten so groß ist – ich will hier nicht übertreiben –, sondern weil der Linksextremismus in Deutschland nicht richtig bekämpft bzw. zum Teil sogar gehätschelt und gefördert wird. Daher auch die Bedrohung.

Ich werde diese teuflische Ideologie deshalb gleich noch sehr genau beleuchten. Doch beginnen wir zuerst einmal mit einer anderen Gruppierung, denn der Naziwahn tobt eben nicht nur in den linksradikalen Köpfen, sondern produziert auch andere Formen des Irreseins, wie zum Beispiel den *Gutmenschen*.

Der Gutmensch

Gutmensch war das Unwort des Jahres 2015. Die glorreiche Jury, die alljährlich das *Wort* und das *Unwort* des Jahres bestimmt, hat sich an dieser Stelle wieder einmal für einen Begriff aus der bürgerlichen Protestkultur entschieden, und demonstriert dadurch erneut ihre Systemtreue. Ich weiß nicht genau, wer oder was diese Leute eigentlich dazu legitimiert, solche „Unwörter“ zu wählen, aber mit diesen Ernennungen lässt sich sowieso kaum noch jemand hinter dem Ofen hervorlocken.

Denken diese Leute tatsächlich, das würde die Welle des Widerstandes aufhalten?

Wie dem auch sei, laut dieser Jury sei das neue Unwort eine beleidigende Bezeichnung für alle Menschen, die in Flüchtlingsheimen ehrenamtlich helfen oder dies auf eine andere Art und Weise tun. Na ja, ganz so einfach ist die Sachlage vielleicht doch nicht. Ich persönlich sehe das so: Nicht jeder, der ehrenamtlich hilft, egal wo, ist ein Gutmensch. Auch nicht jeder, der spendet. Ich spende ebenfalls, wenn mir ein Ziel und eine Organisation sinnvoll und seriös erscheinen. Nein, die Gutmenschen, oder besser gesagt die verschiedenen Variationen davon, zeichnen sich noch durch ganz andere Merkmale aus, die sie genau zu dem machen, was sie sind. Auf diese Merkmale werde ich gleich noch genauer eingehen.

Vorher sei noch klargestellt, dass man die Gutmenschen nicht mit „guten Menschen" verwechseln sollte. Das eine hat mit dem anderen überhaupt nichts zu tun. Wobei es unter den Gutmenschen selbstverständlich auch gute Menschen gibt. Viele von diesen sind leider nur ein wenig irregeleitet. Auf der anderen Seite gibt es da aber noch andere, nicht ganz so wohlwollende Exemplare. Vor allem drei Formen des Gutmenschen will ich an dieser Stelle etwas genauer beleuchten: den *vorteilserhaschenden Heuchler*, den *Feigling* und den *Überzeugten*.

Typ 1: Der vorteilserhaschende Heuchler

Der *vorteilserhaschende Heuchler* zeichnet sich vor allem durch seinen starken Egoismus und seine Verlogenheit aus. Dieser Mensch besitzt in Wirklichkeit, auch wenn er dies öffentlich anders darstellt, kaum ideelle oder moralische Werte. Sein wahres Kredo ist der Eigennutz. Dieser Typus überlebt deshalb auch überall, egal in welchem System. Er ist ein Meister der Anpassung und des Abwartens auf Gelegenheiten. Es spielt dabei keine Rolle, welchen Namen das gerade vorherrschende System trägt, der Heuchler hat darin immer eine wohlgestellte Position. „*Wes Brot ich ess, des Lied ich sing.*", ist sein absolutes Motto. Er betet die jeweiligen Glaubenssätze so sicher und auswendig herunter, dass jeder meint, er wäre tatsächlich davon überzeugt. Aber das stimmt nicht. Diese Glaubenssätze und „Werte“ ziehen dem vorteilserhaschenden Heuchler in Wirklichkeit sonst wo vorbei. Er will nur eines: eine gute Position, und wenn es geht, noch viel Geld und Macht dazu! Hauptsache, er ist auf der Sonnenseite. Dieses Ansinnen alleine ist sein Ziel und das einzige Ideal, das er in sich trägt. Wahre Werte und Moral sind ihm völlig fremd, sie wären ihm doch allzu hinderlich auf seinem Weg. Er strebt immer zum erwünschten, vorgeheuchelten Verhalten. Er taugt genauso zum guten Nazi wie zum guten Kommunisten. Er kann den Inquisitor, den hohen Politiker oder den pseudomoralischen Linksintellektuellen mimen. Er ist wie ein Chamäleon, und ein gewisses schauspielerisches Talent kann man ihm nicht absprechen. Egal, welche Rolle er spielen muss, er tut dies mit voller Hingabe für sein Ziel: den Eigennutz!

Der vorteilserhaschende Heuchler kann in jeder Region und in jedem Land dieser Erde wundervoll gedeihen. Dabei ist es völlig egal, ob er sich gerade im Nahen Osten, in Nordkorea oder in der Bundesrepublik Deutschland befindet. Dort, wo er weilt, ist er voll und ganz ins System integriert und völlig einer Meinung mit der jeweilig vorherrschenden Elite.

Angehörige dieser Spezies sind weiterhin besonders scheinheilig. Gerade auch hier in Deutschland. Bei bestimmten Themen – vor allem, wenn es um das Dritte Reich geht – fallen oft Fragen wie: „*Wie war das damals möglich? Warum gab es keinen Widerstand? Haben die Leute tatsächlich nichts gewusst?*“ Dabei unterstellt man den Menschen von damals, den normalen durchschnittlichen Bürgern, dass sie angeblich alles wussten (was völliger Blödsinn ist) und gibt vor, dass man selbst da natürlich nicht mitgemacht hätte. Darüber kann ich nur lachen. Gerade der vorteilserhaschende Heuchler hätte damals mit wehenden Fahnen mitgemacht. Diejenigen, die heute nicht ihren Mund aufmachen, hätten das auch damals nicht getan. Das wissen wir alle, wenn wir mal ganz ehrlich zu uns selbst sind. Und die scheinheiligen Heuchler, die heutzutage in bequemen Positionen sitzen, hätten auch damals solche Positionen inne gehabt. So sieht es nämlich aus. Die, die da so laut plärren und ihren Mund aufreißen, sind eben auch die, die damals mit vorne dabei gewesen wären. Lass Dich von diesen scheinheiligen Moralaposteln und Manipulatoren bloß nicht verschaukeln. Die wissen schon, wie sie sich in ein gutes Licht rücken. Aber in Wahrheit ist es die Lüge, die hinter ihnen steht und die das ganze Fundament ihrer Worte und Handlungen darstellt.

Der vorteilserhaschende Heuchler ist somit eine höchst verlogene und zum Teil auch gefährliche Persönlichkeit. Durch sein manipulatives Wesen und die tolldreisten Lügen, die er den Menschen auftischt, kann er die Meinung der anderen beeinflussen und somit auch Schaden anrichten. Diesen Typus findet man nicht nur bei Gutmenschenansammlungen, sondern auch oft in gehobenen Positionen. Diese bekleidet er vorzugsweise in den Bereichen der Politik, Behörden, Wirtschaft, Funk und Fernsehen sowie in den, auf „Neudeutsch" so genannten, Printmedien.

Der vorteilserhaschende Heuchler gehört wie der Feigling zu den unechten Gutmenschen. Das bedeutet, er nutzt das Gutmenschentum nur als Mittel zum Zweck. Der echte Gutmensch hingegen spinnt aus Überzeugung. Aber dazu gleich mehr.

Typ 2: Der Feigling

Der *Feigling* – man könnte ihn auch als *scheinheiligen Feigling* bezeichnen – zeigt eher sehr zurückhaltende Verhaltensweisen. Dieser Typus fühlt sich meist sehr unwohl in seiner Haut, weil er oft gegen seine innere Überzeugung handelt und Worte sagt, die eigentlich gar nicht seiner Meinung entsprechen. Er traut sich schlicht und einfach nicht, seinen Mund aufzumachen, wenn es darauf ankommt, und benimmt sich stets angepasst an die äußeren Bedingungen. Ich möchte hierbei jetzt nicht auf den Feigling eindreschen. Meist handelt es sich um eher schwache Persönlichkeiten, die durch jahrelange Propaganda und öffentliche Meinungsmache eingeschüchtert wurden und Angst vor Repressalien haben. Aber dennoch wirkt sich sein hasenfüßiges Verhalten auf die Allgemeinheit aus und hilft auch nicht gerade dabei, die ungeliebten Umstände zu ändern. Dieser Typ ist im Prinzip völlig harmlos, auch wenn er durch seine Rückgratlosigkeit kaum zu positiven Veränderungen beiträgt. Dem Feigling ist indessen nur zu wünschen, dass er irgendwann einmal den Mumm in den Knochen entdeckt. So kann man dann morgens auch wieder leichter in den Spiegel schauen. Viel mehr gibt es zu dem Feigling nicht zu sagen.

Typ 3: Der Überzeugte

Der *Überzeugte* – man könnte ihn auch als *realitätsfernen Spinner* bezeichnen – ist in der Tat die „ehrlichste" Gutmenschenvariante, da er tatsächlich an das glaubt, was er sagt, auch wenn es noch so unsinnig ist. Es handelt sich hierbei also um den „echten" Gutmenschen.

Dennoch agiert ein Teil dieser „echten" Gutmenschen auch nicht ganz uneigennützig. Da ist noch etwas anderes, das sich klammheimlich hinter ihrer Fassade verbirgt. Es ist eine Art Streben nach „moralischer Überlegenheit". Dabei spielt vor allem eine Rolle, was im öffentlichen Diskurs als eine solche Instanz dargestellt wird. Es geht hierbei auch um ein Gefühl, um ein „Sich-gut-fühlen". Dieses Gefühl der „moralischen Überlegenheit" wird mit der Zeit zu einer Art Sucht, ich nenne sie die „politisch korrekte Wohlfühlsucht".

Der überzeugte Gutmensch will und braucht dieses Gefühl immer öfter. Er merkt an diesem Punkt gar nicht, dass es ihm dabei nicht nur um andere, sondern auch um die Überhöhung des eigenen Selbst geht. In mancherlei Hinsicht handelt es sich in der Tat um eine Form der Eitelkeit.

Bei anderen hingegen, das muss man fairerweise sagen, geht es dabei jedoch tatsächlich um den guten Willen, Menschen zu helfen bzw. für diese einzutreten. Nur leider läuft dieser gute Wille oft in eine falsche, linksideologisch verpeilte Richtung. Leider begreifen diese Überzeugten nicht, dass ihre eigentlich gute Absicht fehlgeleitet ist und den Weg für wirklich gewinnbringende und sinnvolle Lösungen versperrt.

Ein Teil der Gutmenschen meint es also tatsächlich „gut", auch wenn manche von ihnen nur Heuchler sind oder aus Eitelkeit handeln. Den wirklich Ehrlichen ist zu wünschen, dass sie den Weg aus dem Naziwahn finden.

Der Linksideologe

Nach den Gutmenschen wollen wir unseren Blick nun auf die tiefroten Ebenen extrem linker Denkweise richten. Hierfür sehen wir uns zuerst die Vorstufe zum *Linksextremisten*, den *Linksideologen* an.

Der Linksideologe – man könnte ihn auch als gehirngewaschenen Irren bezeichnen – setzt seine Schwerpunkte eher im radikalen Denken als im radikalen Handeln, wobei beides manchmal verschwimmt und das eine logischerweise auch die Voraussetzung für das andere ist. Es handelt sich hierbei also um eine Person, die definitiv gefährliches Potenzial in sich birgt. Vor allem, weil viele Angehörige dieser Kategorie auch gerne zum Linksextremismus hinübergleiten. Sie sind in ihrem Denken durch extrem linke Gehirnwäsche geprägt und heißen meistens auch Gewalt gut, wenn diese gegen die vermeintlichen herbeihalluzinierten Rechten (in der Regel normale Bürger) ausgeübt wird. Selbst eher nicht gewalttätig, sind die Linksideologen doch für die Anwendung derselbigen, und wer weiß, manche von ihnen überschreiten vielleicht sogar irgendwann die Grenze. Eine krude Weltanschauung kann aus Menschen die reinsten Bestien machen. Deshalb ist der Linksideologe eine Person, die schon an der Schwelle zum Linksextremismus steht. Vertreter dieser Gattung sind auch in diversen Parteien zu finden und lieben perverse Parolen wie *„Bomber Harris do it again"*.

Das Ganze soll jetzt aber nicht bedeuten, dass jeder Mensch, der politisch eher „links" tickt, automatisch nicht ganz richtig im Kopf ist. Das darf so keinesfalls verstanden werden. Es gibt auch genügend vernünftige Zeitgenossen, die als „politisch links" oder „eher links" einzuordnen sind, dabei aber von Grund auf demokratische und vernünftige Überzeugungen in sich tragen. Auch wenn ich, der eher konservativ tickt, bestimmt nicht jede dieser Meinungen teile, bedeutet das noch lange nicht, dass man diese Leute mit den linksradikalen Spinnern oder den Gutmenschen vergleichen könnte. An dieser Stelle ist definitiv eine Unterscheidung angebracht. Man kann nicht sagen *politisch links = böse*, genauso wenig wie *politisch rechts = böse* ist. Menschen, die politisch eher links stehen, haben mit Linksextremisten ebenso wenig zu tun wie Menschen, die politisch eher rechts stehen, mit Rechtsextremisten. Diese Differenzierung ist unerlässlich.

Die Frage ist nur, wo hört eine „normale" politische Einstellung auf und wo fängt der Extremismus an? Zugegeben, das ist nicht leicht zu beantworten. Wenn nur noch das eigene Weltbild zählt und unliebsame politische Gegner, wie beispielsweise das bürgerliche Lager, mit Begriffen wie „rechtsextrem" diffamiert werden, dann hört bei mir der Spaß jedenfalls endgültig auf. Vor allem, wenn Menschen, die es wagen, eine abweichende Meinung offen auszusprechen, dafür auf undemokratische, boshafte Weise sanktioniert werden. Wir erkennen also an diesem Punkt schon sehr genau, wo die Radikalität beginnt. Und bei uns in Deutschland ist es schon lange soweit, und so langsam habe ich das Gefühl, es wird immer schlimmer. Parteien wie die Grünen, die LINKE, aber auch die SPD werden zunehmend linksradikaler und antidemokratischer in ihren Aussagen und in ihrem ganzen Tun. Deshalb werden diese Parteien auch immer attraktiver für Linksextremisten.

Der Linksextremist/Linksradikale

(Kurze Anmerkung: Im politisch-wissenschaftlichen Diskurs gibt es keine klare Einigung, ob Extremismus und Radikalismus zu unterscheiden sind oder nicht. Ich persönlich sehe beide Begriffe als sehr ähnlich, fast gleich an, sodass ich zwischen *Linksextremisten* und *Linksradikalen* nicht unterscheide. Es ist in meiner Darstellung das Gleiche.)

Der Linksextremist/Linksradikale als Krönung der linken Verwirrtheitsskala zeichnet sich durch fast all die Attribute aus, die wir schon vom Linksideologen kennen. Nur, dass er diese noch wesentlich exzessiver auslebt und der Ausübung von Gewalt sehr offen gegenübersteht. Dieser radikale Zeitgenosse ist ein Mensch, der fernab jeglicher Logik und Realität lebt. Sein Weltbild wird von einem völlig verzerrten, auf schlechter Pseudo-Bildung beruhendem Geschichts(un)wissen geprägt, das meist sehr primitiv daherkommt und viele wichtige Bausteine nicht berücksichtigt bzw. gar nicht kennt. Zudem ist die Person davon überzeugt, dass kommunistisch-sozialistische Ideen und Konzepte das einzig wahre Heil für die Menschheit bedeuten. Egal, wie oft es in die Hose ging, egal, wie viele Menschen leiden und sterben mussten, der Linksextremist huldigt stur dieser kruden Weltanschauung und lernt nichts aus diesen realen Begebenheiten, die stets ein düsteres Kapitel der Geschichte darstellten.

Argumente, die offen und klar vor seinen Augen liegen, ignoriert er auf unglaubliche Weise. So wie andere politische und/oder religiöse Extremisten, ist er auch selten bereit zu diskutieren. Er ist so von seiner eigenen Wahrheit beeinflusst, dass er rationale Argumente nicht mehr wahrnehmen kann und meist auch nicht will. Für seine Ideologie geht er notfalls über Leichen, zumindest die körperliche Unversehrtheit und die Besitztümer seiner Feinde/Opfer interessieren ihn nicht die Bohne. Er nimmt sich einfach alles heraus, vor allem, weil er – speziell hier in Deutschland – Narrenfreiheit besitzt. Als Folge von Kumpanei mit Vertretern aus Politik und Medien wird der Linksextremismus verharmlost und fast schon als gesellschaftsfähig dargestellt. Durch rechtlich äußerst bedenkliche Mauscheleien kommen linksradikale Organisationen nicht selten an Steuergelder heran, z.B. im „Kampf gegen Rechts“, der meist als Begründung herangezogen wird und richten mit diesen Geldern dann noch mehr Unheil an.

Der Linksextremist ist also eine Person, die dringend psychologisch behandelt werden müsste, stattdessen aber in Deutschland viel Unheil stiften darf. So kommt es nicht selten vor, dass ordentliche Bürger und Steuerzahler von diesen Leuten angegriffen werden. Der Bürger finanziert (ungewollt und ungefragt) dabei also auch noch seine eigenen Probleme.

Da Linksextremisten in den meisten Fällen nicht kritikfähig sind und immer nur den Splitter im Auge des anderen sehen, sind gemeinsame, auf Vernunft beruhende Lösungen schwierig zu erreichen. Auf diese Weise kosten die Linksextremisten viel Geld und Nerven. Beides ist sehr unnötig, würden die Bedauernswerten doch endlich therapiert werden.

Dass es sich bei dem Linksextremismus um eine besonders schwere und in Deutschland durch den Selbsthass besonders bizarre Störung handelt, wird schnell deutlich. Denn der Linksextremismus, vor allem wie in Deutschland ausgelebt, verstößt gegen die natürliche und damit göttliche Ordnung. Wenn jemand *„Deutschland verrecke!"* schreit und selbst Deutscher ist, dann ist das ein Verstoß gegen die Gesetze des Lebens. Eine solche Person kann nur hochgradig gestört sein und muss zwingend therapiert werden!

Ich will das an einem ganz einfachen Beispiel verdeutlichen: Alle Lebewesen auf unserem Planeten leben nach bestimmten Gesetzmäßigkeiten. Dabei ist die Erhaltung der eigenen Art bzw. der eigenen Gruppe eines dieser Gesetze – ein absolut essentielles Gesetz! Keine Biene würde das eigene Volk angreifen, auch keine Wespe und keine Ameise. Kein Löwe stellt sich gegen das eigene Rudel, auch kein Wolf. Egal, wo wir hinschauen, wir können diese Beispiele endlos fortsetzen. Es ist eine ganz klare Struktur und Regelung, die in der Natur erkennbar ist. Und der Mensch, als Teil der Natur, ist diesen Regelungen genauso unterworfen wie alle anderen Lebensformen. Doch was ist, wenn eine bestimmte Gruppe von Lebewesen plötzlich gegen diese Regeln verstößt? Die Konsequenz daraus kann nur der Untergang dieser Lebewesen und allem, was zu ihnen gehört, bedeuten! Es geht gar nicht anders! In der Endkonsequenz resultieren aus krankhaftem Verhalten krankhafte Folgen! Exitus sozusagen!

Linksextremismus, kombiniert mit dem Hass auf das eigene Volk, ist also ein Verstoß gegen die natürliche und göttliche Ordnung. Alles, was sich in der Nähe dieser radikalen Kräfte befindet, wird automatisch in einen Sog des Untergangs gerissen, weil es gar nicht anders geht. Eine solche Geisteskrankheit ist schlimm und bedenklich. Noch schlimmer wird es allerdings, wenn die Betroffenen ihre Psychose ungezügelt und unbehandelt ausleben dürfen, normale Menschen damit drangsalieren und quälen, und dabei auch noch staatlich gefördert werden! So weit ist es bei uns in Deutschland gekommen. Jeder vernünftige Mensch muss sich dagegen erheben!

Die Vernunft als notwendiges Mittel gegen den Extremismus

Die Vernunft ist eines der wichtigsten Mittel überhaupt, das wir gegen den Extremismus und extremistische Denkweisen einsetzen können. Wer in der Vernunft verhaftet bleibt, ist auch weniger dafür anfällig, Rattenfängern hinterherzulaufen.

Betrachten wir einmal die Ausgangslage: Es gibt *religiösen Extremismus* und *politischen Extremismus*. Der religiöse Extremismus ist logischerweise von theistischen Weltbildern geprägt, während der politische Extremismus sowohl von mystisch-esoterischen Weltbildern (siehe Nationalsozialismus) als auch von einem strengen, konsequenten Atheismus (siehe Kommunismus) geprägt sein kann. Alle Formen des Extremismus führen in ihrer Konsequenz immer zu Unterdrückung und Leid.

Doch bevor wir an dieser Stelle weiter fortfahren, möchte ich noch einen Appell an die Vernünftigen richten – sowohl an die Theisten als auch an die Atheisten (und auch selbstverständlich an die Agnostiker, die bei diesem Streitpunkt ein wenig außen vor sind, aber als Gruppe, die sich der Vernunft sicherlich sehr verbunden fühlt, hier auch Erwähnung finden sollen): Hört bitte auf, euch verbal die Köpfe einzuschlagen, denn eine friedliche Gesellschaft kann nur von vernünftigen Menschen getragen werden. Und beide Seiten, sowohl Theismus als auch Atheismus, sind zur Vernunft fähig. Egal ob Theismus oder Atheismus, es handelt sich in beiden Fällen immer um einen Glauben, denn keiner weiß, was wirklich der Wahrheit entspricht.

Bei der Thematik muss man ebenfalls verstehen, dass der ewige Streit zwischen den Gläubigen und Atheisten, wer nun recht hat und wessen Weltbild die schlimmeren Verbrechen hervorgebracht hat, am Ende zu nichts führt. Fakt ist, dass sowohl im Namen der Religion (Glaubenskriege, Inquisition etc.) als aber auch aus atheistischen Triebfedern heraus (siehe die Auswüchse des Kommunismus etc.) schon sehr viele üble Verbrechen begangen wurden. Schuld daran waren in der Regel ein paar wenige Irre, die für ihre perversen Psychosen bestimmte Glaubenssysteme missbrauchten und die Masse, wenn diese überhaupt ein Mitspracherecht hatte, aufhetzten.

Und hier kommen wir zur entscheidenden Einsicht: Für eine friedliche Gesellschaft spielt es überhaupt keine Rolle, ob jemand an Gott glaubt oder eben an den Atheismus – viel wichtiger ist, wie dieser jemand diese Überzeugung auslebt. Wenn vernünftige Gläubige und vernünftige Atheisten zusammenleben, sich gegenseitig respektieren und sich nicht anfeinden, dann funktioniert das wunderbar. Wenn beide Seiten allerdings radikal sind (und es gibt auf beiden Seiten Radikale), sich gegenseitig nicht tolerieren, anfeinden und bekämpfen – vielleicht sogar jeden umbringen wollen, der ihnen nicht folgt –, dann ist das ein Problem. Es geht also darum, wie man seinen Glauben lebt und nicht, um welchen Glauben es sich dabei handelt. Das ist das ganze Geheimnis, das hinter dieser Sache steckt.

Ich selbst bin übrigens bekennender Theist. Ich fühle mich den urchristlichen Werten zugewandt. Also nicht das, was die Kirche daraus gemacht hat, um sich zu bereichern und politische Macht auszuüben. Ich meine die Kernwerte des Christentums. Ich halte diese für sehr vernünftig und fruchtbar. Außerdem beschäftige ich mich schon seit vielen Jahren mit der Thematik der Nahtoderfahrungen. Ich kann dem Leser hier nur die Bücher von Raymond Moody ans Herz legen. Vor allem das Buch *Das Licht von Drüben* ist sehr empfehlenswert und aufschlussreich. Es ist ein sehr gutes Werk, um tiefer in die Materie einzudringen und sich eine Übersicht zu verschaffen. Aber nicht, dass Du jetzt denkst, ich will Dich bekehren. Darum geht es hier nicht. Es ist nur eine Empfehlung. Ich respektiere jeden Glauben, egal ob theistisch oder atheistisch geprägt. Und ich habe zahlreiche Freunde und Bekannte in beiden Lagern. Wichtig ist immer nur der respektvolle Umgang miteinander und, wie bereits erwähnt, die Vernunft.

Diese Vernunft ist es, die das Fundament einer funktionierenden Gesellschaft ausmacht. Es ist mir daher eminent wichtig, die vernünftigen Menschen anzusprechen – also die Gläubigen und die Atheisten, die psychisch gesund sind und sich eine friedliche Gesellschaft wünschen. Es geht weiterhin darum, die Radikalen, egal ob Extrem-Islamisten, Hardcore-Kommunisten, Rassisten oder sonstige Psycho-Gruppen, in ihrer Macht einzuschränken und nicht aufkommen zu lassen. Und das gelingt nur dann, wenn sich die Mehrheit der Menschen der Vernunft zuwendet. Die Vernunft ist es, die dem Extremismus den Nährboden entzieht.

Der Wahn mit der deutschen Schuld

Gerade bei den Linksextremisten ist der Wahn um die deutsche Schuld fest im dauerhypnotisierten Gehirn eingebrannt. Diese Menschen glauben tatsächlich – auf rassistische Weise – an eine „Volksschuld". Dadurch werden die Linksextremisten blind gegenüber der Realität. Sie erkennen die anderen Schrecken und Verbrechen, die *nicht* von Deutschen verübt wurden, entweder gar nicht mehr oder verharmlosen diese. Ein Beispiel dafür ist die Verharmlosung des Kommunismus. (Es sei an dieser Stelle ausdrücklich gesagt, nicht alle Linksextremisten sind überzeugte Kommunisten. Manche Gruppierungen wollen nur eine reine Anarchie oder streben nach bizarren Gesellschaftsmodellen verschiedenster Art. Dennoch ist die kommunistische Ideologie in vielen linksextremen Köpfen verankert.)

Werfen wir doch einmal einen kurzen Blick auf den Sachverhalt: Der Kommunismus hat eine extrem blutige Geschichte aufzuweisen. Alleine schon das folgende Zitat Josef Stalins spricht für sich: *„Ein Toter ist eine Tragödie, eine Million Tote eine Statistik."* Mit dieser Aussage brachte der Diktator die Grausamkeit des eigenen Weltbildes auf den Punkt. Der Kommunismus hat in seinen Schreckensausmaßen eine unglaubliche Zahl an Todesopfern aufzuweisen. Einige Schätzungen gehen von fast 100 Millionen Toten aus![(22)]

Über das Dritte Reich und die dazugehörigen Vergehen wurde – gerade in Deutschland – mehr als ausführlich gesprochen, berichtet und debattiert. Das ist auch richtig so. Geschichte aufzuarbeiten ist sehr wichtig. Aber es sollte doch ebenso über die vielen anderen Schrecken, wie eben den Kommunismus, ausführlich gelehrt und informiert werden. Ich meine gerade heutzutage, wo wir so viele linke Parteien, die mehr oder weniger offen mit dem Kommunismus sympathisieren, in Deutschland haben und linke Chaoten bei Demos *„Deutschland verrecke"* skandieren und dabei die roten Fahnen schwenken, sollte diese Thematik unbedingt ganz genau und detailliert besprochen werden. Alleine das genaue Studieren der vielen Verbrechen in der ehemaligen Sowjetunion reicht schon aus, um einen von dieser Ideologie zu heilen – ganz davon zu schweigen, was in China unter Mao Zedong passierte und in vielen anderen Ländern wie Nordkorea, Kambodscha, Vietnam usw. Wer sich genauer mit dem Thema befassen möchte, sollte *Das Schwarzbuch des Kommunismus* lesen. Dann liegt das ganze Ausmaß der kommunistischen Auswüchse vor einem.

Aber davon abgesehen, wenn wir uns nur den Zweiten Weltkrieg einmal genauer anschauen, bei dem in der historischen Betrachtungsweise meist der Nationalsozialismus und Stalinismus im Vordergrund stehen, wurden dort nicht nur von Deutschland und Russland diverse Gräueltaten und Massenmorde verübt, sondern auch von Großbritannien und den USA. Man denke an die verheerende Bombardierung Dresdens durch den britischen General Harris oder die Atombomben auf Hiroshima und Nagasaki. Gerne werden diese Untaten, vor allem die Bombardierung Dresdens, von Linksextremen heruntergespielt und verharmlost. Von manchen gar gefeiert. Fakt ist, die Zahl der Todesopfer von Dresden variiert, die Fachwelt ist sich nicht einig. Weil von vielen Menschen nichts außer Asche übrig blieb, kann nur geschätzt werden. Die niedrigsten Schätzungen liegen etwa bei 40.000, viele Historiker gehen allerdings von weit mehr aus. Die Schätzungen variieren weiterhin bis zu der gigantischen Zahl von 300.000. Egal, welche Zahl nun stimmen möge, eines ist klar: Die Bombardierung war, so wie sie durchgeführt wurde und in diesem Ausmaß, ein nicht zu leugnendes

Massaker an der Zivilbevölkerung und somit auch ein Kriegsverbrechen. An dieser Tatsache kommen auch Parteien wie die Grünen & Co. nicht vorbei.

Natürlich wird an dieser Stelle der Vorwurf der versuchten Verharmlosung deutscher Schuld aufkommen. Das ist in keiner Weise meine Absicht! Die Deutsche-Schuld-Fetischisten sollten endlich einmal eine Therapie machen und aufhören, die psychisch gesunden Menschen zu belästigen. Es geht mir lediglich um einen allumfassenden Überblick auf das gesamte Ausmaß der Verbrechen. Und die wurden eben auf allen Seiten begangen – sowohl von deutscher Seite als auch von anderen Seiten. Außerdem soll das Ganze auch definitiv keine makabre Aufrechnung sein. Es soll nur aufzeigen, dass alle Beteiligten des Krieges gewisse Missetaten zu verantworten haben. Auf allen Seiten gab es Verbrecher und Opfer.

Was ich damit sagen will? Ganz einfach. So etwas wie ein Opfer- oder Tätervolk existiert nicht! Es gibt in jedem Volk viele gute, anständige Menschen, aber eben leider auch immer skrupellose Verbrecher. Ich glaube nicht an teuflische Gene, sondern nur an teuflische Ideologien. Und selbst wenn ein einzelner Mensch so etwas wie „böse Gene“ besäße oder besitzt, so wäre das ganz allein auf ihn bezogen und kann nicht auf ein ganzes Volk übertragen werden. Eine solche Form der Sippenhaft und Massenverdächtigung sollte jedem vernünftigen Menschen fremd sein.

Es geht mir hier also nicht darum, gegen irgend ein Volk zu hetzen oder ein anderes in den Himmel zu heben, sondern ganz im Gegenteil, herauszustellen, dass es weder Opfer- noch Tätervölker gibt. Es gibt abartige Verbrecher, ohne Zweifel. Aber diese Erkenntnis kann man nicht auf ein ganzes Volk übertragen. Du kannst diesen Schuldkult-Wahnsinn, den man Dir eingepflanzt hat, also getrost aus Deiner Seele verbannen. Als Deutscher bist Du ein ganz normaler Mensch, nicht mehr und nicht weniger. Die Schuldquälerei ist nichts als Blödsinn und eine grundlose Vergewaltigung Deiner selbst. Löse Dich davon! So schnell es geht! Nimm den Massenmanipulierern ihre Macht, die sie dadurch auf Dich ausüben wollen!

Für die Linksextremisten, die die Massenvernichtungen unter dem Sowjet-Regime und anderen kommunistischen Diktaturen auch noch feiern oder zumindest rechtfertigen, genauso wie die Kriegsverbrechen, die gegen die deutsche Zivilbevölkerung gegen Ende des Zweiten Weltkrieges durch Massenbombardierungen und auch noch nach dem Krieg durch viele grausame Vergehen verübt wurden, eine kleine Botschaft: Ich fordere alle Mitglieder von linksextremen Organisationen auf, die noch einen Rest von Anstand besitzen, diesen radikalen Vereinigungen sofort den Rücken zu kehren. Steigt aus, lasst euch von diesen Rattenfängern nicht instrumentalisieren!

Wir sollten endlich verstehen: Kriegsverbrechen sind keine deutsche Angewohnheit und auch nicht die eines anderen Volkes, sondern die Angewohnheit von Psychopathen. Wenn diese Psychopathen sich in einer mächtigen Position befinden, dann erleben wir eben leider genau diese schrecklichen Dinge, die schon geschehen sind. Für Geschichtskenner ist diese Einsicht nichts Neues, nur wird es der Allgemeinheit, die oft etwas geschichtsträge ist, nicht immer klar vor Augen geführt. So entstehen schnell Fehleinschätzungen, auch was die eigene Geschichte und vor allem die eigene Identität angeht.

(Anmerkung: Um tiefer in die Thematik einzutauchen und sich einen objektiven Blick auf diverse geschichtliche Zusammenhänge zu ermöglichen empfehle ich die Bücher *1939 – Der Krieg, der viele Väter hatte: Der lange Anlauf zum Zweiten Weltkrieg* von Gerd Schultze-Rhonhof und *Verbotene Trauer: Ende der deutschen Tabus* von Klaus Rainer Röhl. Diese Bücher kann ich nur jedem Deutschen empfehlen!)

Ich möchte mit all dem Geschriebenen nun ganz gewiss nicht irgendein Land schlecht machen. Auch das im Zusammenhang mit dem Kommunismus erwähnte Russland nicht. Das heutige Russland hat mit den stalinistischen Auswüchsen – Gott sei Dank – nicht mehr viel zu tun. An dieser Stelle muss ich sagen, dass ich bei der aktuellen Krise, die zwischen Russland und dem Westen besteht, durchaus versuche, eine sehr neutrale Haltung einzunehmen. Meiner Meinung nach hat Russland völlig recht, sich von den USA nicht alles vorschreiben und gefallen zu lassen. In Moskau ist sicherlich nicht alles Gold was glänzt und Putin ganz gewiss kein Engel, das möchte ich damit auch nicht behaupten, aber ich kann doch für so manche Haltung Verständnis aufbringen. Das ewige Draufhauen auf Russland ist keine Lösung, vor allem nicht für den Frieden. Die US-Regierung soll aufhören, Unfrieden in Europa zu stiften und einen Konflikt zwischen Russland und dem Rest Europas zu provozieren. Da müsste auch unsere deutsche Regierung Washington einmal Einhalt gebieten. (Nicht, dass ich das von diesen Leuten erwarten würde. Es wäre aber eigentlich ihre Pflicht).

Ich persönlich sehe nur in der Zusammenarbeit und der Freundschaft mit Russland eine zukunftsorientierte, gewinnbringende Lösung. Darauf sollten wir unbedingt hinarbeiten. Es wäre natürlich mehr als erstrebenswert, wenn auch die USA in eine solche gemeinsame Zusammenarbeit und Freundschaft eingebunden werden könnte. Im Moment sind wir von solch vernünftigen Lösungen leider noch weit entfernt.

Unter dem Strich ist es für unser Land zuerst einmal eminent wichtig, endlich von dem Schuldkomplex loszukommen. Solange die linken Dampfplauderer und Hysterieverbreiter bei uns Oberwasser haben und die Deutungshoheit besitzen, wird das allerdings nur sehr schwer gelingen. Deshalb müssen so viele Menschen wie nur möglich aufwachen und sich von diesem Wahnsinn lösen. Seid ruhig patriotisch, traut euch!

Das hat auch überhaupt nichts mit Ausländerfeindlichkeit zu tun, sondern ist völlig normal – überall auf der Welt. Wir brauchen endlich wieder mehr gesunden Menschenverstand, das hilft schon! Und wir brauchen ebenfalls eine klare Positionierung gegen Extremismus. Und damit meine ich nicht nur einen „Kampf gegen Rechts“, wie er uns immer wieder gebetsmühlenartig um die Ohren geblasen wird, sondern einen „Kampf gegen Extremismus“ generell. Dazu gehören neben dem Rechtsextremismus auch der Linksextremismus und der Islamismus. Extremismus ist ein generelles Übel, nicht nur von rechter Seite. Und deshalb reicht ein beschränkter „Kampf gegen Rechts“ auch nicht aus, um für Ordnung zu sorgen. Vor allem dann nicht, wenn linke Extremistengruppen dadurch auch noch an Fördergelder gelangen.

Liebe Volksvertreter, es ist unfassbar, dass ihr diese Vereinigungen mit Steuergeldern finanziert. Zum Dank werden sie bestimmt auch bald wieder eine Polizeiwache angreifen und zerstören. Aber was soll's, wenn da was kaputt geht, dann blecht das ja auch wieder der Steuerzahler. Geht doch euch nichts an, stimmt's?

Es ist ein Trauerspiel in Deutschland. Dem Naziwahn wird überall gehuldigt, während andere extreme Ideologien ungehemmt gelebt werden. Von wegen aus der Geschichte gelernt, alles Quatsch! Aber wie gesagt, um etwas aus der Geschichte zu lernen, muss man sie erst einmal als Ganzes betrachten, mit allen Wahrheiten und Begebenheiten. Sonst ist ein wahrer, ganzheitlicher Lernprozess nur schwer möglich. Ganz im Gegenteil, so entstehen Gespenster und Irrlichter wie der Naziwahn.

Der deutschfeindliche Linksextremismus

Wie wir in den vorherigen Abschnitten feststellen konnten, ist der Linksextremismus alles andere als eine harmlose Ideologie. Vor allem bei uns in Deutschland treibt diese Form des Extremismus ganz merkwürdige Blüten. Hier werden die kruden Kommunismusfantasien mit einem Selbsthass auf das eigene Volk und die eigene Herkunft vermischt. Das ist eine ganz besondere Form der Geistesgestörtheit! Man könnte diese Form des Linksextremismus auch als „antideutschen Linksextremismus" oder „deutschfeindlichen Linksextremismus" bezeichnen.

Dieser deutschfeindliche Linksextremismus ist sehr problematisch für unser Land. Befeuert von einer negativen Haltung gegenüber der deutschen Kultur und der deutschen Volkszugehörigkeit, die vor allem von links-intellektuellen Kreisen zelebriert wird und auch immer wieder in der Politik und den Massenmedien auftaucht, baut sich die Psychose weiter aus. Wie ich bereits darlegte, ist diese Form der Psychose ein Verstoß gegen alle Naturgesetze und die göttliche Ordnung. Es gibt kein anderes Lebewesen, das so morbide unterwegs ist. Wer den eigenen Volksstamm angreift, schafft sich selbst ab. Gesundes Verhalten sieht definitiv anders aus. Doch anstatt diese Extremisten auf den Boden des gesunden Menschenverstandes zurückzuholen, werden die Verrückten durch die Entgleisungen bestimmter Politiker auch noch bestätigt. Deutschfeindliche Aussagen und Verbalausbrüche erleben wir weiterhin in Regelmäßigkeit – auch ganz öffentlich und ungeniert.

Gregor Gysi von der Linkspartei schoss hierbei den Vogel ab. Er äußerte sich folgendermaßen: *„Jedes Jahr sterben mehr Deutsche, als geboren werden! Das liegt zum Glück daran, dass die Nazis sich auch nicht besonders vervielfältigen. Und schon deshalb sind wir auf Zuwanderer aus anderen Ländern angewiesen.“*[(23)]

Und gegrinst hat es auch noch dabei, das kleine Männlein. Wie putzig. In einem anderen Land, egal wie es heißt, hätte Gysi eine solche Aussage nicht so einfach tätigen können, ohne dafür ordentlich verbale Dresche einzustecken. Der wäre dort schneller zur Persona non grata geworden, als er auf drei zählen kann. Doch bei uns in Deutschland gibt es kaum Empörung, stattdessen von so manchem noch Zustimmung und Applaus. Wir sind eine bedauernswerte Gesellschaft mit einer kranken Volksseele! Das müssen wir einsehen! Eine Veränderung dieses Zustandes kann jederzeit erfolgen. Wir haben es selbst in der Hand.

Vielleicht sollten wir zur Unterstützung des seelischen Heilungsprozesses einfach mal mit Menschen aus dem Ausland sprechen, was die über uns und unseren Umgang mit der eigenen Geschichte und Kultur denken. Ich weiß, wovon ich rede und will hier nur ein kleines Beispiel anführen. Ich denke dabei an eine Schweizerin, die mir während eines Gesprächs einmal ganz deutlich sagte, wir Deutschen hätten ein höchst merkwürdiges Verhältnis zur eigenen Geschichte, vor allem, wenn es um den Zweiten Weltkrieg und den Nationalsozialismus ginge. Es wäre teilweise unmöglich, sich mit Deutschen sachlich und vernünftig über dieses Thema zu unterhalten. Und das sei nicht nur ihre Meinung, viele andere Schweizer würden das auch so sehen.

Wenn wir uns nicht von unseren geistigen Fesseln lösen, werden wir krankhaften Ideologien wie dem Linksextremismus weiterhin Tür und Tor öffnen. Und aus solch kranken, zerstörerischen Hassideologien ergeben sich die übelsten Schandtaten. Ein Beispiel hierfür gibt die Prügelattacke gegen einen 95jährigen ab. Bei einer AfD-Veranstaltung in Mannheim tauchten mehrere Linksextreme auf und skandierten „*Nazis raus*" und andere szenetypische Parolen. Dabei wurde ein 95jähriger Mann von einem der Extremisten zu Boden geschlagen. Der Angreifer prügelte anschließend noch auf einen Sicherheitsbediensteten ein. Der 95jährige erlitt Verletzungen am Kopf und musste im Krankenhaus behandelt werden.[(24)]

So schnell kann es ausarten, wenn man die Prinzipien der Menschlichkeit ablegt. Und nicht nur der Menschlichkeit, sondern auch der Demokratie. Die freie, demokratische Meinungsäußerung wird in Deutschland zunehmend gefährlich. Zusätzlich wird auch auf unliebsame Politiker – vorzugsweise von der AfD – auf alarmierende Weise Druck ausgeübt. So gibt es immer wieder Brandanschläge, Firmeneinbrüche, Verwüstungen und tätliche Angriffe, ausgeführt durch Linksextremisten, denen AfD-Politiker ausgesetzt sind. Auch ein Bus der Initiatorin der „Demo für Alle", ein Aktionsbündnis gegen die Gender-Ideologie und die Frühsexualisierung von Kindern, wurde angezündet.[(25)]

Wie lange wollen wir noch zusehen? Wo ist eigentlich der Herr Maas, wenn man ihn mal bräuchte? Wenn wir jetzt wegschauen, dann wird es vielleicht nicht bei den brennenden Autos und Drohungen bleiben. Natürlich kann man das Ganze auch anders sehen und das verbrecherische Vorgehen herunterspielen. Der Sozial-„Demokrat" Ralf Stegner meinte zu den kriminellen Ausschweifungen auf Twitter: *„Dennoch: Wer soviel Hass und Unfrieden verbreitet wie die PEGIDIOTEN, AFDisten & Co., hat es gerade nötig, hier Opferrolle zu markieren."*

Was für ein „Demokrat" er doch ist, der Herr Stegner. Diese Taten rufen aber komischerweise bei vielen Politikern und Pressevertretern kaum eine Reaktion hervor. Bei rechtsextremen Delikten solcher Art wird sofort losgeplärrt und von der „Verteidigung der Demokratie" schwadroniert. Aber scheinbar gilt das nicht für linksextreme Übeltäter. Was die machen, ist wohl in Ordnung. Gewalt gegen AfD-Politiker und pro-familiäre Aktionsbündnisse ist legitim, oder wie? Es wird halt mit zweierlei „Maas" gemessen.

Auch die *Bild* findet bei der gegenwärtigen Lage keine klaren Worte. Zu der Tortenattacke auf Sahra Wagenknecht beim Linken-Parteitag am 28.5.2016 steht in einem Artikel: *„Aktivisten warfen der Linken-Fraktionsvorsitzenden Sahra Wagenknecht (46) auf dem Parteitag in Magdeburg eine Torte ins Gesicht."*[26]

Man stelle sich nur vor, es wären „rechte" Übeltäter gewesen, dann wäre sofort die Bezeichnung „Rechtsextreme" oder dergleichen ins Spiel gekommen. Doch die linksextremen Tortenwerfer werden dagegen nur als „Aktivisten" betitelt. Das ist ein von den Medien sehr gerne verwendeter Begriff für Linksextreme.

Linksradikale Tendenzen werden in der BRD ganz klar verharmlost. Zudem bekennen sich einige Politiker wie Isabelle Vandré (Landtagsabgeordnete in Brandenburg) von der Linkspartei ganz offen zu linksextremen, deutschfeindlichen Parolen. Auf einer Demonstration der Linkspartei, bei der auch Linksextremisten anwesend waren, posierte sie neben einem Kleinbus, auf dem ein Plakat mit der Aufschrift *„WE LOVE VOLKSTOD. Bleiberecht Für Alle!"* angebracht war.[27]

Eine solche Frau ist unerträglich und untragbar! Bezahlt von dem Volk, posiert sie ungeniert neben einem Plakat, das dessen Tod fordert. Es ist der pure Wahnsinn, der in dieser Form momentan nur in Deutschland möglich ist. In den anderen Ländern schütteln sie nur verständnislos mit dem Kopf. Deutscher Michel, wenn Du jetzt nicht aufwachst, ist Dir nicht mehr zu helfen!

Das linke Unwesen treibt es bunt in der Republik. Doch das bisher Genannte ist noch lange nicht alles. Die Antifa rief per Twitter zu einer

Diskussion am 8. November 2015 in Mannheim auf. Thema: *„Die Notwendigkeit für terroristische Gruppierungen innerhalb der Linken“*. Dazu der Eintrag: *„#RAF 4.0: Was haltet ihr davon? Tut sich endlich was?“*

Von dieser „RAF 4.0“ gab es in Gera kurz zuvor schon die ersten Drohungen. Die Gruppierung hatte ein Schreiben an die Justizbehörde in Gera gerichtet, in dem die Ermordung von zehn Staatsanwälten, zehn Richtern, zehn Polizisten sowie zehn Politikern und dem Präsidenten des Landgerichts Gera angekündigt wurden. Als Grund für die Morddrohungen wurde das Versagen der Behörden im Falle des NSU angegeben.[(28)]

Die Gewaltdrohungen, die von linksextremen Gruppen ausgehen, nehmen zu. Und leider bleibt es nicht immer nur bei Worten und Drohungen. In Karlsruhe wurde am 23. Januar 2016 sogar auf einen Plakatierer, der Wahlplakate der AfD aufstellen wollte, geschossen. Ein Unbekannter, der mit einem schwarzen Schal sein Gesicht bedeckte, forderte den Plakatierer auf, zu verschwinden. Der Mann tat dies und setzte sich daraufhin in seinen Lieferwagen, um loszufahren. Kurz darauf zog der Vermummte eine Schusswaffe aus einer Tasche und schoss von außen durch das geschlossene Beifahrerfenster. Glücklicherweise verfehlte er den Fahrer, der unverletzt entkommen konnte.[(29)]

Auch wenn die Medien den Linksextremismus herunterspielen bzw. fast totschweigen, ist er eine akute Bedrohung für unsere Kultur und die innere Sicherheit. Deshalb müssen wir unser linkes Auge wieder schärfen. Extremistische Taten müssen als solche benannt und erfasst werden. Linksextremisten dürfen dabei nicht anders behandelt werden als Rechtsextremisten oder Islamisten. Die Statistiken sind hierbei ordentlich zu führen. Aber genau das geschieht leider nicht, wie die Politikwissenschaftler Monika Deutz-Schroeder und Klaus Schroeder in dem *FAZ*-Artikel *Gegen eine offene Gesellschaft* darlegen können. Sie schreiben dort:

„Die Zahl politisch ‚links' motivierter Gewalttaten steigt seit Anfang des neuen Jahrtausends im Trend deutlich an, und zwar von knapp 1.200 (2001) auf knapp 1.700 (2013). Im Jahr 2014 dürfte die Zahl weiter gewachsen sein. Besonders stark gestiegen sind von ‚linken' Personen verübte Körperverletzungen.
In der öffentlichen Wahrnehmung werden diese Gewalttaten quantitativ unterschätzt, da der Verfassungsschutz warum auch immer zwischen ‚links' und ‚linksextrem' motivierten Straf- und Gewalttaten unterscheidet und die nur ‚links' motivierten Taten in der detaillierten Betrachtung außen vorlässt.
Wie das Bundeskriminalamt auf Nachfrage mitteilte, verübten in den vergangenen Jahren als nichtextrem eingeschätzte ‚linke' Personen etwa 30 bis 40 Prozent der Gewalttaten.
Für das Jahr 2013 stuften die Behörden intern 549 Gewaltdelikte als ‚politisch links', aber nicht extremistisch ein, darunter ein Tötungsdelikt, 50 Brand- und Sprengstoffdelikte sowie 271 Körperverletzungen. Welchen Organisationen die Gewalttäter angehören, ist öffentlich nicht bekannt.
Angesichts der Schwere der Gewalttaten bleibt mehr als ein schaler Nachgeschmack zurück. Es stellt sich die Frage, ob die Differenzierung zwischen ‚links' und ‚linksextremistisch' sinnvoll ist.
Auf der rechten Seite stellt sich das Problem nicht, da nahezu alle Gewalttaten als rechtsextremistisch eingestuft werden."[30]

Aha, hier wird es auf den Punkt gebracht. Bei den Statistiken wird so einiges zurechtgedreht. Es wird unerklärlicherweise zwischen „links" und „linksextrem" motivierten Straftaten unterschieden. Warum das so ist, kann leider nicht eindeutig geklärt werden. Die beiden Politikwissenschaftler meinen in ihrer wissenschaftlichen Publikation *Gegen Staat und Kapital – für die Revolution! Linksextremismus in Deutschland – eine empirische Studie* dazu:

„Warum Personen, die diese Gewalttaten verübten, als nichtextremistisch eingestuft wurden, bleibt das Geheimnis der ermittelnden Poli-

zeibeamten und des Verfassungsschutzes. Angesichts der Schwere der Gewalttaten bleibt beim Beobachter mehr als ein schaler Nachgeschmack zurück. Da diese politisch ‚links' (und nicht extremistisch) motivierten Gewalttaten nicht in den Verfassungsschutzberichten und damit auch nicht in den Medien detailliert veröffentlicht werden, werden die von ‚linker' Seite verübten Gewalttaten quantitativ und qualitativ unterschätzt."(31)

In der Tat, ein mehr als schaler Nachgeschmack bleibt dabei zurück. Denken wir doch nur einmal ganz nüchtern und logisch über den Sachverhalt nach. Wenn jemand aus politischer oder religiöser Motivation einen anderen Menschen verletzt oder umbringt oder mit Sprengstoff hantiert, dann ist diese Person doch einwandfrei ein Extremist. Das leuchtet jedem Esel ein. Es wird an dieser Stelle deutlich, wie wir durch manipulierte Statistiken öffentlich hinters Licht geführt werden. Kritische Stimmen aus der Politik oder den Medien findet man dazu aber leider kaum.

Ich denke, der Chefredakteur der Wochenzeitung *Junge Freiheit*, Dieter Stein, bringt es in seinem Artikel *Das Klima wird vergiftet* treffend auf den Punkt: „*Überwiegend gibt es traditionell bei linken Journalisten und Politikern bedauerlicherweise eine große Toleranz gegenüber linksradikaler Gewalt, die Andersdenkende trifft. Sie wird als Teil bundesdeutscher Protestfolklore gebilligt.*"(32)

Ja, so ist es leider. Es wird Zeit, dass linksextreme Gewalttaten und Terrorakte schonungslos offengelegt und dementsprechend geächtet werden! Schluss mit der Toleranz gegen den Linksextremismus! Denn genau hier liegt auch das Übel, das wir gerade erleben. Linksextremes, auf dem Hass gegen alles Deutsche aufgebautes Gedankengut, ist der Auslöser der aktuellen Probleme. Dieses Gedankengut, das sich mittlerweile quer durch die Gesellschaft, aber vor allem die politischen und journalistischen Schichten zieht, ist der Ermöglicher und Verursacher der desaströsen Zustände. Deshalb muss diese Wurzel des Übels herausgerissen werden. Schluss mit der Linksromantik und dem Schweigen über linksextreme Gewalttaten! Und zugleich brauchen wir eine Rückbesinnung auf die eigenen kulturellen Wurzeln und Werte. Das ist zwingend notwendig, wenn wir unsere Heimat erhalten wollen!

Viele werden jetzt sagen: „*Wir haben doch genug Probleme mit dem islamistischen Terror, der viel verheerender ist, was schert mich da dieser Linksextremismus.*" Natürlich stimmt das, die linksextremen Taten sind bei weitem nicht mit denen von radikalen Islamisten zu vergleichen – Gott sei Dank nicht. Terrorgruppen wie der IS sind zweifellos noch mal eine ganz andere Hausnummer und zudem eine der größten Bedrohungen, die wir momentan erleben. Und wir müssen auch mit aller Entschiedenheit und Härte dagegen vorgehen. Hasspredigern muss konsequent der Mund gestopft, radikale Nester ausgehoben und infiltrierte Moscheen geschlossen werden. Da gibt es kein Wenn und kein Aber!

Wir sollten jedoch verstehen, dass die linksideologische Denkweise, und vor allem die zunehmend linksextremistische Denkweise, sehr stark mit den aktuellen Zuständen zusammenhängen. Denn genau diese Denkweisen sind es, die dazu führen, dass wir in überschwänglicher Toleranzbesoffenheit alles und jeden hierher einladen und sich entfalten lassen – sowohl kriminelle, frauenverachtende Grabschdiebe und Vergewaltiger (siehe Silvesternacht) als auch die blutrünstigsten Fanatiker (siehe IS & Co.). So eine Geisteshaltung lädt die kriminellen und radikalen Kräfte geradezu ein und bietet ihnen genügend Freiraum, um sich auszubreiten. Deshalb müssen wir von der stark linkslastigen Fahrlinie so schnell wie möglich abkommen, damit wir durch die Vernunft wieder sinnvolle Entscheidungen treffen können. Das gilt für einen Teil der europäischen Länder, aber vor allem für Deutschland. Schluss mit der linksextremen Romantik und Schluss mit dem Naziwahn, denn dieser ist wiederum die Ursache für die Linkslastigkeit!

Die linke Beeinflussung an Universitäten

Neben dem Erkennen des Problems lohnt es sich auch einmal genau hinzuschauen, von wo aus sich die Ideologie der extrem Linken ausbreitet. Es sind leider nicht nur die Medien und diverse Parteien, die an der Ausbreitung beteiligt sind. Unglücklicherweise hat diese Ideologie auch schon lange Einzug in die Hallen der deutschen Universitäten gehalten. Dort werden junge Menschen mit diesem Wahnsinn regelrecht geistig verseucht.

In einem Artikel in der *Zeit* vom 6.6.2016 kommen drei Studenten zu Wort, die genau das an deutschen Universitäten erlebten oder nach wie vor erleben. Sie alle standen einmal politisch weit links, doch das hat sich mittlerweile geändert. Zwei dieser Erfahrungsberichte möchte ich kurz anführen:

> Johanna S., 20, hat Politikwissenschaften in Leipzig studiert:
> *„Politisch aktiv war ich in der Schulzeit nicht. Anders als meine Kommilitonen: Die meisten haben sich schon früh für Politik interessiert und ihre Jugend in alternativen Sommercamps verbracht. Marx hatten die meisten von ihnen gelesen – zumindest behaupteten sie das. Bald muss es eine politische Revolution in Deutschland geben, da waren sie sich einig.*
> *Am Anfang war ich völlig euphorisch. Meine Kommilitonen schienen so offen und tolerant zu sein. Wenn wir abends was trinken gingen, führten wir tiefgründige Gespräche und hinterfragten fast alles. Langsam passte ich mich ihrem Denken und Handeln an. Einerseits, weil ich das spannend fand. Andererseits, um ihnen zu gefallen. Dazu gehörte: Genau auf meine Sprache zu achten und Wörter zu gendern. Und: Auf einen ökologischen Lebensstil zu achten und gewisse Supermärkte zu meiden.*
> *Allerdings hatte ich immer öfters das Gefühl, verurteilt zu werden. Als ich das erste Mal ein paar Freunde in meine Wohnung einlud, stolperte der erste herein und rief: ‚Wenn alle in einer Einzimmerwohnung leben würden, müsste Leipzig doppelt so groß sein!' Die fetteste Bude habe ich nicht. Könnten sie so leben, würden sie sicherlich nicht Nein sagen. Ge-*

sagt habe ich aber nichts. Dafür war ich in dem Moment zu verunsichert.
Später am Abend saßen wir alle an meinem Küchentisch. Ich saß mit dem Rücken zum Kühlschrank. Darauf thronte eine Schale mit ein paar Bananen. Auf einmal beugte sich ein Kommilitone zu den anderen und sagte: ‚Leute, die Bananen kaufen, kann ich wirklich nicht verstehen.'
Ich schwieg. Und kam mir so blöd vor. Warum musste er in der dritten Person über mich reden? Als ob ich ein kleines Kind wäre, das nichts begreift. Natürlich wusste ich, dass Bananen oder Ananas nicht hier in den Vorgärten wachsen. Aber dass es ein No-Go ist, die zu kaufen, war mir damals nicht bewusst.
Die meisten Professoren in meinem Studium waren politisch auch eher links orientiert. Sollten wir nicht-linke Texte lesen, wurden wir explizit darauf hingewiesen – fast gewarnt. So müssen sich Sekten anfühlen, dachte ich nach einer Weile. Eine Sekte, wo ich nicht meinen eigenen politischen Standpunkt entwickeln kann.
Irgendwann wurde mir der Druck zu groß. Ich beschloss, das Studium abzubrechen. Seitdem geht es mir viel besser. Ich brauche einfach noch etwas Zeit, um mir in Ruhe alles durchzulesen und mich politisch zu festigen. Auf die Frage meiner Kommilitonen, warum ich aufgehört habe, antwortete ich ehrlich. Endlich kann ich offen mit ihnen über meine Erfahrungen reden. Gefallen muss ich ihnen nicht mehr. Ihre Reaktion hat mich total erstaunt: Einige meinten, sie fühlten sich ebenfalls von Kommilitonen und Professoren in die linke Ecke gedrängt. Gesagt haben sie aber nichts. Ich dachte die ganze Zeit, dass es nur mir so geht."[33]

Und der zweite Student ist Dennis Klinke, 19, und studiert in Berlin Politikwissenschaften:
„*Mein politisches Interesse war früher eher ein Zufallsprodukt. Es begann während einer Autofahrt, als ich 15 war. Mein Vater saß am Steuer, im Hintergrund lief das Radio. Gerade kamen die Nachrichten. Irgendein Lokalpolitiker stammelte unbeholfen in das Mikro, keiner verstand ihn. Da nannte mein Vater ein paar Politiker, die sehr gut re-*

den könnten. In einem Nebensatz fiel der Name Gregor Gysi, und ich wurde neugierig.

Zu Hause tippte ich Gysis Namen bei YouTube ein und klickte mich durch ein Video nach dem anderen. Ich war völlig begeistert: Er konnte komplexe Zusammenhänge ganz einfach darstellen. Für mich als jungen politischen Laien war sein Gerede leicht verständlich. Vor allem seine Ideen über soziale Gerechtigkeit fand ich gut. Ich komme aus einer klassischen Arbeiterfamilie. Ich fing an, mir alle möglichen Videos auf dem Kanal der Linken anzuschauen und ließ mich von ihren Meinungen zuballern.

Hinterfragt habe ich mein einseitiges Weltbild damals nicht. Weder in der Schule noch zu Hause habe ich darüber gesprochen. Mein Umfeld war politisch uninteressiert. Also schrieb ich meine Ideen auf und veröffentliche sie auf einem Blog. Dort schimpfte ich über imperialistische Bestrebungen der USA, die ‚raubtierkapitalistische' FDP und die – in meinen Augen – homophobe und reaktionäre CDU/CSU. Zum Glück habe ich das Blog irgendwann gelöscht. Im Nachhinein ist es total peinlich, was ich da aufgeschrieben habe.

Dann kam ich in die Oberstufe. Meine Sozialkundelehrerin erklärte uns, dass wir in den Schularbeiten verschiedene Meinungen anschauen müssen, bevor wir zum Schluss ein Fazit ziehen. Ich wollte gute Noten schreiben und nahm ihren Tipp ernst. Anstatt linke Kampfblätter zu lesen, abonnierte ich große Tageszeitungen und den Cicero. Ich lernte, eigene Standpunkte zu entwickeln. Trotzdem fühlte ich mich links weiterhin gut aufgehoben.

Das änderte sich an der Uni. Im ersten Semester belegte ich einen Kurs über die DDR. Nach jeder Sitzung konnte ich spüren, wie ich weiter in die politische Mitte rutschte und zum Sozialdemokraten wurde. Viele Kommilitonen fanden: Der Marxismus als Weltanschauung ist gut, die DDR hatte ihn nur schlecht umgesetzt. Das sah ich nicht so. Der ostdeutsche Staat hatte den Bürgern ihre politische Freiheit genommen. Was wir heute brauchen, ist kein sozialistischer Staat, sondern eine Demokratie, die den Bürgern politische Freiheit lässt. Mit einigen Auflagen: zum Beispiel stärkere Arbeitnehmerrechte, Millionärssteuer, eine

staatliche Rente, von der jeder leben kann, und kein Zweiklassensystem in der Gesundheitsvorsorge.
An der Uni fühle ich mich trotzdem manchmal wie eine Berliner Version von Franz Josef Strauß. Die Uni-Linke diskutiert nicht dringende Probleme in der Gesellschaft, sondern verliert sich in abstrakten Systemdebatten. Sie finden, dass staatliche Herrschaft zwangsläufig zu Rassismus und Sexismus führt. Der Kapitalismus beute die meisten aus – vor allem Minderheiten und Frauen würden benachteiligt. Reformen helfen nicht, sagen sie, der Kapitalismus muss abgeschafft werden. Das ist doch total undifferenziert. Ich sehe das anders: Wir brauchen Reformen, die Gerechtigkeit schaffen. Und wenn wir nicht alle Flüchtlinge der Welt aufnehmen können, sind wir noch lange nicht alle rassistisch.
Auch das Thema Gender-Anpassung sehe ich kritisch. Ich bin zwar ein totaler Befürworter von Emanzipation. Aber wird das weibliche Geschlecht wirklich benachteiligt, wenn wir nicht in jedem Satz das Binnen-I, Gender_Gap oder Asteriskus verwenden? In Uni-E-Mails heißt es oft ‚jemensch' statt ‚jemand', um die Sprache möglichst neutral zu halten. In meinen Seminaren gibt es Redelisten. Melden sich zwei Frauen und ein Mann, kommt der Mann zum Schluss dran. Das haben unsere Dozenten so festgelegt. Da mache ich nicht mehr mit. Dafür bekomme ich oft schiefe Seitenblicke, aber das ist mir mittlerweile egal.*
Eins hat mir jedenfalls die Zeit an der Uni schon gebracht. Endlich habe ich einen konkreten Berufswunsch. Ich würde gerne über politischen Extremismus forschen. Schwerpunkt: Linksextremismus.« [(33)]

Es ist ein erbärmliches und gleichzeitig beunruhigendes Bild, das wir durch diese Erfahrungsberichte vermittelt bekommen. Gerade die Universitäten sollten normalerweise frei von Extremismus sein. Vielleicht müsste mal genauer darüber nachgedacht werden, wie man mit solchen Strömungen an Lehranstalten umgeht. Vor allem Bereiche wie die Politikwissenschaften scheinen geradezu linksradikal kontaminiert zu sein.

Ein trauriges Beispiel für gezielte Manipulationen durch die Linkspresse

Zum Ende dieses düsteren Kapitels möchte ich noch auf ein trauriges Beispiel der linken Berichterstattung eingehen. Die Stadt Schwäbisch Gmünd wurde am 29.5.2016 von einem heftigen Unwetter heimgesucht. Die Naturgewalt hinterließ dabei verheerende Schäden. Während den anschließenden Aufräumarbeiten ereignete sich dann ein unglaublicher Vorfall. Die lokale *Rems-Zeitung* schrieb dazu:

„Es gibt weiterhin erhebliche Irritation und Verärgerung über die fragwürdige Inszenierung einer ‚Hilfsaktion' von Flüchtlingen für Flutopfer an der Eutighofer Straße. Der Rathaus-Sprecher betont: Oberbürgermeister Richard Arnold habe von der Aktion nichts gewusst.
Wie berichtet, war dort – nach übereinstimmenden Angaben von vielen Augenzeugen – völlig überraschend und offenkundig von offiziellen Mitarbeitern oder Beauftragten der Stadtverwaltung eine Gruppe von Flüchtlingen aufgetaucht. Obwohl den Asylbewerbern nicht einmal Arbeitshandschuhe oder Gummistiefel mitgegeben worden waren, bekamen sie dann von einem Kamerateam die Anweisung, den Flutopfern zu helfen. Es gab aber gar nichts mehr zu helfen. Die verblüfften Menschen aus der schwer in Mitleidenschaft gezogenen Wohnanlage trauten ihren Augen nicht, als die Flüchtlinge damit beginnen mussten, bereits in Containern verstauten und teils verschlammten Sperrmüll wieder in den geräumten Keller zurückzutragen, um medienwirksam eine spontan und freiwillig anzusehende Hilfsaktion zu spielen. Auch als die Bewohner protestierten, ließen das Kamerateam und die Begleiter von dieser kuriosen Inszenierung nicht ab. Die Bewohner betonten gegenüber der Rems-Zeitung allesamt, dass sich ihre Verärgerung nicht gegen die Asylbewerber richte. Vielmehr taten ihnen die Flüchtlinge leid, weil sie augenscheinlich in die Statistenrolle schlüpfen mussten.“(34)

Und weiter:
„Die Dreharbeiten eines Kamerateams nach dem Unwetterunglück haben in der Eutighofer Straße in Schwäbisch Gmünd für Irritationen bei

den Anwohnern gesorgt. Die Stadtverwaltung stellt dazu klar: Das Team war erst spät nach dem Unwetterunglück zu Dreharbeiten angereist. Da der überwiegende Anteil der akuten Hilfeleistungen der Unglücksnacht und des Folgetages zu diesem Zeitpunkt bereits beendet waren, baten die TV-Journalisten darum, an der Zufahrtsstrecke in die Stadt – an der das Drehteam noch das vom Wasserschaden betroffene Mobiliar vorfand – nochmals einige Hilfsszenen nachzustellen. Es bestand dabei der Wunsch, speziell hier auch Flüchtlinge zu filmen, da diese bereits in den Tagen zuvor an anderer Stelle mit angepackt hatten. Mitarbeiterinnen und Mitarbeiter der Gmünder Flüchtlingsbetreuung haben auf diesen Wunsch hin den Kontakt zu den Flüchtlingen hergestellt.«(34)

In Schwäbisch Gmünd hat sich eine üble Schmierenkomödie abgespielt. So werden die Zuschauer getäuscht und belogen. Dass dieses ominöse Kamerateam nun nicht mehr einem Sender zugeordnet werden kann, liegt sicherlich an der Berichterstattung über den Skandal. Das Band wurde gewiss schon längst vernichtet und wird nie über den Bildschirm flimmern. Nur gut, dass solche Aktionen wenigstens ab und zu auffliegen. Sicherlich gibt es genügend hilfsbereite Flüchtlinge, das soll hier überhaupt nicht bezweifelt werden. Und die besagten Leute hatten ja scheinbar schon Tage zuvor tatsächlich mit angepackt. So einen Vorgang aber absichtlich zu inszenieren und damit auch zu instrumentalisieren ist wirklich unterste Schublade! Manche Medien schrecken scheinbar vor nichts zurück, wenn es darum geht, ein bestimmtes Weltbild zu vermitteln.

Kapitel 3: Die Einwanderung – ein schwieriges Thema

Das Thema *Einwanderung* ist in Deutschland ein höchst pikanter Diskussionspunkt. Im Land der Kollektivschuld-Fantasten, Gutmenschen-Presse und Politakrobaten wird jeder, der nur ansatzweise den öffentlichen Kurs kritisiert, nicht nur misstrauisch beäugt, sondern meist gleich brutal niedergebrüllt. Deshalb ist es am Anfang dieses Kapitels sehr wichtig, ein paar grundlegende Dinge zu klären.

Vernünftiges Denken hat nichts mit Rassismus zu tun

Der Rassismusvorwurf ist das beliebteste Totschlagargument der megazuwanderungsphilen Süßholzraspler. Deshalb muss hier am Anfang wieder die Wichtigkeit der Vernunft und des differenzierten Denkens betont werden. Vernunft muss erlaubt sein, sonst leben wir in einem Irrenhaus.

Ich kann zum Thema *Rassismus* nur Folgendes sagen: Ich persönlich bin überzeugter Anti-Rassist. Wer Menschen nur wegen ihrer Herkunft oder Hautfarbe als minderwertig erachtet und/oder verfolgt, ist für mich geistesgestört! Da gibt es kein Wenn und kein Aber! Ich schreibe dies nur einmal, damit es keine Missverständnisse gibt. Wiederholen werde ich mich allerdings nicht ständig, ich bin schließlich kein Papagei. Meine Position sollte damit klargestellt sein.

Hier in Deutschland ist es nun so, dass eine solche, völlig normale Aussage jedoch leider nicht mehr ausreichend ist, um sich vom Rassismusverdacht freizumachen. Die stark Linksaffinen fordern vielmehr einen zutiefst aufopfernden Kniefall vor jedem Fremden und die Scheu, diese Menschen auch nur im Ansatz zu kritisieren. Des Weiteren werden absolute Aufnahmebereitschaft für jeden (auch Schwerstkriminelle und Extremisten) verlangt und die völlige Aufgabe der eigenen Interessen und Kultur. Erst wenn ein Mensch alle diese Voraussetzungen erfüllt, ist er vom Rassismusverdacht befreit – vorerst zumindest.

Wir leben in einer irren Zeit, in der wenige Irre leider sehr viel zu sagen haben. Und so ist das, was ich gerade beschrieben habe, keineswegs eine Übertreibung, sondern genau das, was aktuell in Deutschland von den Bürgern verlangt wird. Ach ja, und da gibt es noch ein Motto: Steuern zahlen und Fresse halten! Das hätte ich beinahe vergessen.

Genau wie die verrücktmachende Wirkung des Wortes „Nazi“, müssen wir auch die Wirkung des Wortes „Rassismus“ überwinden. Natürlich nicht in dem Sinne, dass wir es, sollte es tatsächlich auf jemanden zutreffen, verharmlosen. Aber in dem Sinne, dass wir uns durch solche Worte nicht das Hirn verdrehen lassen und mit unseren Argumenten und Ansichten stets im vernunftorientierten Denken verhaftet bleiben, ohne uns einschüchtern zu lassen. Wer den inneren, antrainierten Schuldkomplex loslässt und den Naziwahn überwindet, der wird in der Vernunft, dem lösungsorientierten Denken und vor allem der Freiheit im Denken einen guten Wegbegleiter finden. Es ist eine Erlösung, den Wahn hinter sich zu lassen.

Dass es Rassismus auf der Welt schon immer gab und leider immer noch gibt, ist unbestritten. Doch ich behaupte, die Vernunft ist genau die richtige Lösung, um nicht in solche Denkweisen hinabzugleiten. Weiterhin muss auch erkannt werden: Es gibt die verschiedensten Formen von Rassismus. Manche sind sogar sehr gut versteckt. Manchmal sind diejenigen, die ganz laut „Rassist“ brüllen, selbst Rassisten. Es gibt mittlerweile auch einen Rassismus gegen Weiße beziehungsweise auch einen speziellen Rassismus gegen Deutsche, wie von der Antifa und anderen Linksextremisten ausgelebt.

Der Rassismus gegen weiße Menschen ist vor allem in den westlichen Ländern und gar nicht mal so sehr anderenorts beheimatet. Es sind praktisch Weiße, die andere Weiße hassen. Ein Beispiel hierfür gibt auch die Vorsitzende der Amadeu-Antonio-Stiftung, Annetta Kahane, ab. Laut dem Tagesspiegel meinte diese – in Bezug auf Ostdeutschland und den geringen Migrantenanteil dort – doch tatsächlich: Angeblich sei es „*die größte Bankrotterklärung der deutschen Politik nach der Wende*“ gewesen, dass diese zugelassen habe, „*dass ein Drittel des Staatsgebiets weiß*“ geblieben sei.(35)

Ich frage mich, was uns diese Frau damit sagen will? Dass die Weißen verschwinden müssen? Oder was? Ist es ein Problem, dass ein Drittel von Deutschland nur von Deutschen bevölkert wird (wenn man das überhaupt so sehen kann)? Geht's noch?

Es gibt so etwas wie ein natürliches Recht der Völker auf Existenz. Ob Frau Kahane schon mal darüber nachgedacht hat? Ein jedes Volk hat das Recht auf Existenz und seinen eigenen Lebensraum. Auch das deutsche Volk! Und meine Aussage hat nichts mit Rassismus zu tun, ganz im Gegenteil. Gerade heutzutage ist es mehr als auffällig, dass viele Menschen ein völlig verdrehtes Verständnis von dem Begriff „Rassismus" haben. Heutzutage glaubt man, das Eintreten für das Recht und den Erhalt eines Volkes sei rassistisch. Aber es ist genau umgekehrt. In Wahrheit steckt der reale Rassismus in der gezielten Vernichtung/Verdrängung von Völkern und der Leugnung deren Existenzrechts! Das ist wahrer Rassismus! Wer das nicht versteht oder verstehen will, dem ist nicht mehr zu helfen.

Wer schon ein Problem mit dem Wort „Volk" hat, sollte mal genauer über seine eigene Gesinnung nachdenken. Gerade die Linksradikalen werden zunehmend rassistisch. Vor allem die europäischen Völker – nicht nur das Deutsche (aber vor allem dieses) – sind hier ins Fadenkreuz geraten.

Es ist zweifellos rassistisch, wenn man nur von Rassenreinhaltung und dergleichen spricht und denkt, das eigene Volk wäre mehr wert als das andere. Das ist absoluter Mumpitz und zeugt von einem kranken Weltbild (Stichwort *rechtsextreme Psychose*). Aber es ist eben genauso rassistisch, ein Volk komplett abschaffen zu wollen und/oder dies immerhin zu billigen (Stichwort *linksextreme Psychose*). So viel zum Thema Rassismus.

Das soll jetzt nicht bedeuten, Deutschland dürfe nur für die Deutschen offenstehen. Es soll selbstverständlich auch für Menschen offenstehen, die zu uns kommen und Teil unserer Gesellschaft werden möchten. Und es gibt viele gute Beispiele für gelungene Integration.

Aber dennoch bleibt klar herauszustellen: Die Deutschen haben ein Anrecht auf ihr eigenes Land und auch das Anrecht, dort den Großteil der Population zu stellen. Das ist ein natürliches Recht, das eigentlich überhaupt nicht diskutiert werden muss und darf. Nur Irre stellen das in Frage.

Wir sollten uns ganz klar mit unserer Heimat identifizieren, und dazu gehört auch die Erhaltung der eigenen Kultur. Von Einwanderern darf und muss verlangt werden, diese Kultur zu respektieren und zumindest so weit anzunehmen, wie es für das friedliche Zusammenleben notwendig ist. Doch Vorsicht, mit solchen Ansichten wird man von Linksfanatikern den sogenannten „Neuen Rechten" zugeordnet. Auf der linksextremen Internetplattform *Indymedia Linksunten* wird Folgendes zu dem Begriff erläutert:

> *„Die sogenannte ‚Neue Rechte' ist eine uneinheitliche Strömung von sich zumeist als intellektuell verstehenden (extrem) Konservativen mit fließendem Übergang zum Rechtsradikalismus, die der Anspruch einer Modernisierung rechten Gedankenguts eint. Durch eine vordergründige Ablehnung eines offenen, biologistischen Rassismus und die Distanzierung vom Nationalsozialismus versuchen sie extrem rechte Gedanken wieder hoffähig zu machen. Gleichzeitig vertreten ‚Neue Rechte' eine nicht weniger unappetitliche ideologische Mischung aus: Antiparlamentarismus, autoritären und antidemokratischen Staatskonzepten, Antifeminismus und der Bejahung männlicher Dominanz sowie ‚Ethnopluralismus', also die gegen multikulturelle Gesellschaften gerichtete, kulturalistisch-rassistische Vorstellung einer ethnisch homogenen Nation.*"(36)

Interessant, doch an sich völlig unlogisch und unpassend. Es sind doch gerade die Vertreter dieser sogenannten „Neuen Rechten" bzw. die Leute, die als solche bezeichnet werden, die meist für Volksentscheide und dergleichen plädieren und daher also mehr Demokratie einfordern. Was das ausgerechnet mit „autoritären und antidemokratischen Staatskonzepten" zu tun haben soll, ist absolut nicht nachvollziehbar. Es ist eigentlich genau umgekehrt! Aber ich verlange von diesen linken Betonköpfen auch nicht wirklich, dass sie das verstehen. Die sind wahrscheinlich schon jenseits von allem, was nur in Ansätzen mit gesundem Menschenverstand zu tun hat. Und was meinen diese Leute mit „Antifeminismus"? Die bejahende Einstellung zur Familie? Oder was genau? Gilt dieser Vorwurf auch für Frauen, die in die neue rechte Schublade eingeordnet werden? Sind das dann Antifeministinnen? Weiterhin ist der Begriff „kulturalistisch-rassistisch" sehr interessant. Damit wollen die Urheber also sagen: Selbst wenn Du kein Rassist bist, sobald Du eine Anpassung von Einwanderern an Deine Heimatkultur einforderst, und sei dies auch nur im geringsten Maße, dann bist Du ein Kultur-Rassist oder so ähnlich. Was für ein Käse! Laut dieser Definition von *Indymedia Linksunten* bin ich also „kulturalistisch-rassistisch" eingestellt, oder wie? Nur weil ich der Meinung bin, dass man der Kultur des jeweiligen Gastlandes ein klein wenig Respekt entgegenbringen sollte? Da fällt einem nichts mehr ein.

Die Zuschreibung „kulturalistisch-rassistisch" ergibt an sich schon keinen Sinn! Es ist als ein linker Kampfbegriff zu bewerten, der nur der kruden, linksextremen Argumentationsfolge dienen soll. Logisch ist diese Bezeichnung jedoch nicht wirklich. Rasse und Kultur sind nicht zwingend das Gleiche. Beide Instanzen können zwar direkt zusammenhängen, müssen es aber nicht.

Die gesunde Einstellung, die eigene Heimatkultur erhalten zu wollen, hat in keiner Weise etwas mit einem Hass auf andere Kulturen oder Rassen zu tun. Nur weil man die eigene Kultur schätzt und bewahren möchte, heißt das ja nicht, dass man die eigene Kultur über andere Kulturen stellt oder meint, diese sei „besser" als die anderen. Im Kongo soll die kongolesische Kultur unantastbar sein, in Bolivien die bolivianische und in Deutschland eben die deutsche. Wenn es nach dem deutschen Bundestag geht, gilt diese Sichtweise zumindest für Länder wie Tibet! In der Bundestags-Entschließung 13/4445 vom 23. April 1996 verurteilt die Bundesrepublik die chinesische Zuwanderungs-Politik in Tibet, weil dadurch die tibetische Identität „zerstört" wird:

„…Im Hinblick darauf, dass die Tibeter sich in der gesamten Geschichte eine eigene ethnische, kulturelle und religiöse Identität bewahrt haben, verurteilt der Bundestag die Politik der chinesischen Behörden, die im Ergebnis in Bezug auf Tibet zur Zerstörung der Identität der Tibeter führt, insbesondere mit Ansiedlung und Zuwanderung von Chinesen in großer Zahl, Zwangsabtreibungen, politischer, religiöser und kultureller Verfolgung und Unterstellung des Landes unter eine chinesisch kontrollierte Administration… fordert die Bundesregierung auf, sich verstärkt dafür einzusetzen, dass… die chinesische Regierung jede Politik einstellt, welche die Zerstörung der tibetischen Kultur zur Folge haben kann, wie z. B. die planmäßige Ansiedlung von Chinesen in großer Zahl, um die tibetische Bevölkerung zurückzudrängen, und die Verfolgung der Vertreter der tibetischen Kultur…“[(37)]

Das ist eine völlig normale Sichtweise. Warum sollte man auf Heimatboden die eigene Kultur aufgeben oder mit Füßen treten? So etwas tun doch nur Menschen, die ein tief gestörtes Verhältnis zur eigenen Herkunft haben. Solchen Menschen muss man helfen. Allerdings nicht damit, dass man ihnen Macht und Deutungshoheit verleiht, sondern durch eine Therapie.

Zudem arbeitet *Indymedia Linksunten* auf diese Weise mit Totschlagargumenten, die keinen Widerspruch zulassen. Entweder man stimmt der Abschaffung der eigenen Kultur voll und ganz zu, oder man ist „kulturalistisch-rassistisch“ (eine unglaublich unsinnige Wortfolge) eingestellt. So argumentieren Extremisten. Doch wir sollten uns von diesen Verwirrten nicht im Geringsten beeinflussen lassen. Die sind auf dem Holzweg, und zwar gewaltig!

Was darf und muss man von Einwanderern verlangen?

Das ist eine wichtige und spannende Frage. Einwanderer sollen selbstverständlich nicht vollständig auf ihre eigenen Sitten und Gebräuche verzichten. Jeder Mensch hat das Recht auf seine eigene Kultur und darauf, diese zu leben. Allerdings muss das in den jeweiligen Grenzen geschehen, die vor Ort gegeben sind. Es darf nicht so weit übertrieben werden, dass sich die einheimische Bevölkerung dadurch belästigt fühlt. Wer sich daran hält, der wird auch gut fahren, zumindest wenn er sich in einem zivilisierten und toleranten Land befindet. Wer das nicht tut, dem muss man allerdings auch seine Grenzen aufzeigen. Wenn wir in Deutschland einen vernünftigen Kurs fahren wollen, muss also von Anfang an verdeutlicht werden: Wer zu uns kommt und sich einbringt, der ist auch willkommen! Allerdings muss diese Person auch Respekt gegenüber unseren Werten, Normen und unserer Kultur mitbringen. Wir Deutsche müssen an diesem Punkt ganz klar Kante zeigen, denn eine allzu kriecherische, anbiedernde Willkommenskultur wird eher als Schwäche wahrgenommen und fördert damit die Dreistigkeit und das Anspruchsdenken der Neuankömmlinge. Deshalb dürfen wir an diesem Punkt keine Unklarheiten aufkommen lassen. Jeder ist willkommen, aber unsere Kultur ist hier die Leitkultur und muss restlos respektiert werden! Wer das nicht kann oder will, der kann hier auch nicht bleiben! Ganz einfach.

Das ist eine ganz normale, vernünftige Haltung. Kein besonnener Mensch würde etwas dagegen sagen. Auch viele Migranten bei uns in Deutschland, die gut integriert sind, sehen das nicht anders und als selbstverständlich. Soweit alles wunderbar, wenn es da nicht die linksgrünen Spinner gäbe. Die wollen natürlich wieder alles verklären und selbst Kriminellen den roten Teppich ausrollen. Eines steht fest: Wenn wir gegen Kriminelle, Extremisten und andere Störenfriede härter und konsequenter vorgehen, dann wird das die Mehrzahl der anständigen Migranten begrüßen. Viele Migranten leben bei uns ein ordentliches Leben und möchten ebenso wenig von Kriminellen und anderem Gesindel belästigt werden wie deutschstämmige Bürger. Sie leiden unter solchen Übergriffen genauso wie jeder andere. Außerdem kommt bei dieser Angelegenheit noch hinzu, dass die Unruhestifter nicht selten den Ruf ihrer Landsleute beschädigen. Deshalb ist festzuhalten: Wenn man die Störenfriede konsequent sanktioniert, aussortiert und zurückschickt, dann dämmt man automatisch das Wachstum von Vorurteilen und Verstimmtheiten ein. Ausländerfeindlichkeit wird somit reduziert, das ist die Wahrheit. Die integrierten Migranten wissen das auch ganz genau und sind deshalb selbst nicht selten für härtere Maßnahmen gegen die faulen Eier. Ich habe schon öfters Sätze wie *„Ihr Deutschen lasst euch alles gefallen!“*, *„Ihr müsstet mal durchgreifen!“* usw. gehört. Ist doch klar, wer will sich schon seinen Ruf beschädigen lassen.

Wir müssen unbedingt davon wegkommen, alles zu verharmlosen und zu verklären. Wer nachweislich ein Mitglied einer kriminellen und/oder extremistischen Organisation ist, muss mit harten Strafen rechnen. Wer zudem kein deutscher Staatsbürger ist, wird nach der Haft ausgewiesen, mit lebenslänglichem Einreiseverbot. Kriminelle Familienclans und radikale Islamisten müssen sofort abgeschoben werden. Gegebenenfalls, nachdem das ein oder andere Mitglied seine Haftstrafe verbüßt hat. Auf diese Weise wird man den Zuständen besser Herr werden, davon bin ich überzeugt.

Aber bei uns ist das ja nicht erwünscht. Das Chaos soll sich schön weiter ausbreiten, deshalb ist Kuschelkurs angesagt – auch mit Schwerkriminellen und Extremisten. Es soll schließlich niemand diskriminiert werden. Diskriminierung, das ist sowieso einer der liebsten Fetische des heutigen Deutschlands und der westlichen Welt. Bei all dem Sinnvollen, was im grundlegenden Gedanken steckt: So, wie es mittlerweile ausgelebt wird, ist es geradezu verrückt. Man kann das Wort „Diskriminierung“ schon bald gar nicht mehr hören. Wer ein Schwerkrimineller ist, der ist ein Schwerkrimineller! Punkt! Wir müssen in Deutschland endlich durchgreifen, sonst entgleitet die Situation, und dann Gute Nacht schöne Gegend. Wenn es dann an allen Ecken und Enden kracht, will es natürlich wieder keiner gewesen sein. Die Polit-Futzis, die das mitverbockt haben, sind dann plötzlich ratlos und wollten das alles nicht. Es war ja nicht absehbar. Und die Linkspresse will auf einmal auch nichts mehr damit zu tun haben und fragt ganz scheinheilig: „*Wie konnte das nur passieren?*“ Wacht auf ihr Linken, eure Welt funktioniert nicht!

Wie sehr die Welt der Linken von der Realität abgehoben hat, wurde auch in der Maischbergersendung vom 6.10.2015 deutlich. Das Thema lautete: *Neue Heimat: Wie verändern Flüchtlinge unser Land?* Zum Gespräch geladen waren Neuköllns ehemaliger Bezirksbürgermeister Heinz Buschkowsky, die Grünen-Politikerin Renate Künast, der Verleger Jakob Augstein, die Polizeikommissarin Tania Kambouri, die Sprecherin einer Bürgerinitiative Marie-Luise Balk-Egger und der Oberbürgermeister von Schwäbisch-Gmünd, Richard Arnold.

Viele dieser Polit-Talks sind eigentlich eher müde und belanglos, aber dieser war doch recht interessant. Die Polizeikommissarin Tania Kambouri schilderte in der Sendung, dass die Respektlosigkeit Polizeibeamten gegenüber stark zugenommen habe und dass es viele Probleme mit Migranten, vor allem jungen männlichen Muslimen, gebe. Soweit eigentlich nichts Neues. Aber es ist durchaus gut, diese Sätze aus dem Mund einer Beamtin mit Migrationshintergrund zu hören. Kambouri meinte übrigens auf die Frage von Sandra Maischberger, ob Migranten, die zu uns kämen, in ihren Augen eine Bringschuld hätten: „*Ja, definitiv. Man hat sich hier anzupassen und – man darf seine eigene Kultur nie verleugnen –, aber man hat sich den Regeln zu stellen, und meine Eltern hatten auch nichts und fingen auch nicht an, irgendwie zu klauen oder sonst was. Man hat sich hier an die Regeln gehalten und hat ein Leben schwer, langsam aufgebaut.*“[(38)]

Hier sieht man deutlich, wie gut integrierte Migranten über das Thema denken. Oft gar nicht so einfältig wie die Deutschen selbst. Aber kommen wir zurück zu den Schilderungen über die Respektlosigkeit. Die Polizistin beklagte nun den Zuwachs von Aggression gegen die Polizei und die nicht zu unterschätzende Rolle von jungen Migranten in diesem Zusammenhang – ein Bericht aus der Realität sozusagen. Doch siehe da, es waren ja noch ein Herr Augstein und eine Frau Künast geladen, um alles zu verklären. Augstein meinte auf die Schilderungen Kambouris tatsächlich: *„Bei allem Respekt, Ihnen hört man deshalb zu, weil Sie selber eine Migrant... einen Migrationshintergrund haben. I don't know. Das ist Ihr Schicksal, das sind Ihre Einzelfälle. Offenbar richtig viel lernen, für die gesamte Gesellschaft, können wir daraus, fürchte ich, nicht.*"[39]

Aha, alles nur Schicksal und Einzelfälle. Der Herr Augstein weiß also besser über die realen Umstände der Kriminalitätsbekämpfung Bescheid als die Polizeikommissarin selbst. Natürlich, der Herr Augstein ist der Oberchecker schlechthin. Ich musste mir fast schon wieder den Kotzeimer holen. Unglaublich, aber der meinte das wirklich ernst, das ist das Schlimme dabei. Herr Augstein steht halt weit links, und gleichzeitig auch weit weg von der Realität.

Die Diskussion ging danach rasant weiter und Frau Kambouri wusste schnell und konsequent zu antworten. Sie bezog sich schlüssig und selbstsicher auf die Faktenlage und das, was sie in zwölf Jahren Dienst schon alles erlebt hat. Augstein versuchte immer wieder seine verschwurbelten, universalrelativierenden Argumentationen anzubringen, scheiterte aber auf ganzer Linie. Etwas wirklich Gehaltvolles kam nicht dabei heraus.

Aber für den Verleger gab es natürlich noch Rückendeckung aus dem grünen Lager. Renate Künast gab in der Diskussion folgende weisen Worte von sich: *„...dann enden wir so, wie mit den Menschen, die Sie jetzt beschrieben haben. Das sind ja durchaus Leute einer gescheiterten Integrationspolitik. Da hat auch die deutsche Gesellschaft Fehler gemacht...*"[40]

Jawohl, hier haben wir doch wieder des Grünen liebsten Fetisch: die deutsche Schuld! Klar doch, Deutschland und die deutsche Gesellschaft haben Fehler gemacht und sind daran schuld, dass sich manche Migranten nicht integrieren. Ist doch logisch. Bei dieser Sichtweise haben alle Ausländer einen Heiligenschein auf und sind durch und durch die Besten überhaupt. Nur die bösen Deutschen, die alle aufnehmen, machen mal wieder alles falsch. Eine mehr als krude Weltsicht, aber typisch grün. Vielleicht sollte Frau Künast einmal über die Worte von Frau Kambouri nachdenken, die da was zur Bringschuld gesagt hat. Eventuell würde der grünen Renate dann doch noch ein Licht aufgehen.

Es gab aber noch weitere interessante Aussagen von Frau Künast, die Erwähnung verdienen. Wie diese hier, noch ziemlich am Anfang der Sendung, in Bezug auf die Flüchtlinge: „*...das sind ja die Deutschen von morgen...*"[(41)]

Hä? Die Deutschen von morgen? Erst mal langsam! Was die wirklichen Kriegsflüchtlinge angeht, so müssen wir über dieses Thema reden. Sobald jedoch deren Heimat wieder sicher sein sollte, wäre es nur allzu verständlich und völlig normal, wenn sie wieder zurückkehren. Ob das tatsächlich „Deutsche von morgen" werden, ist also noch lange nicht geklärt. Und was diejenigen angeht, die sich hier illegal aufhalten, so sollten diese die „Abgeschobenen von morgen" oder noch besser, „von heute" sein. An bestimmte Spielregeln müssen wir uns alle halten. Wir sind hier schließlich nicht im Tollhaus. Oder doch?

Bei aller Aufnahmebereitschaft, die gut und richtig ist, wer sich hier unberechtigt aufhält, der kann auch nicht bleiben. Das Gleiche gilt für Ankömmlinge, die hier Straftaten begehen, unsere Werte mit Füßen treten oder extremistischen Organisationen angehören. Wie vertrottelt muss man überhaupt sein, wenn man da keinen Riegel vorschiebt?

Aber bevor hier etwas missverstanden wird, noch eine kleine Botschaft an die Chaoten, die meinen Asylunterkünfte anzünden zu müssen: Ihr habt ebenso einen Dachschaden wie die Linksradikalen. Denkt ihr tatsächlich, dass ihr durch solche Taten etwas Vernünftiges erreicht? Und was haben euch die Menschen in den Unterkünften getan? Selbst wenn es Scheinflüchtlinge sind, so sind sie nicht die Hauptschuldigen für die Problemlage. Diese Leute kommen zu uns, weil es ihnen ermöglicht wird und die Rahmenbedingungen verlockend sind. Wahrhaft schuldig sind aber die, die die Voraussetzungen für die Probleme schaffen. Schuld sind die Kriegstreiberei, die ganze Asyl-Industrie und ihre Profiteure, ein Großteil der Systemmedien und die Politik, die mit ihren Entscheidungen die Voraussetzungen für das Chaos geschaffen hat. Geht also zu denen und demonstriert vor deren Häusern und Einrichtungen. Aber bitte friedlich.

Gewaltbereite Spinner hingegen spielen der linken Öffentlichkeit durch ihre Aktionen nur in die Hände. Die Medien und die Politik nutzen dann die Gunst der Stunde, um jegliche Asylkritiker mit in den gleichen Sack zu stecken und ganz ungeniert als *„Pack"* zu bezeichnen. Diese undifferenzierte Vorgehensweise ist typisch. Deshalb müssen die Vernünftigen – und das ist meiner Meinung nach auch der Großteil der Deutschen – sich ständig gegen die Nazi-Vorwürfe wehren. Doch diese Zeiten sollten wir hinter uns lassen. Wenn da ein paar Spinner meinen, sie müssten vor Asylunterkünften randalieren, dann hat das weder etwas mit mir noch mit andere Leuten, die an der Randale nicht beteiligt waren, zu tun. Das ändert nichts an der Kritik an dem System. Es darf nichts daran ändern. Wir dürfen die Politik nicht so davonkommen lassen! Verlegt die Demonstrationen vor die Regierungsgebäude, die Medienhäuser und die Hauptgebäude der Asylindustrie. Dort stehen wir richtig! Da hocken die Schuldigen!

Kommen wir an diesem Punkt aber nun zu einer anderen spannenden Frage…

Ist Deutschland ein Einwanderungsland?

Ist Deutschland wirklich ein Einwanderungsland? Gibt es diesen viel beschworenen, flächendeckenden Fachkräftemangel wirklich?

Zuerst einmal ist Deutschland selbstverständlich kein klassisches Einwanderungsland wie beispielsweise die USA, Kanada oder Australien. Diese Staaten sind von ihrer Gründung an schon immer Einwanderungsländer gewesen. Diese Länder befinden sich seit ihrer Staatengründung sozusagen in Fremdbesitz, da die jeweilige Landmasse der jeweiligen Urbevölkerung von den Einwanderern weggenommen wurde. Sie bestehen deshalb auch aus einer reinen Einwanderungsbevölkerung, mit Teilresten der ehemals Einheimischen. Auf Deutschland trifft dies nicht zu. Hier handelt es sich um ein Land, das immer noch der

Urbevölkerung gehört. Wir sehen an diesem Punkt also deutlich, dass Vergleiche mit den typischen Einwanderungsländern nicht funktionieren können.

Und was ist mit dem Fachkräftemangel? Ganz ehrlich, ich halte diesen angeblichen flächendeckenden Fachkräftemangel für ein Ammenmärchen. Wir haben momentan ca. 2,7 Millionen Arbeitslose und 3,5 Millionen Unterbeschäftigte (Stand Dezember 2015). Natürlich sind das nicht alles Superfachkräfte, die leicht vermittelbar sind, aber dennoch ist die Anzahl enorm. Zudem befinden sich auch genügend Facharbeiter und Akademiker darunter. Wir sollten also erst einmal darauf schauen, *diese* Leute in Lohn und Brot zu bringen und nicht ständig von einem Mangel faseln. Der stets heraufbeschworene Fachkräftemangel, mit dem man uns auch eine gigantische Massenzuwanderung schmackhaft machen möchte, ist in diesem Zusammenhang doch recht unglaubwürdig.

Allerdings gibt es Bereiche wie das Handwerk, da brauchen wir eventuell tatsächlich Verstärkung. Ich weiß aus meiner ehemaligen Tätigkeit im Berufsbildungszweig, dass gerade das Handwerk seit Jahren große Schwierigkeiten hinsichtlich der Anzahl von Auszubildenden und Facharbeitern hat. Hier fehlt es tatsächlich. Eine gezielte Zuwanderung für ganz bestimmte Berufssparten kann also durchaus sinnvoll sein. Alles andere hingegen nicht.

Wobei man hier, am Beispiel des Handwerks, erst einmal alle Möglichkeiten mit den vorhandenen Menschen austesten sollte. Man muss die Berufe schmackhaft und attraktiv machen, auch wenn an diesem Punkt schon einiges unternommen wird. Sollte das Problem im Handwerk weiterhin bestehen, dann ist eine gezielte Bewerbersuche im Ausland eventuell ein Mittel. Aber das wäre sicherlich nur für bestimmte Sparten sinnvoll. Es gibt hierzulande genügend Arbeitslose, unter denen auch viele gut ausgebildete Leute sind. Deshalb ist eine Zuwanderung, auf alle Berufsfelder bezogen, völliger Quatsch und absolut hirnlos.

Ein Einwurf gegen meine Argumentation könnte die Tatsache sein, dass mittlerweile bestimmte Tätigkeiten (z.B. Stadtreinigung, Müllbeseitigung etc.) oft von Migranten erledigt werden. Dieses Argument kann man nicht ganz von der Hand weisen, denn man sieht in der Tat zunehmend mehr Migranten in diesen Betätigungsfeldern. Schuld daran sind unter anderem überzogene Vorstellungen vieler Menschen von der eigenen beruflichen Zukunft. Allerdings gilt das nicht nur für Deutsche, sondern für alle, die hier aufwachsen. Von denjenigen, die hier aufwachsen, haben auch die meisten jungen Migranten keine Lust mehr auf die „niederen" Berufsfelder. Warum? Ganz einfach, weil die Medien ihnen schon frühzeitig suggerieren, dass sie alle Superstars werden müssen – egal, ob es realitätsferne Seifenopern sind, Promimagazine, Casting-Shows oder dergleichen. All diese Formate zielen nur darauf ab, das Normale zu verdrängen und als unattraktiv darzustellen. Jeder meint heutzutage, er müsste mit achtzehn schon eine eigene Wohnung haben. Dazu am besten ein riesen Gehalt und Bekanntheitsstatus. Die Medien sind es, die den Kindern und Jugendlichen diese Flausen in den Kopf setzen. Und hinterher fragen sie ganz scheinheilig, woher die Kinder diese Vorstellungen bloß haben. Dabei sind es die Medien selbst, die mit ihren Sendungen die Voraussetzungen schaffen. Die Kinder und Jugendlichen denken dann irgendwann wirklich, es wäre nur lohnenswert, wenn man Superstar wird, oder sonst irgendwie mit Prominenten zu tun hat, oder auf irgendeine andere Weise zu Reichtum gelangt. Wir müssen den Kindern wieder mehr Werte vermitteln, familiäre und menschliche Werte. Die Medien könnten dabei helfen, tun momentan aber genau das Gegenteil.

Ein weiteres Argument gegen eine Massenzuwanderung ist folgender Gedanke: Wenn wir später einmal weniger Menschen in diesem Land sind, dann gibt es auch automatisch weniger Arbeitsplätze, die zu vergeben sind. Klar, für die vielen alten Menschen braucht man eine Menge qualifizierter Pflegekräfte. Das stimmt zweifellos. Deshalb sollten die Leute in diesem Bereich auch endlich einmal anständig bezahlt werden! Allerdings ist dies einer der wenigen Bereiche, in denen man dann auch wirklich mehr Leute braucht. In vielen anderen Sparten wird es eher weniger. Denn wenn es weniger Menschen gibt – auch gerade junge Menschen –, dann benötigt man auch in vielen Segmenten weniger Arbeitskräfte.

Weniger Menschen/junge Menschen bedeuten auch weniger Aufträge für Architekten, da weniger Häuser gebaut werden; es bedeutet weniger Aufträge für Handwerker, da weniger Häuser bewohnt werden; es werden weiterhin weniger Handyverträge abgeschlossen usw. Es folgt ein langer Rattenschwanz. Zudem fällt durch die zunehmende Automatisierung in der Industrie ebenfalls der eine oder andere Arbeitsplatz weg. Wir müssen diese Wahrheiten bei der Erfassung der Sachlage zwingend berücksichtigen.

Selbstredend gibt es auf der anderen Seite noch weitere, wichtige Argumente, warum die Beschäftigtenzahlen gleich bleiben sollten. Nämlich der Sozialstaat an sich, vor allem die Renten, müssen bezahlt werden. Das ist absolut richtig, nur wird uns das mit einer kopflosen Zuwanderung so oder so nichts bringen. Wenn die Arbeitsplätze nicht vorhanden oder nicht notwendig sind, dann ist das so. Eine überbordende und vor allem planlose Zuwanderung wird dieses Problem nicht lösen. Ganz im Gegenteil, es werden noch weitere Probleme hinzukommen. Man muss nur mal ganz vernünftig darüber nachdenken. Was ist, wenn wir am Ende mit einer unkontrollierten Zuwanderung eine Armee von Arbeitslosen und Hilfeempfängern aufbauen? Wer bezahlt das dann? Nur, damit die Wirtschaft schön die Löhne drücken kann und sich die Rosinen herauspickt? Nein danke!

Außerdem wird die sozio-kulturelle Komponente in der ganzen Diskussion meist vergessen und ausgeblendet. Das ist aber ein schwerwiegender Fehler! Menschen sind keine Zahlen, sondern komplexe, individuelle Wesen. Was ist, wenn das Zahlenspiel der viel zitierten Ökonomen nicht stimmt? Denn man kann das Ganze nicht einfach nur mathematisch berechnen, das ist vollkommen falsch und fast schon kopflos. In diesem Falle müssen nun wirklich sozialwissenschaftliche Überlegungen angestellt werden. Und zwar keine linksideologischen, sondern objektiv rationale Überlegungen. Und die sagen uns zwei Dinge:

1. Wenn Zuwanderung, dann muss sie zwingend qualifiziert sein. Und nicht nur das, es ist ebenfalls darauf zu achten, dass die Mehrheit der Einwanderer aus einer Kultur kommt, die gut kompatibel zu der unsrigen ist. Da braucht man ein klares Modell und Auswahlkriterien.

2. Bei alledem kommen wir aber nicht darum herum, die Zuwanderung trotzdem zu begrenzen, denn wir müssen auch die soziokulturellen Aspekte miteinbeziehen. Wenn die ursprüngliche Bevölkerung im Vergleich zu den Migranten zu sehr schrumpft, dann kann das ebenfalls zu Unfrieden führen. Das sollte nicht unterschätzt werden. Da können die linksverdrehten Süßholzraspler sagen, was sie wollen, an dieser Realität gibt es nichts zu rütteln. An dieser Wahrheit kommen wir nicht vorbei!

Die Probleme sind mit einer kopflosen Massenzuwanderung also nicht zu lösen, sondern werden dadurch nur verschlimmert. Wir müssen die Zukunft anders denken, eventuell mit weniger Einwohnern. Vielleicht werden die „normalen" Berufe auch irgendwann wieder attraktiver. Das geht aber nur, wenn die Medien mithelfen und mit ihrer „ihr-müsst-alle-Superstars-werden-Propaganda" aufhören.

Ob Deutschland nun ein Einwanderungsland ist? Ich persönlich behaupte, nein! Zumindest kein klassisches Einwanderungsland. Dafür bestehen zu viele Unterschiede zu den anderen, klassischen Einwanderungsländern. Deutschland ist ein Land mit Einwanderung. Ein Land mit Migrantenanteil. Das stimmt zweifellos. Aber ein klassisches Einwanderungsland wird deshalb noch lange nicht daraus.

Die Flüchtlings-Thematik

Mit Verwunderung stelle ich immer wieder fest, dass die Medien das *Flüchtlings-Thema* mit dem *Einwanderungs-Thema* vermischen. Zugegeben, aus einer Flucht kann eine Einwanderung werden. Das ist jetzt nichts Utopisches und das gibt es immer wieder. Aber in erster Linie handelt es sich bei Flüchtlingen um Menschen, die, nachdem die Zustände in ihren Heimatländern geklärt sind, auch wieder dorthin zurückkehren sollen und wollen. Das geht natürlich nicht immer, aber das ist erst mal Plan A. Wenn man unseren Medien nun zuhört, so könnte man glatt meinen, dass Flüchtlinge generell als neue Einwanderer angesehen werden. Diese Tatsache ist mir doch ein wenig suspekt und sollte kritisch beäugt werden.

Nehmen wir mal an, wir sehen die Flüchtlinge als eventuelle Zuwanderer, die bleiben sollen, so gibt es bei der Sachlage dann vor allem zwei wichtige Komponenten zu berücksichtigen: die *soziale Komponente* und die *ökonomische Komponente*. Die soziale Komponente sagt uns ganz klar, dass echte Flüchtlinge aufgenommen werden müssen. Allerdings ist der Königsweg, und das gilt generell, die Herkunftsländer wieder sicher zu machen bzw. dort Infrastruktur aufzubauen und zu schaffen. Oder, wie im Falle von Sinti und Roma, die osteuropäischen Herkunftsstaaten dazu aufzurufen, diese Menschen ordentlich zu behandeln. Immerhin sind Rumänien und Bulgarien Mitglieder der EU. Also, Du große EU und Du großes Brüssel, dann zeigt mal, was ihr könnt.

Aber zurück zum eigentlichen Punkt. Erstes Ziel ist ganz klar, alles dafür zu tun, den Flüchtlingen wieder die Heimkehr zu ermöglichen. Diese Menschen wollen schließlich am liebsten in ihrer Heimat leben, das ist nur allzu verständlich. Das ist sozial!

Daneben gibt es natürlich noch die ökonomische Komponente, die einen gewissen Egoismus in sich trägt. Können wir vielleicht manche dieser Leute hier bei uns gebrauchen? Wenn ja – was, wie bereits beschrieben, in den meisten Branchen doch sehr umstritten ist –, dann müssen diese Leute selbstverständlich gut ausgebildet sein und über vernünftige Sprachkenntnisse verfügen. Wobei die Sprache auch durch gute Kursangebote und eisernen Willen erlernt werden kann. Das wäre jetzt mal – falls überhaupt notwendig – rein ökonomisch gedacht. Eine solche Denkweise ist allerdings, um es deutlich zu sagen, definitiv nicht sozial. Eine Geisteshaltung, bei der andere Länder ruhig verrotten können und man sich selbst die Besten von dort herauspickt und hier arbeiten lässt, ist zutiefst asozial, so viel ist klar. Zudem steht da natürlich die berechtigte Frage im Raum: Wie viel Prozent der Menschen aus diesen Ländern können eine adäquate, einigermaßen qualifizierte Ausbildung überhaupt vorweisen? Da wird von Seiten der Politik und der Medien zwar immer groß posaunt, dass Massen von Super-Fachkräften nur ungeduldig auf ihren Einsatz bei uns warten, aber auch diese Behauptung darf zu Recht angezweifelt werden.

Im September 2015 musste die Bundesarbeitsministerin Andrea Nahles (SPD) zugeben: „*Nicht alle, die da kommen, sind hoch qualifiziert. Der syrische Arzt ist nicht der Normalfall.*"[(42)]

Das ist nun mal die Realität, da haben wir das Problem. Trotzdem sind viele der sogenannten Wirtschaftsinstitute ganz davon überzeugt, dass wir profitieren werden. Ich muss mich manchmal wirklich wundern. Die denken tatsächlich, Menschen wären Zahlen, die immer gleich funktionieren. Das Individuum, die kulturellen Hintergründe, das alles wird völlig ausgeblendet. Und das führt zu falschen Einschätzungen. Deshalb ist es unabdingbar, ökonomische Ansätze mit sozialwissenschaftlichen Ansätzen zu verbinden, um die Sachlage tatsächlich einschätzen zu können. Der sozio-kulturelle Aspekt, der bei Menschen eben nun mal eminent wichtig ist, wird sonst ignoriert und das führt dann unweigerlich zu Fehlern.

Ich weiß, viele hacken immer auf den Sozialwissenschaften herum. Aber ich, der selbst aus diesem Bereich kommt, sehe das ein wenig anders. Eine seriös angewandte Sozialwissenschaft ist ein sehr gutes Instrument, um gesellschaftliche Entwicklungen einzuschätzen und vorauszusagen. Wenn man dazu noch geschichtswissenschaftliche Aspekte miteinbezieht, umso besser. Leider werden die Sozialwissenschaften heutzutage allzu oft von Linksideologen missbraucht, um deren eigenes Weltbild zu zementieren. Das ist das wahre Problem. Eine freie, undogmatische Sozialwissenschaft kann hingegen sehr nützlich sein.

Ohne die Einbeziehung der soziokulturellen Aspekte sind vernünftige Prognosen und Planungen nicht möglich. Daher muss das großartig versprochene „Profitieren“ doch sehr in Frage gestellt werden. So viel zum Nutzen der Flüchtlingsthematik für den Arbeitsmarkt. Aber die Befürworter der Massenaufnahme irren nicht nur auf dem Feld des Arbeitsmarktes mit ihrer Einschätzung. Sie weigern sich zudem, zwischen *echten* und *Schein-Flüchtlingen* zu unterscheiden. Da werden z.B. Familien aus Syrien, die wirklich Hilfe benötigen, mit Männergruppen aus Nicht-Kriegsgebieten verglichen, so als wäre das alles das Gleiche. Es gibt plötzlich nur noch „Flüchtlinge“, egal, wo die Leute auch herkommen oder welchen Gruppierungen diese angehören. Eine solche Handhabung der Dinge führt zwangsläufig zum Missbrauch und zur Verschleierung der Wahrheit. Und es trägt letztlich dazu bei, dass den wahrhaft Hilfebedürftigen immer weniger und nur noch unzureichend geholfen werden kann. Das ist die traurige Wahrheit! Die traurige Konsequenz aus dem Lügengebäude!

Auch die Kirchen, die immer gegen eine Unterscheidung von wirklich Verfolgten und Wirtschaftsflüchtlingen predigen, sollten einmal über diese Wahrheit nachdenken. „Hilf den Bedürftigen“, ist ein christliches Prinzip. Das stimmt zweifellos. Aber es sollte sich dabei auch wirklich um Bedürftige handeln und gerade im Bereich des Asylrechts bedeutet das, dass es sich um Menschen handeln muss, die Krieg und/oder Verfolgung ausgesetzt sind. Diesen Menschen muss so gut wie möglich geholfen werden, aber das geht nur, wenn nicht zu viele Kapazitäten von anderen geschluckt werden, die diese Voraussetzungen gar nicht erfüllen. Wenn ich sehe, dass Familien mit kleinen Kindern nicht ausreichend geholfen werden kann oder diese irgendwo zusammengepfercht untergebracht werden, nur weil sich hier auch Massen von alleinstehenden Männern aus Nicht-Kriegsgebieten herumtreiben, dann ist das einfach nicht in Ordnung!

Übrigens, dass es überwiegend alleinstehende junge Männer sind, die zu uns kommen, ist eine Tatsache! Das sollte mittlerweile auch der letzten Schnarchnase klar sein! Selbst die ARD musste diese Wahrheit zugeben. Der Chefredakteur Kai Gniffke gestand diesbezüglich: *„Wenn Kameraleute Flüchtlinge filmen, suchen sie sich Familien mit kleinen Kindern und großen Kulleraugen aus.“*, und zudem seien *„80 Prozent der Flüchtlinge junge, kräftig gebaute, alleinstehende Männer.“*[(43)]

Also, das ist die Realität, über die wir uns unterhalten müssen! So viele junge Männer auf einmal, das gleicht eher einer Invasion als einem Flüchtlingsstrom. Da regt sich unweigerlich ein ungutes Gefühl in der Magengegend. Ich denke, da spreche ich vielen Menschen aus dem Herzen. Es handelt sich bei dem ganzen Geschehen eben nicht um eine „Flüchtlingskrise“, sondern um eine „Massenzuwanderungskrise“, denn nicht alle, die bei uns ankommen, sind auch wirklich Flüchtlinge. Bei weitem nicht. Und durch den hohen Männeranteil ist es zudem eine hauptsächlich „männlich geprägte Massenzuwanderungskrise“. Wir sollten diese Tatsache nicht auf die leichte Schulter nehmen.

Bei der ganzen Debatte stelle ich zudem immer wieder fest, dass sich gerade die Öffentlichkeit – vorrangig Politik und Medien – zu wenige Gedanken um die eigentlichen Hintergründe der aktuellen Zustände machen. Wenn so viele Gruppen von jungen Männern hier in Deutschland erscheinen, dann drängt sich automatisch folgende Frage auf: Was ist eigentlich mit den Menschen, die in diesen Ländern zurückbleiben? Gerade in den Ländern, aus denen so viele junge Männer hierher kommen. Was ist mit den anderen Leuten dort, mit den vielen Frauen und Kindern? Wer hilft denen? Und was ist mit den Herkunftsländern, was soll aus diesen werden, wenn man in die Zukunft blickt? Sollen diese einfach verrotten? Ist eine solche Scheißegal-Haltung wirklich sozial? Sollte man nicht lieber in diesen Ländern intervenieren? Dort ansetzen, wo die Probleme ihren Anfang haben? Löst man so nicht eigentlich Probleme, indem man versucht, die Ursachen zu beheben? Aber das interessiert von den blindwütigen Gutmenschen hierzulande natürlich niemanden. Selbstverständlich gibt es auch Männer, die eigentlich nicht alleinstehend sind und ihre Familie später nachholen wollen. (Wobei sich hier die nächste Frage aufdrängt, wie gefährlich es in der Heimat wirklich ist, wenn die Familie dort problemlos Monate lang warten kann.) Aber bei den vielen jungen Männern, die zu uns kommen, ist es mehr als fraglich, ob diese alle tatsächlich schon Familienväter sind. Viele von ihnen suchen wohl einfach nur ein neues, besseres Leben. Das ist legitim, nur bei solchen Massen für uns nicht verkraftbar. Und das bringt dann am Ende keinem etwas.

Wir müssen unbedingt zwischen zwei Gruppen unterscheiden: Die, die zu uns kommen *müssen* und die, die zu uns kommen *wollen*. Die erste Gruppe sind Syrer und andere Menschen, die verfolgt werden oder aus Kriegsgebieten stammen. Die zweite Gruppe sind Menschen aus Ländern, in denen kein Krieg herrscht, die sich bei uns in Deutschland aber ein besseres Leben versprechen als in ihrer Heimat. Wie gesagt, dieser Wunsch ist legitim. Aber solche Leute sind keine Asylanten und dürfen auch nicht als solche angesehen werden, sonst wird das hohe Gut des Asylrechts missbraucht. Und das geschieht zu Lasten der wahrhaft Bedürftigen. Eine Differenzierung zwischen den verschiedenen Gruppen, die hier ankommen, ist daher – um Missbrauch vorzubeugen – eminent wichtig. Eine Familie aus Syrien oder eine koptische Christenfamilie sind eben nicht das Gleiche wie eine Männergruppe aus Nordafrika oder aus dem Kosovo. Ein klein wenig Unterscheidung wäre an diesem Punkt schon angebracht. Wobei die GrünInnen und die Linkschaoten das sicherlich wieder anders sehen.

Doch auch wenn ich deutlich für die Aufnahme von Kriegsflüchtlingen bin, so können wir leider – um mal ganz ehrlich zu sein – nicht alle von ihnen aufnehmen. Das schaffen wir leider nicht, da die UNO von 60 Millionen Flüchtlingen ausgeht, die weltweit auf der Flucht sind.[(44)]

Deshalb ist eine gut organisierte Versorgung der Menschen vor Ort die wesentlich bessere Lösung als das, was momentan geschieht. Auf diese Sichtweise möchte ich nun im nächsten Abschnitt genauer eingehen.

Wer helfen möchte, muss in erster Linie gegen Kriege sein!

Die Kriegstreiberei im Nahen und Mittleren Osten sowie in Nordafrika muss aufhören, denn diese Kriege sind eine der Hauptursachen für die Flüchtlingsströme – entweder aktuell stattfindende oder schon zurückliegende Kriege, bei denen die Infrastruktur der jeweiligen Länder zerstört wurde. So, wie beispielsweise in Libyen geschehen. Da musste Gaddafi urplötzlich von heute auf morgen verschwinden – nur, dass leider auch die Infrastruktur, die er vorher geschaffen hatte, mit ihm verschwand. Jetzt herrschen dort die Islamisten. Und das ist keine Überraschung. Was hatte Gaddafi selbst in einem Interview mit dem französischen *Journal du Dimanche* im Februar 2011 prophezeit?

> *„Ihr sollt mich recht verstehen. Wenn ihr mich bedrängt und destabilisieren wollt, werdet ihr Verwirrung stiften, Al-Qaida in die Hände spielen und bewaffnete Rebellenhaufen begünstigen. Folgendes wird sich ereignen: Ihr werdet von einer Immigrationswelle aus Afrika überschwemmt werden, die von Libyen aus nach Europa schwappt. Es wird niemand mehr da sein, um sie aufzuhalten. Al-Qaida wird sich in Nordafrika einrichten, während Mullah Omar den Kampf um Afghanistan und Pakistan übernimmt. Al-Qaida wird an eurer Türschwelle stehen. In Tunesien und Ägypten ist ein politisches Vakuum entstanden. Die Islamisten können heute von dort aus bei euch eindringen. Der Heilige Krieg wird auf eure unmittelbare Nachbarschaft am Mittelmeer übergreifen. Die Anarchie wird sich von Pakistan und Afghanistan bis nach Nordafrika ausdehnen.“*[(45)]

Wer wirklich etwas für Flüchtlinge oder überhaupt für Menschen weltweit tun möchte, der muss mit aller Macht gegen Kriege und Waffenexporte protestieren. Es kann nicht sein, dass die NATO unter der Führung der USA überall Chaos anrichtet und sich danach scheinheilig wundert, warum so etwas wie ein IS zur Bedrohung wird und warum es plötzlich so viele Flüchtlinge gibt. Das alles ist doch die völlig logische Konsequenz aus dem, was im Nahen und Mittleren Osten und Nordafrika an Kriegen und Infrastrukturzerstörung stattgefunden hat. Schluss mit der Kriegstreiberei und Kriegshetze! Das muss die oberste Prämisse sein!

Die Hilfe muss also schon bei den Ursachen ansetzen und deshalb ist der Protest gegen Kriegstreiberei der allerwichtigste Punkt. Den Menschen, denen das jetzt nichts mehr nützt, weil ihre Heimat schon zerstört ist, müssen wir natürlich auf andere Weise helfen. Wir können aber, wie bereits erwähnt, nicht alle bei uns aufnehmen. Außerdem sollen die Heimatländer ja nicht verrotten, sondern wieder aufgebaut werden. Aber wie könnte man noch im Nachhinein helfen? Man bräuchte auf jeden Fall organisierte Hilfsaktionen (z.B. Lebensmittellieferungen, denn von Essen kann man keine Waffen kaufen, außer die wollen mit Tomaten schießen). Eine solche Hilfe wäre doch mehr als sinnvoll. Es kann auch nur so funktionieren: Unterstützung durch Lebensmittellieferungen und eventueller Entwicklungshilfe, je nach Prognose. Die Menschen aus den Ländern, in denen das momentan nicht möglich ist, wie in Syrien der Fall, müssen Asyl bekommen. Allerdings sollte die Hilfe erst einmal in Erstaufnahmestellen außerhalb oder an den Grenzen Europas stattfinden. Das geschieht auch momentan, wie unter anderem in Jordanien, dem Libanon, der Türkei und dem Irak, wo es einige Aufnahmelager gibt. Doch die Zustände in diesen Lagern sind leider viel zu schlecht, deshalb müssen mehr Gelder dorthin fließen! In gut ausgerüsteten Lagern – unter europäischer Führung – könnten die Menschen definitiv besser versorgt werden als bisher. Gleichzeitig sollten dort mehr Mitarbeiter zur Prüfung der Asylanträge eingestellt werden, um zügig über die Anträge entscheiden zu können. Leider geschieht momentan genau das Gegenteil. Den Erstaufnahmelagern wird sukzessive das Geld entzogen, was verheerende Folgen hat. Die Menschen könnten dort bei einer guten Versorgung einigermaßen menschenwürdig leben und – wenn es möglich werden sollte, sobald sich die Lage beruhigt – schnell wieder in ihre Heimat zurückkehren. Durch die zunehmend schlechte Versorgung in den Lagern drängt es aber viele nach Europa, vorzugsweise nach Deutschland. Und Deutschland kommt bald an die Grenzen der Belastbarkeit. Deshalb müssen die Erstaufnahmelager im Nahen Osten finanziell stärker unterstützt werden! Das ist im Endeffekt wesentlich günstiger, als die Flüchtlinge hier zu versorgen und vor allem auch humaner! Denn bei uns müssen die Flüchtlinge teilweise in Zelten schlafen, egal bei welchem Wetter. In einem vernünftigen Lager ist das nicht der Fall. Wir brauchen daher mehr gut ausgerüstete, ordentlich finanzierte Erstaufnahmelager, das ist ein wichtiger Schritt! Außerdem müssen wir auch die Krankenhäuser vor Ort besser versorgen. Dort liegen Kinder, die durch Granatsplitter oder andere Geschosse schwer verletzt wurden. Auch hier wäre mehr finanzielle Unterstützung angebracht, anstatt es den anströmenden Männergruppen in den Hintern zu blasen. Die Hilfe innerhalb und an den Grenzen der Kriegsgebiete ist unverzichtbar und hat oberste Priorität!

Eine ungezügelte Masseneinwanderung nach Deutschland oder in andere europäische Länder ist hingegen keine Lösung, sondern verschlimmert nur noch die Gesamtsituation. Es wird dadurch viel Leid entstehen, das kann man sich an fünf Fingern abzählen. Wenn erst einmal die Sozialkassen leer sind, wird's verdammt ungemütlich. Dazu kommen dann noch extreme soziokulturelle Spannungen durch zu viel Überfremdung. Das ist ein Pulverfass! Alleine die Masse an jungen Männern birgt höchste Gefahr. Das kann nicht wegdiskutiert werden.

Die Männergruppen sind ein Problem!

Spätestens nach den Geschehnissen in der Silvesternacht 2015 auf 2016 ist uns schmerzlich klar geworden: Die innere Sicherheit Deutschlands ist bedroht! In Köln, Hamburg, Stuttgart und noch vielen anderen Städten kam es zu gewalttätigen Übergriffen auf Frauen. Die Opfer wurden zuerst eingekreist und dann begrabscht (bei manchen Frauen drangen die Täter mit den Fingern und Händen in die Körperöffnungen ein), manche fast komplett ausgezogen, geschlagen, beleidigt und bestohlen. Ein erfahrener Kommissar (25 Dienstjahre) erzählte der Boulevardzeitung *EXPRESS*(46) einige Einzelheiten über die Vorkommnisse in dieser schrecklichen Nacht der Schande. Er meinte: „*Was die Frauen dort erlebt haben, waren Vergewaltigungen.*"

Und weiterhin: „*Kurz nach Mitternacht kamen die ersten Frauen auf uns zu. Weinend und geschockt schilderten sie, wie sie massiv sexuell belästigt worden seien. Wir hielten daher Ausschau nach Frauen in der Menge.*"

Dem Beamten gelang es glücklicherweise, eine junge Frau aus Stuttgart aus dem Getümmel zu ziehen. „*Ich bekam sie zu packen. Sie schrie und weinte. Man hatte ihr den Slip vom Körper gerissen.*" Für die Freundinnen der Frau sah es jedoch nicht so rosig aus. „*Ihre drei Freundinnen konnten wir nicht aus dem Pulk retten, denn wir selbst wurden mit Böllern beworfen.*"

Der Polizei gelang es dennoch, acht verdächtige Männer festzunehmen, die alle kopierte Papiere bei sich trugen. Es waren Aufenthaltsbescheinigungen für Asylverfahren.

Unfassbar, doch zudem gab es auch noch andere kriminelle Handlungen. So wurden auch Passanten mit Raketen beschossen und mit Böllern beworfen. Außerdem richteten sich manche der kriminellen Gruppierungen sogar gegeneinander. Der Polizist sagte dazu: „*Gegen 23 Uhr erhielten wir Meldungen, dass sich am Bahnhof 400 Ausländer eine Schlägerei liefern würden. Doch dem war nicht so. Tatsächlich waren dort knapp 2.000 Personen, die sich mit verbotenen Polen-Böllern und Silvester-Raketen bewarfen.*"

Das nenne ich mal bürgerkriegsähnliche Zustände! Mitten in Deutschland! Soweit nur ein kleiner Auszug der Vorkommnisse in Köln. Die anderen Übergriffe der gleichen Art in Hamburg, Stuttgart und weiteren Städten sind noch hinzuzurechnen. Bei all diesen Verbrechen wurde von Opfern und Zeugen sowie von der Polizei stets angegeben, dass die Täter nordafrikanischer und/oder arabischer Herkunft gewesen seien. Somit endet das linksverblendete Willkommensmärchen schlagartig! Alleine in Köln wurden nach der Schreckensnacht zahlreiche Verdächtige festgenommen, allesamt Zuwanderer, illegale Einwanderer und Asylbewerber. Außerdem zwei deutsche Staatsbürger (mit welchem Hintergrund wohl?). In den anderen Städten waren die Täter ebenfalls Menschen, die hauptsächlich aus dem nordafrikanischen und arabischen Raum stammen. Auch Syrer waren dabei. Laut Polizeibericht fielen unter anderem Sätze wie: *„Ich bin Syrer, ihr müsst mich freundlich behandeln! Frau Merkel hat mich eingeladen.“* Na bitte, da bestätigt sich doch ganz klar, von wem sich diese feinen Herren legitimiert fühlen. (Mal davon abgesehen, ob es sich dabei wirklich um Syrer handelt. Nicht wenige dieser Halunken täuschen eine Herkunft aus Syrien nur vor und sind mit gefälschten Pässen unterwegs.)

Nach dieser „Nacht der Schande“ ist es ist nicht mehr zu leugnen, jetzt brechen alle Dämme. Die grenzenlose Zuwanderung bringt Unruhe und Kriminalität nach Deutschland! Die Politik und die etablierten Medien hatten es lange versucht und teilweise auch geschafft, die immer schlimmer werdenden Zustände innerhalb unseres Landes zu verheimlichen, doch nach dieser Nacht ist endgültig Schluss! Jetzt kommt die Wahrheit ans Licht!

Wir sehen also, wir haben uns in Deutschland ein mächtiges Problem geschaffen. Das passiert, wenn jeder kommen darf, egal woher und warum. Es wird Zeit, dass wir unsere Grenzen besser schützen und rigoros abschieben. Und das betrifft leider nicht nur die „Unberechtigten“, die ohne triftigen Grund zu uns kommen. Wie wir nun feststellen müssen, gibt es auch unter den „echten“ Flüchtlingen aus Syrien Schwerverbrecher, die sich unser Land zur Beute machen wollen. Dies bestätigt ein Oberst der Bundeswehr im Interview (14.12.2015) mit Jan van Helsing in dessen Buch *Whistleblower*. Dieser Oberst ist in seiner jetzigen Position für die subsidiäre Hilfeleistung der Bundeswehr für Asylanten in einem deutschen Bundesland zuständig. Ein Auszug aus dem Interview möge die gegenwärtige Situation verdeutlichen:

„***Jan van Helsing***: *Ich selbst war am 15.9.2015 in München und führte ein Interview mit einem Insider zum Thema ‚Dämm-Mafia'. Als ich am Hauptbahnhof vorbeigefahren bin, war es dort ziemlich ruhig. Von meinem Interviewpartner erfuhr ich dann Folgendes: Er war auch die letzten Wochenenden dort gewesen, und er kennt den für die Asylanten zuständigen Mann von der SPD, der zu diesem Zeitpunkt auch dort war, um die Leute in Empfang zu nehmen. Er sprach mit ihm, und es kam dann heraus, dass die Taxifahrer die ankommenden Flüchtlinge irgendwo hinfahren. Die sollten eigentlich zum Olympiazentrum, kamen aber nie dort an. Die sind mit den Taxis in eine ganz andere Richtung weggefahren.*

Oberst: *Es laufen ja auch jede Nacht Züge bei uns in der Stadt ein – das ist im Moment immer noch so. Und von den 1.000 Flüchtlingen, die ankommen, gehen 700-800 ins Lager und 200 verschwinden bereits am Bahnhof. Also was da abläuft, ist nicht mit Worten zu beschreiben. Auch das kann man jetzt wieder hochrechnen auf die 1 Million Flüchtlinge. Das sind Massen, die untertauchen. Und wie viele davon sind potentielle Terroristen?*

Jan van Helsing: *Der Punkt ist doch, wenn wir die nicht registrieren, dann bekommen sie doch auch kein Geld.*

Oberst: *Vielleicht brauchen die kein Geld. Im Rahmen einer Messerstecherei, die bei uns im Lager stattfand, hat man bei den Syrern die Spinde aufgemacht, und da waren Anzüge drin, Lackschuhe, Aktentaschen, Handys, Laptops. Es existiert hier eine Subkultur, und*

man weiß nicht, was die vorhaben. Zufall ist das ganz sicher nicht! Das hat System!
Ich bin auch in Arbeitsgruppen mit der Polizei und dem Staatsschutz. Im August 2015 hatte ein Polizeioberer eines anderen Bundeslandes berichtet, dass sie alleine im August 3.000 Asylanten in deren Landkreis hatten. Davon sind 10% hochkriminell. Und diese 300 Mann beschäftigen die dortige Polizei mit mehreren tausend Beamten rund um die Uhr bis zum Anschlag. Insgesamt haben wir in unserem Bundesland zirka 40.000 untergetauchte Asylanten. Und viele Dinge werden auch gar nicht mehr registriert.«[47]

Diese kriminellen Menschen müssen ebenfalls sofort abgeschoben werden. Auch wenn in deren Ländern Krieg herrscht, so sind es doch Verbrecher und die haben bei uns nichts zu suchen – selbst dann nicht, wenn sie von „Mutti“ persönlich eingeladen wurden! Wenn wir jetzt keine Stärke zeigen, dann wird es mehr als ungemütlich in unserem Land. Wir werden unsere Rechtsordnung verlieren, sie steht jetzt schon am Rande des Abgrunds. Ja, das sind die Früchte von Mutti Merkels Willkommenswahnsinn!

Aber was soll's, hören wir auf zu jammern. Immerhin haben unsere Politiker auch jederzeit die passenden Tipps für uns parat, in jeder Lebenslage. So können sich Frauen in Zukunft auf die weisen Ratschläge der Kölner Oberbürgermeisterin Henriette Reker verlassen. Diese meinte, Frauen sollten zu Fremden bitte immer eine Armlänge Abstand halten. Was für ein unglaublich wertvoller Ratschlag. Aber mal ernsthaft, Verhaltenscodex für Frauen anstatt für die schwerstkriminellen Täter? Wo sind wir eigentlich gelandet? In dieser irren Republik ist mittlerweile alles möglich, wenn es nur schwachsinnig genug ist!

So verwundert es einen auch nicht, wenn plötzlich von manchen politisch korrekten Dummschwätzern behauptet wird, sexuelle Übergriffe seien ein generelles Problem in Deutschland. Was für ein absolut billiges Ablenkungsmanöver, auf das allerdings glücklicherweise kaum noch jemand hereinfällt! Nein, jetzt ist Schluss mit Verschleierung und Ablenkung! Das soll jetzt auf der anderen Seite nicht bedeuten, dass es außerhalb der schlimmen Vorfälle keine anderen Sexualdelikte in Deutschland gibt oder keine deutschen Sexualstraftäter. Das alles gibt es natürlich zweifellos. Aber genauso ist es auch eine Tatsache, dass die Übergriffe, wie wir sie momentan erleben, in ihrem Ausmaß und ihrer Qualität etwas darstellen, was es in unserem Land so vorher nicht gegeben hat. Die Ursachen sind in dem Frauenbild, der kulturellen Prägung und dem kriminellen Potenzial der Vergewaltigungshorden zu finden. Das ist nun einmal eine nicht zu leugnende Realität!

Doch die Verharmloser, Universalrelativierer und Gutmenschen sind schon wieder fleißig dabei, alles herunterzuspielen und zu zerreden. Demonstrationen gegen die vermeintlich „Rechten" sind scheinbar immer noch wichtiger, als den realen Begebenheiten und Gefahren in unserem Land endlich einmal ins Gesicht zu sehen. Man gibt sich wieder unglaubliche Mühe, die Diskussion zu verwässern und den Zusammenhang zwischen dem Ausmaß der Taten und der Herkunft der Täter entweder zu ignorieren oder zu bestreiten – und das alles nach solchen Exzessen. Was muss noch passieren, bis die Linksfantasten aufwachen? So langsam glaube ich, denen ist nicht mehr zu helfen. Diese Menschen sind wohl noch realitätsfremder, irrer und durchgeknallter, als ich es je vermutet hätte. Sollten diese Leute auch irgendwann einmal von den neuen Invasionshorden „bereichert" werden, so kann man wohl nur noch eines dazu sagen: *„Dummheit muss dann eben doch irgendwann mal weh tun!"*

Es hilft nichts, die Tatsachen zu leugnen. Auch die unverbesserlichen Willkommensklatscher werden das früher oder später einsehen müssen. Solche Gruppierungen sind ein Problem, dem wir schnellstens Herr werden müssen – konsequent und unnachgiebig! Die Einreise verdächtiger Männergruppen muss unverzüglich gestoppt und die Gruppen, die schon bei uns weilen, auf strengste Weise überwacht und bei Straftaten sanktioniert werden! Wer sich nicht benimmt, der fliegt – entweder gleich oder nach Verbüßung einer Haftstrafe. Und wenn sich tausend auf einmal daneben benehmen, dann fliegen eben tausend auf einmal! Tut mir leid, aber eine andere Antwort kann es auf die schlimmen Geschehnisse nicht geben. Wir haben keinen Bedarf für kriminelles Gesindel, also: Auf Nimmerwiedersehen! Null Toleranz muss hier die Devise sein! Eine unverzügliche Änderung der Gesetzeslage ist nun angezeigt. Straftaten müssen in der Zukunft zwingend einen Einfluss auf das Asylverfahren haben, und zwar dahingehend, dass die Übeltäter ihr Recht auf Asyl (falls überhaupt vorhanden) verlieren! Wenn die Politik jetzt nicht einlenkt, macht sie sich mitschuldig an allem, was noch passieren wird!

Es ist einfach nur noch traurig. Seit der Nachkriegszeit gab es in Deutschland nicht mehr solche Zustände. Alles, was wir uns seit dieser Zeit hart erarbeitet haben, wurde einfach so weggeworfen. Wie konnten wir es nur soweit kommen lassen?

Was können wir gegen die Massenzuwanderung tun?

Ich will nun noch einmal kurz darauf eingehen, was ich am Anfang dieses Kapitels schrieb. Bei all den Missständen, die wir gerade erleben, dürfen wir nie vergessen, wer schuld daran ist. Es gilt das Verursacherprinzip.

Die Menschen, die zu uns kommen (sehen wir einmal von den Grabschkriminellen und Extremisten ab), sind nicht schuldig. Deshalb dürfen wir sie auch nicht grundlos anfeinden. Beschimpfungen und Anfeindungen sind menschenverachtend und dumm. So etwas ist nicht hinnehmbar. Kriegsflüchtlinge müssen zu uns fliehen, weil in deren Ländern durch die Kriegstreiberei furchtbare Bedingungen herrschen. Diese Menschen können nichts dafür. Die *Ursachen* müssen behoben werden. Bei den sogenannten Wirtschaftsflüchtlingen ist es aber auch nicht viel anders zu sehen. Diese Menschen kommen, weil ihnen etwas versprochen wird. Sie werden regelrecht zu uns gelockt. Schuld daran sind Teile der Politiker und der Medien, die den Leuten das Blaue vom Himmel versprechen (ein eigenes Haus, ein Auto und eine Arbeitsstelle, das berichteten viele Flüchtlinge). Warum sollte man da nicht kommen, wenn man so etwas versprochen bekommt?

Was wir dringend brauchen, ist mehr Aufrichtigkeit! Aber nicht nur gegenüber uns Deutschen, sondern auch den Zuwanderern gegenüber. Denn diese Menschen werden nicht selten hinsichtlich ihrer Zukunftsaussichten in Deutschland getäuscht! Ich habe mich schon einmal mit ein paar jungen Männern aus dem Nahen und Mittleren Osten über dieses Thema unterhalten. Es war ein überaus interessantes Gespräch. Diese Leute hatten – das stellte sich während unserer Konversation sehr schnell heraus –, komplett falsche Vorstellungen und Erwartungen, was ihre Zukunft, vor allem die berufliche Zukunft, in Deutschland betrifft. Die große Verheißung vom gelobten Land, in dem jeder Reichtum erlangt, entspricht nun eben leider nicht der Realität. Doch mit solchen Versprechungen werden Menschen an der Nase herumgeführt und angelockt! Leider musste ich den jungen Männern während unserer Plauderrunde ein paar Wahrheiten erzählen, die sie so vorher noch nicht gehört hatten. Es ist eben nicht die Regel, dass in Deutschland jeder ein Haus besitzt und ein großes Auto fährt. Ganz im Gegenteil, der Trend geht in eine andere Richtung. Immer mehr Menschen leben am Rande des Existenzminimums. Das sollten wir nicht schönreden! Das sind die bitteren Fakten!

Und den meisten unter den neuen Mitbürgern, seien es nun echte Flüchtlinge oder Wirtschaftsflüchtlinge, wird es in der Zukunft nicht viel besser gehen. Sie müssen erst einmal die deutsche Sprache erlernen, was an sich schon nicht einfach ist. Deutsch ist für Nicht-Muttersprachler sehr schwer zu erlernen, alleine nur die bestimmten Artikel „der – die – das" sind äußerst kompliziert zu verinnerlichen. Man muss alles auswendig lernen, es gibt keinerlei feste Regeln, die irgendeiner Logik folgen. Und das ist nur eine der vielen Hürden, die es verdammt schwierig machen, an einen gut bezahlten Beruf heranzukommen oder überhaupt nur den Weg in eine solche Richtung zu beschreiten.

Die meisten der Neuankömmlinge werden es nicht schaffen, eine sehr gut oder nur einigermaßen gut bezahlte Arbeitsstelle zu erhaschen. Das bedeutet also ergo: Kein Haus und kein großes Auto! Vielleicht sollte man diesen Menschen doch gleich mal reinen Wein einschenken, was sie so in etwa in diesem tollen „Schlaraffenland“ zu erwarten haben. Ehrlichkeit muss sein, das gebietet die Fairness!

Mir ist dabei völlig klar: Trotzdem können die Umstände in Deutschland besser sein als in so manchem Herkunftsland. Nicht nur in Syrien, sondern z.B. auch in Afghanistan herrschen desaströse Verhältnisse. Ich weiß, wovon ich rede, und zu behaupten, den Leuten, die von dort kommen, ginge es nur um Abzocke, ist völliger Blödsinn! Dennoch werden sich viele dieser Menschen in Deutschland nicht die Zukunft aufbauen können, die sie sich insgeheim erhoffen. Wir brauchen daher andere Lösungskonzepte – Lösungen, die die Rückkehr in die Heimat begünstigen oder den Verbleib in einem Nachbarland in der Nähe der Heimat. Der Weg nach Deutschland oder andere europäische Länder wird hingegen für die Meisten auf Dauer keine gute Lösung sein. Durch die Massenflutung an Zuwanderern werden die Spannungen immer größer, und die Aussichten auf Wohlstand schwinden dahin. Die Massenzuwanderung nach Deutschland ist also sowohl für die Deutschen als auch für den Großteil der Zuwanderer kein Segen!

Die großen Versprechungen sind das Übel, das die Menschen täuscht. So werden beide Gruppen, die Einheimischen und die Zuwanderer, gegeneinander ausgespielt. Deshalb betone ich abermals: Bitte dort den Unmut herauslassen, wo er hingehört. Und da sind die Zuwanderer die falsche Adresse. Menschlichkeit und ein gesundes Gerechtigkeitsempfinden sollten unsere Denkweise und Handlungen steuern, zu jeder Zeit. Natürlich müssen Wirtschaftsflüchtlinge wieder zurück, das ist logisch. Und den Unruhestiftern und Extremisten, die sich ebenfalls unter den Flüchtlingen tummeln, muss ganz klar das Handwerk gelegt werden. Und das konsequent! Aber die Verantwortung für das ganze Desaster sollten wir doch unbedingt denen zukommen lassen, die es sich redlich verdient haben, dafür zur Rechenschaft gezogen zu werden.

Darüber hinaus sollte aber noch eine weitere, ganz wichtige Frage gestellt werden: Was ist eigentlich mit den reichen Nachbarländern der Flüchtenden? Was ist mit Saudi Arabien, Katar & Co.? Wieso nehmen die keine Flüchtlinge auf? Nicht nur, dass diese Länder genügend

Geldmittel besitzen und sehr reich sind. Sie sind zusätzlich auch orientalische Länder, also kulturell gleich oder ähnlich geprägt wie die Flüchtenden. Deshalb wäre es viel sinnvoller, sowohl was die Länge des Fluchtweges, als auch die kulturellen Aspekte angeht, wenn diese Länder den Hauptanteil der Flüchtlinge aus dem Nahen und Mittleren Osten aufnehmen würden.

Komischerweise hört man in der Öffentlichkeit kaum etwas darüber. Viele Medienvertreter scheinen sich diese Fragen überhaupt nicht zu stellen. Die Politik auch nicht. Für die ist es selbstverständlich, dass ein Großteil der Flüchtenden in ein weit entferntes, kulturell fremdes Land wie Deutschland geht. Drehen wir die Sachlage einmal um: Was wäre, wenn beispielsweise in der Nachbarschaft Deutschlands, sagen wir mal in Österreich, Krieg herrschte und die Österreicher müssten flüchten? Nehmen wir an, diese würden aber nicht nach Deutschland, sondern nach Saudi Arabien flüchten. Die Saudis würden sich doch bestimmt verdutzt die Augen reiben und zurecht fragen, warum Deutschland und die umliegenden Länder ihre Nachbarn nicht aufnehmen können. Aber umgekehrt scheint das alles normal zu sein. Es ist mehr als merkwürdig.

Wir sehen auch an dieser Stelle die unglaubliche Unlogik, die hinter dem Ganzen steckt. Wir müssen uns fragen, warum sich die umliegenden reichen Staaten im Nahen Osten so wenig an der Aufnahme beteiligen. Und welche Rolle spielen diese auch bei der Finanzierung des IS?

Und wir als Volk sollten weiterhin Forderungen an die Politik formulieren. Die Forderungen müssen sein: Schluss mit der politischen Unterstützung für Kriegstreiberei! Schluss mit Waffenexporten in Krisengebiete, weil dadurch meist noch mehr Unheil verursacht wird! Schluss mit dem gezielten Anlocken von Millionen Menschen, unter denen sich leider nicht nur Flüchtlinge, sondern auch jede Menge Asylbetrüger befinden und der damit einhergehenden Zerstörung von Identität, Kultur und Sozialstaat! Und Schluss mit unkontrollierten Grenzen! Wir brauchen wieder Kontrollen. Ich weiß, das mit den offenen Grenzen ist eine tolle Sache, aber leider auch nicht ungefährlich. Man denke an den G7-Gipfel 2015. Dort wurden Kontrollen durchgeführt – mit verheerendem Ergebnis. Seitdem liegt es offen vor uns, wie viele Kriminelle und illegale Einwanderer tagtäglich nach Deutschland strömen. Das Gleiche zeigte sich dann auch im September 2015, als die deutsche Südostgrenze wegen des Massenansturms wieder unter Kontrolle gestellt werden musste. Auch hier gingen wieder etliche Kriminelle ins Netz. Deshalb Grenzen kontrollieren, anders geht es leider nicht. Und mit Kontrolle meine ich kein geordnetes Durchwinken, sondern echte Kontrollen.

Wenn wir uns die furchtbaren Anschläge vom 13. November 2015 in Paris ansehen, kommen wir zu einem ähnlichen Ergebnis. Vernünftige Grenzkontrollen sind, vor allem in der aktuellen Lage, eminent wichtig! Laut den Angaben des Informationsdienstes *Kopp exklusiv* berichtete das Magazin *Valeurs Actuelles*, die französischen Sicherheitsbehörden seien im Besitz von Tonaufnahmen der Telefongespräche, die die Attentäter vor der Tat geführt hatten. *Kopp* schreibt hierzu wie folgt:

> *„Der Anführer und Planer der Gruppe, Abaaoud, machte sich nach den Gesprächsprotokollen demnach ständig über die fehlenden Grenzkontrollen lustig, welches es den Anhängern das Islamischen Staates in den vergangenen Monaten ungemein einfach gemacht hätten, in großer Zahl nach Europa zu kommen. Abaaoud soll sich darüber gefreut haben, dass vor allem Österreich, Deutschland und Frankreich IS-Kämpfer nicht kontrolliert, sondern sie versorgt und unterstützt haben.“*[48]

Ich denke, das spricht für sich.

An dieser Stelle möchte ich nochmals die einzelnen Punkte ansprechen und eine kurze Zusammenfassung bieten, wie wir sinnvoll helfen, uns selbst schützen und für alle die Situation verbessern können:

- Das Verurteilen von Kriegshetze und den daraus resultierenden, sogenannten „Interventionen“.
- Demonstrationen gegen die Kriegstreiberei, um Politik und Medien unter Druck zu setzen, endlich davon abzulassen.

- Hilfe vor Ort, je nachdem, was nötig ist (Lebensmitteltransporte etc). Wir haben mehr als genug Lebensmittel! Und damit meine ich nicht nur Deutschland, sondern die gesamte westliche Welt. Es wird unglaublich viel weggeworfen, doch das ist noch lange nicht alles. Viele Kontingente an Lebensmitteln – vor allem bei Gemüse und Obst ist dies der Fall – kommen erst gar nicht in den Handel, weil sie bestimmten optischen Vorstellungen nicht entsprechen, sei es durch die Form oder die Farbe. Diese Lebensmittel werden dann teilweise anderweitig verwertet, für Säfte, Salate usw. oder an Tiere verfüttert. Leider gibt es aber auch einen großen Anteil, der überhaupt nicht verwertet wird und somit schlicht und einfach in den Müll fliegt. Ein absoluter Wahnsinn! Wieso wird dieses Gemüse und Obst nicht in die Kriegsgebiete und Hungerländer verschickt? Dort könnten sich die Menschen davon ernähren und es würde nicht sinnlos weggeworfen. Für solche Transporte würde ich auch gerne Steuern zahlen. Das ist wenigstens sinnvoll!

- Bessere finanzielle Unterstützung der Erstaufnahmelager (eventuell neue, moderne Lager errichten) in den Krisenregionen mit guter Versorgung und schneller Prüfung der Anträge. Der Hilfe vor Ort mehr finanzielle Mittel zur Verfügung stellen, ebenso den dortigen Krankenhäusern. Dadurch kann auch endlich den vielen Menschen vor Ort besser geholfen werden, und die Anreize, sich auf den Weg nach Europa zu begeben, werden verringert.

- Abschaffung der vielen Rechtsinstanzen im Asylverfahren innerhalb Deutschlands, sodass diese innerhalb von wenigen Tagen abgeschlossen werden können.

- Konsequente Ablehnung und Leistungssperrung für Wirtschaftsflüchtlinge, damit die echten Flüchtlinge besser versorgt werden können.

- Die Vergabe von reinen Sachleistungen mit gleichzeitiger Sperrung bzw. deutlicher Reduzierung von Geldleistungen. Diese

Maßnahme, kombiniert mit der besseren Versorgung in den Erstaufnahmelagern, vermindert die Anreize für die Einreise nach Europa deutlich! Außerdem wird den wahrhaft Bedürftigen auf diese Weise trotzdem geholfen, während diejenigen, die hauptsächlich aus wirtschaftlichen Gründen zuwandern wollen, abgeschreckt werden.

- Ein konsequentes und straff organisiertes Abschieben von Männergruppen aus Nicht-Kriegsgebieten und nachweislich Kriminellen generell (auch wenn diese aus Kriegsgebieten kommen), damit Platz für Flüchtlingsfamilien mit Kindern geschaffen werden kann und die Belastung der Aufnahmekapazität verringert wird. Vor allem die Schwächsten leiden unter dem Platzmangel, der aus einer verfehlten Asylpolitik entstanden ist.

- Eine strenge Kontrolle und sachdienliche Untersuchungen, um Männer, die Minderjährigkeit vortäuschen, zu enttarnen und konsequent in ihre Herkunftsländer rückzuführen. Somit wird auch dieser Missbrauch eingedämmt.

- Der breitflächig organisierte Einsatz von qualifizierten Dolmetschern in den Asylunterkünften. Diese Experten können anhand der Sprache erkennen, ob es sich tatsächlich um Syrer oder andere Berechtigte handelt oder um Betrüger. Dem illegalen Geschäft mit gefälschten syrischen Pässen würde man auf diese Weise einen harten Schlag versetzen.

- Eine offene, auf sinnvolle und zukunftsträchtige Ergebnisse ausgelegte Diskussion in der Öffentlichkeit, ohne Diffamierungen und Hetze gegen Kritiker der aktuellen Asylpolitik. Die meisten Kritiker, mit denen ich gesprochen habe, sind lediglich gegen einen Ansturm von Wirtschaftsflüchtlingen und vor allem von unzähligen Männergruppen. Die Hilfe für echte Flüchtlinge, vor allem für Familien mit Kindern, will allerdings kaum jemand verweigern. Die Masse der asylkritischen Menschen sieht das Thema sehr differenziert. Deshalb müssen die boshaften Unterstellungen in der Öffentlichkeit auch aufhören!

- Die sofortige Rückfahrt von Wirtschaftsflüchtlingen, die übers Mittelmeer kommen, nach australischem Vorbild. Dadurch wird auch dem Ertrinken und gleichzeitig der ansässigen Schlepper-Mafia ein Ende gesetzt, da sich die Überfahrt nicht mehr lohnt.
- Öffentlichkeitsarbeit und Aufklärungskampagnen in den Herkunftsländern, dass sich illegale Einwanderung nach Deutschland nicht lohnt und es sich auch nicht um ein Schlaraffenland handelt, in dem jeder alles bekommt.
- Den Flüchtlingen, deren Anträgen zugestimmt wird, später einmal die Möglichkeit geben, in ihre Heimat zurückzukehren, falls möglich.
- Wiedereinführung von Grenzkontrollen (dauerhaft).
- Die Aufforderung an reiche orientalische Staaten wie z.B. Saudi Arabien, Flüchtlinge bei sich aufzunehmen. An dieser Stelle muss so viel Druck wie möglich aufgebaut werden.
- Das schonungslose Thematisieren der Rolle Saudi Arabiens und der umliegenden Länder bei der Finanzierung und ideologischen Unterstützung des IS. Ebenso die lückenlose Aufklärung der Rolle des Möchtegern-Sultans Erdoğan in diesem Zusammenhang.
- Eine dringende Abkehr von dem Merkel-Erdoğan-Abkommen! Deutschland und der Rest Europas dürfen sich nicht erpressbar machen. Hilfe vor Ort in modernen Lagern ist definitiv die beste Lösung, aber kein Flüchtlingsaustausch oder dergleichen. Auf diese Weise wird abermals viel Unrecht geschehen und Erdoğan erhält einen Machtzuwachs, den man ihm keinesfalls in die Hände geben sollte.

- Und noch ein wichtiger Punkt zum Schluss: Wir müssen uns den kritischen Blick auf die aktuelle Asylpolitik bewahren und dürfen uns keinen Sand in die Augen streuen lassen! Die Politik macht – vor allem vor Wahlen – gerne große Versprechungen, die bei näherer Betrachtung aber meist nichts anderes als geistige Beruhigungspillen darstellen. Verschleppte Probleme bleiben auf Dauer Probleme!

Nur wenn wir die genannten Punkte beachten (und es gibt sicherlich noch viele weitere, gute Lösungsvorschläge), lassen sich die Probleme beheben und optimale Hilfe gewährleisten. Zudem bleiben die europäischen Länder und Kulturen dadurch geschützt. Wir müssen aufpassen, dass die Merkel-Politik der BRD nicht noch mehr Unfrieden nach Europa bringt, als sowieso schon vorhanden ist. Alleine der Euro sorgt schon seit Jahren für Spannungen. Nun kommt die unstrukturierte Einstellung der BRD-Führung zur Flüchtlingsproblematik hinzu. In Europa brodelt es an allen Ecken und Enden. Das ist nicht gut. Weiter kommt der schwelende Konflikt mit Russland hinzu. Das alles muss sich wieder beruhigen. Dringend! Da ist Vernunft und Weitsicht gefragt. Beides fehlt der aktuellen Regierung leider vollkommen!

Von dem Rassismusgeschwafel nicht verrückt machen lassen

So, wie das ganze „Hilfsmanagement“ momentan betrieben wird, stellt dieses definitiv keine Lösung, sondern eine absolute Verschlimmerung der Probleme dar. Es wird ein unfassbares Chaos geschaffen! Natürlich bin ich durch solche Aussagen jetzt ein „böser Rechter“, auch wenn die Ansätze noch so vernünftig sind. Aber unseren Linken in Deutschland kann ja nichts links genug sein. Der Irrsinn hat Methode! Für vernünftiges Denken braucht man sich nicht zu rechtfertigen. Und ich wage zu behaupten, dass sehr viele Menschen in Deutschland zum vernünftigen Denken fähig sind. Vor allem viele der Bürger, die regelmäßig von Berufslinken als „Rechte“ und „Nazis“ beschimpft werden.

Bin ich für eine Gesellschaft mit einem Migrations-Anteil? Ganz klar ja! Bin ich dafür, dass Migranten hier eine Chance bekommen?

Ganz klar ja! Sehe ich Migranten, die sich hier in die Gesellschaft integrieren und ihren Anteil leisten wollen, als eine Bereicherung an? Ganz klar ja!

Aber das alles muss mit Maß und Ziel geschehen. Die indigene Bevölkerung muss hierbei immer den Hauptanteil der Population ausmachen, und auch die Gebräuche und Werte der Urbevölkerung müssen unantastbar gültig sein! Ist dies nicht der Fall, kommt es auf Dauer unweigerlich zu Problemen. Vor allem dann, wenn die Gruppen der Migranten aus sehr weit entfernten Kulturschichten zu groß werden. Das natürliche Recht auf freie Entfaltung und den eigenen Lebensraum ist meiner Meinung nach unantastbar. Ein Volk darf aus diesem Lebensraum nicht verdrängt werden. Zu viele schlimme Beispiele mussten wir in der Menschheitsgeschichte schon erleben, bei denen Urbevölkerungen ihren Lebensraum verloren bzw. gewaltsam entrissen bekamen. Man denke nur an den nord- und südamerikanischen Kontinent, Australien, Neuseeland etc.

Das soll jetzt kein Angriff auf die heutigen, dort ansässigen Bevölkerungen sein. Aber es handelte sich nun mal um gewaltbetonte Landnahmen durch fremde Invasoren. Das ist leider die Tatsache. So etwas sollten wir heutzutage nicht mehr zulassen, zumindest nicht fördern – egal in welchem Land. Ich möchte hier weiß Gott nicht den Teufel an die Wand malen, aber wir müssen vorsichtig sein, dass aus einer gesunden Gesellschaft und einer verantwortungsvollen Asyl- und Einwanderungspolitik nicht ein unkoordinierter Wahnsinn wird! Wir sind nicht mehr weit weg davon. Und jeder, der mal ehrlich zu sich selbst ist, und tief in sich hinein hört, muss dem wohl oder übel zustimmen.

Ich möchte auch unbedingt nochmals erwähnen: Viele Migranten haben mittlerweile selbst die Nase voll von dieser Form der Politik. Liebe Politiker, fragt doch einmal gut integrierte Migranten, die hier einer ordentlichen Arbeit nachgehen oder ein Geschäft betreiben, was die von eurer Migrations- und Asylpolitik halten. Ihr werdet die Augen weit aufmachen. Das, was ich da schon zu hören bekommen habe, wenn ich mich mit den Leuten spreche, ist mehr als eindeutig, und die meisten Deutschen verblassen dagegen mit ihrer Kritik.

Kulturnahe und kulturferne Migration

Dass unser Asylrecht für alle Menschen offensteht, die es gerade wirklich benötigen und diese es auch uneingeschränkt in Anspruch nehmen dürfen, sollte für uns eine Selbstverständlichkeit sein. Beim Thema *Einwanderung*, was mit dem Thema *Asyl* erst mal nichts zu tun hat, sieht das allerdings etwas anders aus. Bei dieser Thematik müssen wir uns schon genauere Gedanken machen. Denn wer zu uns kommt, um zu bleiben, also um fester, dauerhafter Bestandteil unserer Gesellschaft zu werden, der muss natürlich auch gewisse Eigenschaften mitbringen, die ihn dazu befähigen. Das Motto „Komme wer wolle", können wir uns in diesem Zusammenhang nicht erlauben. Viele Linksintellektuelle werden jetzt natürlich sofort aufschreien: *„Migration hat es schon immer gegeben. Sie war schon immer eine Bereicherung!"* usw.

Ja, das stimmt, es gab schon immer Migration. Immer mal wieder. Es zieht sich durch die ganze Geschichte. Ich möchte hier einfach nur mal meine Heimat, die Pfalz, als Beispiel nehmen. Die Pfalz wurde in den vergangenen Jahrhunderten mehrfach durch Kriege verheert. Dazu kamen dann noch darauf folgende Hungersnöte und Seuchen. Viele Menschen verloren dabei ihr Leben oder flohen aus der Region. So gab es immer wieder Neuansiedlungen von verschiedenen Gruppierungen, wie beispielsweise den Hugenotten, die aus Südfrankreich vor der Verfolgung fliehen mussten und die sich dann in der Pfalz und auch an anderen Stellen Deutschlands ansiedelten. Es handelte sich hierbei also tatsächlich auch um Flüchtlinge, die eine dauerhafte Heimat suchten und somit zu Einwanderern wurden.

Wir sehen anhand dieser Tatsache, es gab tatsächlich schon immer neue Zuwanderung, gerade auch durch Flüchtlinge. Aber einen Punkt darf man dabei nie vergessen: Die Anzahl der Flüchtenden war zwar in manchen Fällen auch damals schon groß, aber bei weitem nicht so ausufernd wie aktuell. Und noch viel wichtiger ist die Tatsache: Es waren, wie am Beispiel der Hugenotten, in der Regel immer Gruppen, die kulturnah zu verorten sind. Kulturferne Zuwanderung gab es in Europa hingegen kaum.

Wenn wir die Angelegenheit nun präzisieren wollen, dann dürfen wir nicht nur von „kulturferner Zuwanderung“ sprechen, sondern müssen anlässlich der Menschenströme, die nach Europa kommen, von einer „kulturfernen Massenzuwanderung“ ausgehen. Eine solche kulturferne Massenzuwanderung können wir ebenfalls als Beispiel in der Geschichte finden, das war aber in der Regel nicht so einfach wie mit den Hugenotten. Nehmen wir mal ein ganz bekanntes und schon erwähntes Beispiel, die USA: Die ursprüngliche Bevölkerung, die Indianer, wurden dort von den kulturfernen Europäern mit der Zeit verdrängt und teilweise fast ausgerottet. Heute herrschen dort die einstigen Einwanderer. Im restlichen Amerika (egal ob Norden, Mitte oder Süden) sieht es nicht viel anders aus. Nicht ein Landstrich gehört dort noch den Indianern. Das Gleiche passierte auch in Australien und Neuseeland mit den dortigen Ureinwohnern. Das sind die wahren Früchte von übermäßiger, kulturferner Zuwanderung.

Darüber hinaus ist es ebenfalls wichtig, über den von Politikern gerne in Gebrauch genommenen Vergleich von den Flüchtlingswellen gegen Ende des Zweiten Weltkriegs und der Nachkriegszeit und den Begebenheiten, die wir jetzt gerade erleben, zu sprechen. Bei diesem Thema wird ein unglaublicher Nonsens gesponnen. Die Flüchtlinge gegen Ende des Krieges kamen aus ehemals deutschen Gebieten und waren selbst Deutsche. Es handelte sich bei diesen Flüchtlingen also um Menschen, die nicht nur ähnlich kulturell geprägt waren, sondern auch noch dem gleichen Volk angehörten und dieselbe Sprache sprachen. Der Massenzustrom, den wir aktuell erleben, besteht aus Menschen, die größtenteils aus fernen, hauptsächlich orientalischen Kulturkreisen stammen und meist muslimisch geprägt sind. Außerdem bestanden die Flüchtlingsströme von damals hauptsächlich aus Frauen, Kindern und älteren Menschen. Im aktuellen Fall sind es hingegen in erster Linie Männer, von denen manche noch nicht einmal wirkliche Flüchtlinge sind! Das ist also etwas völlig anderes! Mit den Flüchtlingen von früher hat das mal gar nichts zu tun. An dieser Stelle erleben wir mal wieder einen Vergleich von Erbsen mit Melonen. Es passt einfach nicht. Der

Vergleich ist schlicht falsch. Man könnte manchmal gerade meinen, die Politik und die Medien halten die Bevölkerung für dumm.

Wir müssen bei der jetzigen Flüchtlingswelle nach Deutschland berücksichtigen, dass wir in große Schwierigkeiten kommen könnten. Es handelt sich ganz klar um kulturferne Gruppen. Außerdem zieht es viele der Neuankömmlinge vor allem in die Städte und das wird auf Dauer zu einer Ausweitung der Ghettobildung und der Parallelgesellschaften führen. Viel Fantasie braucht man da nicht wirklich, um sich das lebhaft vorstellen zu können.

Zur Beurteilung der aktuellen Lage müssen wir die geeigneten Beispiele in der Geschichte suchen und siehe da, wir landen, wie schon erwähnt, wieder beim amerikanischen Nord- und Südkontinent, Australien & Co. So eine ungezügelte, massenhafte und kulturferne Migration hatte bisher immer zur Konsequenz, dass die Urbevölkerung verdrängt wurde und Heimat und Kultur verlor. Das ist eben nun mal historischer Fakt. Da hilft kein linkes Gespinne und Gequäke.

Ich gebe zu, ich will jetzt den aktuellen Strom von Flüchtlingen nicht mit der Einwanderung europäischer Siedler wie am Beispiel der USA vergleichen. Da gibt es einen gewaltigen Unterschied. Auch das will ich hier erwähnen. Wir sind keine Indianer und die Flüchtlinge keine Siedler mit überlegenen Waffen oder offensivem Eroberungsanspruch. Also auch dieses Beispiel ist strenggenommen nicht korrekt. Wir erleben momentan etwas ganz Eigenes, Neues, Unvergleichliches. Dennoch bleibt festzuhalten, dass die Beispiele von überzogener, kulturferner Zuwanderung, die es in der Menschheitsgeschichte gibt, stets zur Folge hatten, dass diese niemals rein friedlich verliefen und zudem meist schlecht für die Ursprungsbevölkerungen ausgingen. Wenn wir also über Einwanderung sprechen, dann müssen wir uns ganz genau überlegen, wer zu uns einwandert und wie sich das mit der hiesigen Kultur verträgt. Das bedeutet jetzt nicht, dass Kulturferne überhaupt nicht mehr einwandern sollen oder dürfen. Das wäre absoluter Unsinn und einer freien Gesellschaft unwürdig. Es gibt durchaus kulturferne

Gruppen oder einzelne Leute, die sich sehr gut integrieren. Diese Gruppen sollten aber nicht zu groß werden, sonst wird es eben zwangsweise problematisch.

Wir werden nicht umhin kommen, den Zuzug zu begrenzen. Ein paar hunderttausend Menschen, oder vielleicht auch ein bis zwei Millionen, wären eventuell verkraftbar. Aber das, was da auf uns zukommt, wenn wir mal den Familiennachzug miteinrechnen, wird weit darüber hinausgehen. Wir werden auf diese Weise in den nächsten fünf Jahren mindestens fünf Millionen Neuankömmlinge bekommen, und das ist sehr konservativ gerechnet. Wahrscheinlich werden es weitaus mehr! Angesichts dieser Tatsache von „*diffusen Ängsten in der Bevölkerung*" zu sprechen, wie es die Medien gerne tun, ist völlig daneben. Die Ängste sind nicht diffus, sondern angesichts dieser Menschenmasse sehr berechtigt.

Unsere Aufgabe ist nun ein verantwortungsvoller Umgang mit der Situation, mit Sinn und Verstand. Die Bundesregierung darf keine weitere Unterstützung aus dem Volk heraus bekommen, denn so geht es nicht weiter. Wir brauchen eine vernünftige Einwanderungspolitik, die nach rationalen Mustern funktioniert. Zugleich muss eine sinnvolle und vor allem menschliche Unterstützung gegenüber Schutzsuchenden weiterhin gewährleistet bleiben. Aber bei dieser Angelegenheit muss trotz allem folgende Denkweise gelten: Das Ziel für Asylanten – und da denke ich auch an die Menschen selbst –, muss immer die Rückkehr in die eigene Heimat sein, sobald dies möglich ist. Sollte dies auf Dauer nicht möglich sein, so brauchen wir in der Tat gute Konzepte. Dann ist es natürlich unabdingbar, diesen Menschen unsere Kultur näher zu bringen – und das dann unbedingt! Eine Unterrichtseinheit für deutsche Kultur – so etwas müsste es auch schon in der Schule geben – wäre hierbei wahrscheinlich sehr hilfreich. Doch sobald ein Herkunftsland wieder sicher ist, sollte die oberste Prämisse für die ehemals Geflüchtete sein, wieder zurückzukehren. Das ist auch normal und menschlich, denn viele hängen sicherlich an ihrer Heimat.

Diese einfache Sichtweise teilt übrigens auch eine Persönlichkeit wie der Dalai Lama. In einem *FAZ*-Interview vom 31.5.2016 wurde das Oberhaupt der Tibeter gefragt, wie er die aktuelle Flüchtlingskrise in Europa empfinde. Er antwortete: „*Wenn wir in das Gesicht jedes einzelnen Flüchtlings schauen, besonders bei den Kindern und Frauen, spüren wir ihr Leid. Ein Mensch, dem es etwas besser geht, hat die Verantwortung, ihnen zu helfen. Andererseits sind es mittlerweile zu viele. Europa, zum Beispiel Deutschland, kann kein arabisches Land werden. Deutschland ist Deutschland. (lacht) Es sind so viele, dass es in der Praxis schwierig ist. Auch moralisch gesehen finde ich, dass diese Flüchtlinge nur vorübergehend aufgenommen werden sollten. Das Ziel sollte sein, dass sie zurückkehren und beim Wiederaufbau ihrer eigenen Länder mithelfen.*“[(49)]

Gar nicht mal so falsch, was der Mann da sagt. Aber ob er auch weiß, dass er in Deutschland mit solch einer Aussage jetzt als „Rechter“ dasteht?

Die Verdrängung der Völker auf „demokratische“ Weise

Es gibt bei dem Thema *Massenzuwanderungskrise* natürlich noch einen anderen Gesichtspunkt, den wir mal beleuchten sollten. Viele der altgedienten, immer stärker nach links rückenden Parteien brauchen neue Wähler. Die deutschen Wähler brechen teilweise weg und da muss Ersatz her. Die Parteien bauen durch die Massenzuwanderung auch ganz schlicht und einfach auf neue Wählerstimmen. Nach dem Motto: „*Gib ihnen einen deutschen Pass und sie können Dich wählen.*“ Und wenn bestimmte Gruppen sehr stark werden, so werden diese auch irgendwann versuchen, sich politisch durchzusetzen. So kann ein Volk auch auf ganz „demokratische“ Art und Weise seine Kultur verlieren und einer Politik entgegen den einheimischen Interessen ausgesetzt sein. Die Zuwanderer sind daran nicht schuld. Warum sollen sie die Möglichkeit nicht nutzen, wenn sie ihnen geboten wird?

Auch aus diesem Grunde ist eine Massenzuwanderung mit Vorsicht zu genießen. Deutsche Pässe sollten nicht allzu leichtfertig vergeben werden.

Die Deutschen sind doch angeblich so rassistisch – warum will dann fast jeder hierher?

Die Forderungen aus den Reihen gewisser Lobbygruppen werden stets scharf formuliert. Da wird von einer angeblich „*besonderen Verantwortung Deutschlands*“ gesprochen und beklagt, dass man hier doch gefälligst etwas freundlicher und aufnahmebereiter werden sollte. Nehmen wir das Beispiel der Sinti und Roma. Oft wird von deren Lobby und Unterstützern behauptet, diese müssten unbedingt hierherkommen, da der Balkan so rassistisch sei. Ok, eine solche Behauptung ist schon der Hammer, soweit würde ich mich nicht wagen, aber gut. Natürlich ist dort nicht alles heile Welt, ganz und gar nicht. Aber an dieser Stelle wären eigentlich die EU und Brüssel gefragt. Bei dieser Problematik könnte man tatsächlich einmal etwas unternehmen. Es muss mit den Regierungen der jeweiligen Länder gesprochen und verhandelt werden, damit sie die Minderheiten dort besser behandeln. Jeder Mensch hat ein Anrecht darauf. Das alles ist auf der anderen Seite aber kein Grund, hierher zu kommen und eine Forderung nach der anderen zu stellen. Und das noch ganz dreist und ungeniert! So geht's nicht!

Außerdem, wenn die Deutschen doch so kompliziert und fremdenfeindlich sind, wie gerne aus den Reihen dieser Lobbygruppen behauptet wird, warum wollen die Leute dann überhaupt hierher? Wenn sie vor Rassismus fliehen, warum kommen sie dann zu den angeblich rassistischen Deutschen? Und wollen dann auch noch bleiben!? Irgendwie unlogisch, oder?

Aber mal im Ernst, das alles ist völlig logisch. Denn die meisten Deutschen sind in Wahrheit keine Rassisten, sondern gutmütige Trottel, wie es sie auf unserem Planeten kein zweites Mal gibt. Und das spricht sich herum. Also fordert man ganz offen und dreist und schwingt dabei noch die Schuldkomplex-Keule, um den Deutschen alle möglichen Zugeständnisse abzuringen. Und allzu oft funktioniert die Masche auch. Der deutsche Michel ist gutmütig, geduldig, gehirngewaschen und obrigkeitshörig. Das ist bekannt und das ist des Michels größtes Problem, das ihn vielleicht schon bald in große Schwierigkeiten bringen wird.

Deshalb muss Schluss sein mit der vertrottelten Gutmütigkeit! Mitgefühl und Hilfsbereitschaft sind gute, sehr wichtige Eigenschaften. Aber deshalb muss man sich noch lange nicht zum Vollidioten machen lassen, den man bei jeder Gelegenheit ausnutzt. Wir müssen den Leuten, die hier herkommen, klare Ansagen machen, was sie von uns bekommen, aber auch was wir von ihnen fordern – und wie weit sie gehen können und wo Schluss ist! Nur so werden wir Ruhe bekommen. Ansonsten werden hier immer wieder ganz dreiste Menschen ganz dreiste Forderungen stellen. Weil wir es mit uns machen lassen!

Forderung an die Politiker und Links-Journalisten – Aktion Glaubwürdigkeit

Jetzt noch ein nettes Thema zum Abschluss dieses Kapitels: Wie viele Vertreter der Politik, aber auch Journalisten aus Funk und Fernsehen, reißen ihren Klappe weit auf, wenn es um das Thema Flüchtlinge geht? Dabei läuft es häufig darauf hinaus, dass eine Unterscheidung zwischen *Verfolgten* und *Nicht-Verfolgten* konsequent vermieden wird. Flüchtlinge sind also nicht nur die, die zwangsweise hierher fliehen müssen, sondern auch die, die freiwillig hierher kommen, weil sie sich hier ein besseres Leben oder schlicht und einfach mehr Kohle versprechen. Was für eine merkwürdige Sichtweise, aber genauso macht es den Anschein, wenn man den Reden von vielen Politikern und Journalisten lauscht.

Doch gerade weil diese Leute ja so eine große Klappe bei dem Thema haben, sollen sie bitte ganz deutlich mit gutem Beispiel vorangehen. Ich schlage hier eine großangelegte Aktion vor. Der Name könnte lauten: „Aktion Glaubwürdigkeit“ oder „Wir zeigen Gesicht“.

Ihr macht große Worte? Dann lasst mal ganz schnell Taten folgen. Teil der Aktion müsste eine großangelegte finanzielle Spende von Politikern und Journalisten sein, und zwar nicht durch Aufrufe zur Spende bei der Bevölkerung, sondern durch die Spende aus dem eigenen Privatvermögen. Weiterhin sollte der eigene private Wohnraum – je nachdem, wo noch Kapazitäten vorhanden sind – Flüchtlingen zur Verfügung gestellt werden. Also, liebe Gut- und Besser-Politiker und -Journalisten, nicht immer nur große Reden halten und über andere herziehen, die eure Floskeln nicht nachbeten wollen, sondern selbst mal tätig werden! Ihr wollt doch schließlich glaubwürdig bleiben. Ansonsten könnte sich nämlich der Gedanke aufdrängen, dass ihr nur vordergründig eine große Klappe habt und euch gut darstellen wollt, in Wirklichkeit aber ziemliche Egoisten seid. Und ihr wollt doch sicher nicht, dass solch ein Eindruck entsteht. Na, dann tut mal was dagegen. Wir warten!

Es gibt bisher – das will ich nicht verschweigen – tatsächlich jemanden aus dem Bundestag, der Flüchtlinge bei sich aufgenommen hat. Der Bundestagsabgeordnete Martin Patzelt von der CDU. Prima, Herr Patzelt! Natürlich haben die meisten Bürger wohl nicht Ihre finanziellen und platztechnischen Möglichkeiten, aber trotzdem haben Sie immerhin etwas getan und nicht nur groß geschwafelt. Jetzt müssen Ihnen Ihre Kolleginnen und Kollegen aber unbedingt folgen! Und noch viel mehr! Denn man kann sicherlich noch viel besser helfen! Auch durch das Spenden des eigenen Vermögens.

Als deutscher Bürger fordere ich alle Politiker und auch die Obermoral-Journalisten, die eine uneingeschränkte Zuwanderung propagieren, auf, ein ganzes Jahresgehalt sowie den eigenen Wohnraum Flüchtlingen zur Verfügung zu stellen. Dann zeigt mal, was hinter euren großen Reden wirklich steckt!

Frau Roth, Frau Göring-Eckardt und wie sie alle heißen, die nicht genug von der Massenzuwanderung bekommen können, müssen ganz klar als Gallionsfiguren in dieser Angelegenheit fungieren und die Initiative ergreifen. Deren Haustüren müssen geöffnet werden, wir können jede Unterbringungsmöglichkeit gebrauchen!

Und selbstverständlich auch die Bundeskanzlerin selbst sollte hier als schillerndes Beispiel vorangehen. Allzu oft ist die gute Frau ja recht still, wenn sie eigentlich etwas sagen müsste. Nur dann, wenn es gar nicht passt, und vor allem zum Schaden von Deutschland ist, dann ist sie plötzlich redselig. Man denke nur daran, wie sie über Wochen durch vollmundige Versprechungen wahre Flüchtlingsströme nach Deutschland lockte. Bis dann am 13. September 2015 plötzlich die Südostgrenze des Landes dichtgemacht werden musste. Das war mal wieder eine Glanzleistung, Frau Merkel. Aber da die Kanzlerin doch wirklich meint, die halbe Welt solle zu uns kommen, sollte doch vor allem sie mit wehenden Fahnen vorauseilen und so viele Menschen wie nur möglich bei sich zuhause unterbringen. Nun, liebe Frau Merkel, ich hoffe nicht, dass Sie allzu viel Hass in Ihrem Herzen tragen, um mir diese bescheidene Bitte zu verwehren. Ich bin überzeugt davon: Sie schaffen das!

Da haben wir also schon wieder mindestens zwanzig Leute untergebracht, bei Frau Merkel gibt es sicherlich genügend Platz. Apropos Platz: Da fällt mir ein Ort ein, an dem es noch viel mehr Räume für Unterbringungsmöglichkeiten gibt. Und der Herr dieses bescheidenen Hauses ist – so will es der gute Zufall – einer der lautesten Prediger für Toleranz und Aufnahmebereitschaft. Unser lieber Bundespräsident Joachim Gauck. Schloss Bellevue eignet sich vortrefflich, um hunderten von Flüchtlingen Platz zu bieten. Dann kann unser Bundespräsident auch jeden Abend etwas aus dem Märchenbuch vorlesen, bevor das Licht ausgemacht wird. Märchen mag Gauck bekanntlich sehr, er erzählt jedenfalls ständig welche. Man denke nur an das Märchen von der Bereicherung unserer Kultur, die uns in Deutschland angeblich zugutekommt.

Ja, ich weiß, der Herr Gauck hat, als er bemerkte, dass es eng wird, gesagt, dass es für die Aufnahme auch Grenzen gibt. Wir sollten aber nicht vergessen: Eben dieser Mann predigte vorher jahrelang groß und breit über die Notwendigkeit einer multikulturellen Gesellschaft, der Veränderung Deutschlands usw. Und deshalb muss er jetzt an diesen Worten gemessen werden. Die Tore von Schloss Bellevue sollten unverzüglich geöffnet werden.

Ihr lieben Gut- und Besser-Politiker und -Journalisten, ihr habt es in der eigenen Hand. Werdet endlich glaubwürdig. Und bitte stellt zusätzlich auch mal ein paar Container-Dörfer in eurer Wohngegend auf. Das muss sein, sonst seid ihr unglaubwürdig! Oder denkt ihr etwa, nur der Otto-Normalbürger sollte mit diesen Umständen leben – ganz nach dem Sankt-Florian-Prinzip: *„Heiliger Sankt Florian, verschon mein Haus, zünd andre an!“*? Ich will doch nicht hoffen, dass das eure Einstellung widerspiegelt. Die neuen Flüchtlinge, die bald ankommen werden, freuen sich schon auf euch, eure Wohngegend und eure Häuser. Vielen Dank für eure Aufnahmebereitschaft!

Wenn wir schon gerade dabei sind, da fällt mir noch eine Sache ein: Was ist eigentlich mit den Obdachlosen? Sollte man denen nicht auch Hilfe angedeihen lassen? Wieso gibt es denn überhaupt noch Obdachlose? Deutschland ist doch so ein reiches Land, das angeblich alles so toll im Griff hat. Merkwürdig, wir haben augenscheinlich den Auftrag, alles und jeden aufzunehmen, da müssten wir unsere eigenen Angelegenheiten eigentlich vollkommen unter Kontrolle haben.

Also, liebe Politik, liebe Medien, was machen wir denn jetzt mit den Obdachlosen? Warum werden die nicht in Wohnungen untergebracht? Ach, ich weiß schon, die sind ja an ihrem Elend selbst schuld. Ich frage mich, ob die Gutmenschen und Linksspinner auch einmal für die Obdachlosen demonstrieren würden. Das Gleiche gilt für die vielen anderen armen Menschen in unserem Land, die vielleicht nicht obdachlos sind, aber trotzdem am Existenzminimum leben. Was ist mit der alleinerziehenden Mutter von drei Kindern, die manchmal nicht weiß, ob sie am nächsten Tag überhaupt ein Essen auf den Tisch stellen kann? Ja, so etwas gibt es bei uns! Und was ist mit der alten Frau, die von einer Mini-Rente leben muss und deshalb im Mülleimer nach Flaschenpfand wühlt? Was ist mit all diesen Menschen? Wo bleiben die Empörung und die großen Protestkundgebungen? Da hört und sieht man von den Berufsbetroffenen und Gutmenschen komischerweise nie etwas. Sind wohl doch nicht so nette Leute, diese Pseudomoralisten.

Toleranz kann man gut leben, wenn man nicht selbst betroffen ist. Also bitte nicht nur bis zum nächsten Gartenzaun denken, sondern auch gleiches Recht für alle einfordern. Wer Gutmensch sein will oder sich so gebärdet, der muss auch seine Haustür öffnen. Vor allem die Politiker sollten das verinnerlichen und endlich mit gutem Beispiel vorangehen. Öffnet eure Pforten und lasst die Neuankömmlinge in eure Häuser strömen!

Kapitel 4: Die Dekadenz unserer Zeit

Dieses Kapitel hat seinen Namen aus gutem Grunde erhalten. Neben dem Naziwahn und der Massenzuwanderungskrise gibt es leider noch weitere Probleme, mit denen unsere Gesellschaft zu kämpfen hat. Die Zeit, in der wir leben, ist geprägt von einem unglaublichen Ausmaß an Dekadenz. Es erinnert ein wenig an die letzten Tage von Rom, der ewigen Stadt. Dort führte nämlich genau diese besagte Dekadenz letztlich zum Untergang des Imperiums.

Wenn die Werte einer Gesellschaft zwar langsam, aber stetig pervertiert werden, dann muss man sich nicht wundern, wenn diese Gesellschaft den Bach hinuntergeht. Letztlich verdient sie es dann auch nicht besser. Außer, sie schafft die Umkehr! Doch das geht nur dann, wenn man erst einmal in seinem Kopf begreift, dass es so wie bisher nicht weitergehen kann. Leider ist es genau diese Erkenntnis, die in dekadenten, pervertierten Gesellschaften allzu oft nur die Wenigsten erlangen. Trotz allem sollten wir die Hoffnung nicht aufgeben, denn auch wir sind mittlerweile auf einem Weg hin zur Dekadenz und Perversion und müssen uns gut überlegen, wie weit wir es damit kommen lassen wollen. Wir sind schon mittendrin. Alles scheint heutzutage verdreht, und dieser Schein trügt nicht. Oben ist unten, links ist rechts, hinten ist vorne. Diejenigen, die sich noch einen Funken Restverstand und Anstand bewahrt haben, können oft nur fassungslos zusehen.

Da werden Lebensschützer als „rückständig“ und gar „bösartig“ bezeichnet und auf Demonstrationen gegen die Abtreibung mit Flaschen beworfen. Klar doch, kleine Kinder im Mutterleib zu töten, ist eine ganz tolle Sache. Wie können diese bösen Lebensschützer nur dagegen sein. Die sind ja so rückständig.

He, ihr linken Spinner! Ist euch schon mal der Gedanke gekommen, dass *ihr* vielleicht rückständig, vielleicht sogar barbarisch seid? Wie hättet ihr es wohl gefunden, wenn man euch abgetrieben hätte? Wäre das dann auch in Ordnung? Aber was kümmert's euch, ihr seid ja nicht betroffen. Das Töten von Kindern im Mutterleib ist ganz sicher kein

Zeichen des Fortschritts, sondern eher dafür, dass wir uns ethisch immer noch (oder wieder zunehmend) in der Steinzeit befinden. Was dieser Abtreibungswahnsinn und die dazugehörige, sehr gut verdienende Massentötungs-Industrie mit Fortschritt zu tun haben sollen, ist mir mehr als schleierhaft. Wir erkennen heutzutage eindeutig die große Doppelmoral, Scheinheiligkeit und Verlogenheit, die sich in unserer Gesellschaft breit gemacht hat. Gerade die extrem Linken und Über-Gutmenschen fordern zügellose Aufopferung für alles und jeden, egal, wer er ist oder woher er kommt, finden es aber gleichzeitig völlig in Ordnung, Kindern im Mutterleib ihr Recht auf Leben zu rauben. Wie gespalten kann eine Zunge überhaupt sein?

Doch an diesem Beispiel werden nicht nur die Scheinheiligkeit und die pervertierten Werte deutlich, sondern auch die Dekadenz in unserer Gesellschaft. Es ist wahrlich unfassbar: Auf der einen Seite gibt es eine große Zahl an Paaren, die sich nichts sehnlicher wünschen als ein Kind, aber leider keines bekommen können und deshalb alle möglichen Wege der künstlichen Befruchtung ausprobieren, und auf der anderen Seite werden so viele Abtreibungen vorgenommen. So boomt ein jeder dieser Industriezweige in vollen Zügen: die Abtreibungsindustrie und die Befruchtungsindustrie – und das gleichzeitig! Es wird alles Mögliche durchgeführt, man pflanzt fremde Eier ein und was weiß ich nicht alles, um glücklosen Paaren den Elternwunsch zu gewähren, und gleichzeitig tötet man so viele Kinder noch vor der Geburt. Das ist mehr als dekadent, das ist schier unbeschreiblich!

Ich möchte gewiss nicht über Paare herziehen, die nach einem langen Leidensweg über die künstliche Befruchtung ihr Glück versuchen. Ganz im Gegenteil, ich kann verstehen, wie schwierig es für jemanden sein muss, wenn man sich Kinder wünscht, aber keine bekommen kann. Ich habe absolutes Verständnis dafür, dass diese Menschen nach Chancen suchen, ihr Glück doch noch wahr zu machen. Und wir brauchen sowieso mehr Kinder. Deshalb richtet sich meine Kritik auch nicht gegen die künstliche Befruchtung an sich, sondern ich finde den Umstand, dass dies auf der einen Seite getan wird, aber gleichzeitig so viele

Kinder getötet werden, irgendwie unfassbar. Könnte man die Kinder, die nicht gewollt werden, denn nicht zur Adoption freigeben, anstatt sie abzutreiben? Wäre das nicht eine sinnvolle Lösung? Damit wäre doch beiden Seiten geholfen.

Es gibt natürlich Paare, die keine fremden Kinder großziehen wollen, das leuchtet mir ein. In diesem Falle kann eine künstliche Befruchtung der richtige Weg sein. Diesen Menschen wünsche ich viel Glück, auf dass es gelinge. Solange das in ethischen Grenzen verläuft, sehe ich da auch kein Problem. Diese ethischen Grenzen dürfen allerdings nicht überschritten werden. Und hier kommen wir zum nächsten Problem: Es gibt mittlerweile Praktiken, die den Boden jeglicher ethischen Moral verlassen. So kann mittlerweile in Großbritannien für eine künstliche Befruchtung das Erbgut von drei Menschen verwendet werden.[(50)]

Zunächst ist dieses Verfahren nur für wenige Fälle zugelassen. Nämlich nur dann, wenn die Gefahr für eine schwere Erbkrankheit besteht. Schön und gut, aber wo führt das letztlich hin? Was wird noch alles kommen? Solche Verfahren tragen dazu bei, dass es immer weniger Hemmnisse gibt und den tolldreistesten Vorstellungen nachgegangen wird. So wird Gott und der Natur letztlich ins Handwerk gepfuscht, Grenzen gibt es nicht mehr. Und wir wissen, auf was das hinauslaufen kann. Erst weicht man eine Grenze ganz langsam auf, dann die nächste, es ist ein schleichender Prozess – und am Ende gibt es überhaupt keine Grenzen mehr! *„Wehret den Anfängen“* ist hier wohl die zutreffende Botschaft!

Aber das interessiert in unserer „zivilisierten“ westlichen Gesellschaft doch kaum noch jemanden. *„Ich mach‘ mir die Welt, wie sie mir gefällt.“* Da wird dann schön künstlich befruchtet und geklont, was das Labor so hergibt, egal für was und für wen, Hauptsache die Kohle fließt. Und gleichzeitig werden natürlich weiter fleißig Embryos geschlachtet, denn damit lässt sich auch schön Reibach machen. Es könnte einem nur noch schlecht werden, wenn man daran denkt. Von Reue aber keine Spur, es regiert die Scheinheiligkeit. Den gütigen Abtreibern geht es natürlich auch nur um die Frauen und nicht um das Geld, wollen sie uns weismachen. Schon klar.

Ich möchte zudem anmerken, dass meine Kritik keinesfalls eine Verurteilung der abtreibenden Frauen darstellen soll. So einfach ist das nicht. Ich sehe das durchaus differenziert. Gerade junge Frauen, die sich in schwierigen Lebenssituationen befinden, wissen oft nicht, wie sie sich entscheiden sollen. Dazu kommen noch die Einflüsterungen der Abtreibungsindustrie, die einen Schwangerschaftsabbruch harmlos aussehen lassen. Anstatt genügend Angebote bereitzustellen – und hier versagt der Staat und auch die Kirchen –, um die Frauen während und nach der Schwangerschaft zu unterstützen oder die Kinder nach der Geburt abgeben zu können, damit diese zur Adoption freigegeben werden, sind die Beratung und auch die Möglichkeiten, die zur Verfügung stehen, meist nicht ausreichend. Deshalb möchte ich jetzt auch gar nicht auf die betroffenen Frauen eindreschen, denn die sind nach einer Abtreibung meist schon genug bestraft, weil sie entweder von Depressionen heimgesucht werden oder Probleme in den darauffolgenden Schwangerschaften bekommen bzw. im Extremfall sogar gar keine Kinder mehr gebären können. Vielmehr gehören die Institutionen und deren Verbündete angeklagt, die den Menschen weismachen wollen, eine Abtreibung wäre keine Vernichtung von Leben, und die die Risiken und Folgen, die für die Frauen definitiv vorhanden sind, verharmlosen.

Die Wahrheit über Abtreibungen

Ich möchte an dieser Stelle Textauszüge eines Vortrages von Dr. Bernard Nathanson einfügen. Er soll in seinen eigenen Worten sagen, was hinter der Abtreibungs-Propaganda steckt. Dr. Nathanson war einer der Mitbegründer der Abtreibungslobby in den USA, wechselte aber in seinem späteren Leben in die Reihen der Abtreibungsgegner, nachdem er eine per Ultraschall aufgenommene Abtreibung beobachtet hatte. Im Jahre 1984 veröffentlichte er die Filmdokumentation *Der Stille Schrei*, in der eine per Ultraschall aufgenommene Abtreibung zu sehen ist.

Nun zu den Textauszügen[51] des Vortrages:

„Mit welcher Taktik die Abtreibung in den USA legalisiert wurde

(Bericht von Dr. Nathanson – Auszüge aus einem Vortrag anlässlich der Verfassungsänderung in Irland)

Viele von Ihnen werden von mir gehört haben als von dem Direktor der größten Abtreibungsklinik der Welt. Unsere Klinik war bekannt unter dem ‚schönen' Namen ‚Zentrum für reproduktive und sexuelle Gesundheit' in New York. Sie lag an der Ostseite von New York und in meinen 2 Jahren dort als Gründer und Direktor dieser Klinik führten wir 60.000 Abtreibungen durch. Es gab 35 Ärzte, die unter meiner Führung arbeiteten. Die Klinik war täglich von 8 Uhr morgens bis Mitternacht in Betrieb, an jedem Tag der Woche einschließlich sonntags, und wir machten 120 Abtreibungen an jedem Tag des Jahres, außer am ersten Weihnachtsfeiertag. Ich persönlich habe noch etwa 15.000 weitere Abtreibungen eigenhändig in meiner privaten Praxis gemacht, sodass ich also für 75.000 Abtreibungen persönlich verantwortlich bin. Das ist eine Statistik, auf die ich nicht gerade stolz bin, aber ich denke, mein Vortrag über dieses Thema erhält dadurch doch eine gewisses Gewicht und Glaubwürdigkeit.

Über Meinungsumfragen

Unsere Gruppe NARAL wusste im Jahr 1968, dass, wenn man eine sorgfältige, ehrliche Umfrage über die Meinung zur Abtreibung gemacht hätte, wir eine klare, vernichtende Niederlage erlitten hätten. Was wir nun taten war Folgendes:

Wir gaben Zahlen an die Medien und an die Öffentlichkeit weiter mit der Erklärung, wir hätten Umfragen gemacht und tatsächlich seien 50 oder 60% der Amerikaner für eine Legalisierung der Abtreibung. Das war natürlich eine sehr erfolgreiche Taktik, der sich selbst erfüllenden Prophezeiungen. Denn wenn man der Öffentlichkeit lange genug sagte, dass jeder für Abtreibung sei, dann würde mit der Zeit wirklich jeder für Abtreibung sein.

Nur sehr wenige Leute sind gerne in der Minderheit. Dies war eine unserer sehr nützlichen Taktiken, die Verwendung von erfundenen, unehrlichen, doppeldeutigen Umfragen. Und ich möchte meinen Zuhö-

rern dringend raten, sehr vorsichtig und sehr kritisch zu sein gegenüber allen Umfragen, von denen sie in der Presse lesen und von denen sie in den Nachrichten hören. Das ist, wie ich schon sagte, eine auch heute noch verwendete Taktik in der Bewegung für die Abtreibung."[51]

(Anmerkung: Diese Taktik wird nicht nur bei der Abtreibungsthematik verwendet, sondern auch in anderen Bereichen. Ich erinnere an die Mechanismen der Massenpsychologie. „Wahrheiten" entstehen in den Hirnen der Masse durch die stetige Wiederholung bestimmter Behauptungen, nicht durch Fakten.)

„Über die Abtreibungszahlen

Wir wussten ebenfalls, dass, wenn wir die Situation genügend dramatisieren, wir genug Sympathie erwecken würden, um unser Programm der Legalisierung der Abtreibung zu verkaufen. Wir taten darum Folgendes: Wir fälschten die Zahl der illegalen Abtreibungen, die jährlich in den USA vorgenommen wurden. Wir wussten, dass die Gesamtzahl der illegalen Abtreibungen in den USA jährlich etwa 100.000 betrug.

Die Anzahl aber, die wir wiederholt an die Medien und an die Öffentlichkeit gaben, war 1 Million! Und wenn man die große Lüge oft genug wiederholt, wird man die Öffentlichkeit überzeugen, wie unser ‚Freund' Hitler bewiesen hat.

Diese Zahlen begannen, das öffentliche Bewusstsein in Amerika zu prägen, und diese Zahlen waren das beste Mittel, Amerika zu überzeugen, dass wir die Abtreibungsgesetzte beseitigen mussten. Wenn man weiß, dass wir diese Zahlen gefälscht haben, besonders die Zahl der jährlichen illegalen Abtreibungen in den USA, drängen sich einige Schlussfolgerungen auf; und wenn man die Zahl von 100.000 Abtreibungen vor der Legalisierung mit 1.55 Mio. nachher vergleicht, werden gewisse Mythen, Erfindungen und Lügen, die wir in der amerikanischen Öffentlichkeit verbreiteten, durchschaubar.

Todesfälle bei illegalen Abtreibungen

Wir wussten ebenfalls, dass die Zahl der Frauen, die in den USA jährlich bei illegalen Abtreibungen starben, zwischen 200 und 250 lag. Die Anzahl, die wir beständig wiederholten und an die Medien weiterga-

ben, war 10.000. Eine zweite Taktik, die wir benutzten, um die Öffentlichkeit zu überzeugen, war die Behauptung, dass wenn man die Abtreibung verbot, immer noch genau so viele Abtreibungen gemacht würden, nur eben illegal. Und das stimmt einfach nicht!

Brechen des Widerstandes der kath. Kirche

Die wichtigste und wirkungsvollste Taktik, die wir benutzten, war die katholische Karte: Wir griffen die katholische Kirche und besonders die kath. Hierarchie an und stellten die kath. Kirche als Hauptgegner der Abtreibungsreform heraus. Auf diese Weise gewannen wir die Studenten, die Intellektuellen und, wie uns am wichtigsten war, die Medien. Wir vermieden es, alle Katholiken über einen Kamm zu scheren, denn das hätte uns nur geschadet. Stattdessen nahmen wir die ‚kath. Kirchenhierarchie', ein hübscher nebulöser, verschwommener Sammelbegriff mit genug Unklarheit, um alle, die wir brauchten, besonders die Medien, zu überzeugen, dass die Kirche, und besonders die kath. Hierarchie, die Schuldige beim Widerstand gegen die Abtreibung war. Wir trennten also die intellektuellen, fortschrittlichen, liberalen Katholiken von der Kirchenhierarchie und trieben damit einen Keil in den kath. Widerstand gegen die Abtreibung.

Ungeborene zu ‚Untermenschen' degradieren

Eine andere wichtige Taktik bestand darin, dass wir den wissenschaftlichen Beweis, der unwiderlegbar zeigt, dass das Leben bei der Empfängnis beginnt, abstreiten müssen. Wir mussten darauf bestehen, dass die Frage, wann das menschliche Leben beginnt, eine theologische, rechtliche, ethische oder auch philosophische Frage sei – nur keine wissenschaftliche. Die ist wieder eine Lieblingstaktik der Gruppen für die Abtreibung: Sie behaupten fest, dass eine Definition, wann das Leben beginnt, unmöglich sei.

Tatsächlich lässt sich das Leben klar definieren. Es beginnt mit der Empfängnis, der Befruchtung und von da ab ist die empfangene Person ein menschliches Wesen. Es gibt keinen Punkt, an dem ein Wechsel stattfinden würde von einem Nichts zu einem Etwas, von einer Unperson zu einer Person. Ich bin mir sicher, dass die Zulassung der Abtrei-

bung die planmäßige Zerstörung dessen bedeutet, was unbestreitbar und eindeutig menschliches Leben ist. Ich glaube, dass es ein unentschuldbarer Akt tödlicher Gewalt ist. Man muss zugeben, dass eine ungewollte Schwangerschaft ein sehr schwieriges Dilemma ist. Aber die Lösung in der vorsätzlichen, aktiven Zerstörung zu suchen, heißt, den großen Erfindungsreichtum menschlichen Geistes wegzuwerfen.
Als Wissenschaftler weiß ich – ich glaube nicht, ich weiß –, dass das menschliche Leben mit der Empfängnis beginnt. Ich glaube, dass es eine göttliche Existenz gibt, die von uns verlangt, diesem unendlich traurigen und unsagbar schändlichen Verbrechen gegen die Menschlichkeit ein endgültiges und unwiderrufliches ‚Halt' zu gebieten."[(51)]

Die Worte von Dr. Nathanson sollten uns allen zu denken geben. Es ist ein Geständnis, ganz einfach – das Geständnis eines Mannes, der am Ende seines Lebens Gewissenbisse bekam, wenn nicht gar Angst davor, was er sagen solle, wenn er eines Tages vor seinem Richter steht. Es gibt keinen Grund, an seinen Worten zu zweifeln. Er war immerhin selbst einer der Erfinder der Abtreibungspropaganda und zeigt uns schonungslos auf, an welchen Stellen gelogen wurde und wird.

So viel dazu. Aber ich bin jetzt sowieso ein „Böser", weil ich das geschrieben habe bzw. Dr. Nathanson zitiere. Das Prinzip der Verdrehung hat schon längst Einzug gehalten. Wenn man es in Ordnung findet, dass kleine Kinder im Mutterleib getötet werden, dann ist man heutzutage ein „Guter". Wenn man hingegen aber hinterfragt, was hinter den Dingen steckt, dann ist man ein „Böser" – ein „böser Rechter"! Ich frage mich angesichts dessen wirklich, in was für einem perversen Wertesystem wir momentan leben. Wie gesagt, oben ist unten, hinten ist vorne, alles ist verdreht!

So wundert es einen auch nicht, wenn man geschmacklose Kommentare, wie den von der ehemaligen Grünenpolitikerin Jutta Ditfurth, zu hören bekommt. In einem Interview[(52)] beim Deutschlandradio am 30.6.2015 ging es um das Thema *Abtreibung* und die Rolle der Paragraphen 218 und 219 StGB.

Ditfurth hatte unter anderem Folgendes zu der Thematik zu sagen:

„Die organisierten Abtreibungsgegner beklagen sich, dass es 100.000 Abtreibungen im Jahr gibt. Darüber muss man sich nicht beklagen.“ Und die Zahl 100.000 nennt sie dann eine: *„…auf verrückte Weise zu niedrige Zahl…“*

Gleich zu Beginn wird es einem schon speiübel! Doch es folgt noch mehr. Als sie dann von dem Interviewer darauf angesprochen wird, warum sie ein Problem damit habe, dass in dem Paragraph ungeborenes Leben geschützt wird, geht sie auf das ungeborene Leben gar nicht erst ein, sondern schwadroniert weiter nur über die Selbstbestimmtheit der Frau und betont, wie verflucht der Paragraph doch sei:

„…er enthält nämlich eine Haltung gegenüber Frauen, die sagt: Frauen sind insofern keine Erwachsenen, selbstverantwortlichen Menschen, als dass man ihnen die Entscheidung über ihre Sexualität und über ihre sexuelle Reproduktion überlassen kann.“[(52)]

Jedem erwachsenen Menschen sollte diese Selbstverantwortlichkeit zugestanden werden, soweit stimmt das auch, aber diese Selbstverantwortung muss schon *vor* dem Geschlechtsverkehr einsetzen und nicht danach. Ob Frau Ditfurth das jemals begreift? Es gibt übrigens einen genauen Begriff für das, was diese Frau da propagiert: bodenlose Verantwortungslosigkeit! Wer selbstbestimmt sein will, der muss auch Verantwortung übernehmen, ganz einfach. Das eine gehört zum anderen, zwingend sogar! Das lernen eigentlich schon kleine Kinder. Die ultralinke Ditfurth will allerdings eine Selbstbestimmtheit fördern, die sich keinen Deut um Verantwortung schert – selbstbestimmt, aber verantwortungslos. Tut mir leid, aber eine solche Denkweise zeugt von einem schlechten Charakter.

Weiterhin beklagte Frau Ditfurth, dass man bei der Diskussion das Wort „ungeborenes Leben“ benutzt, anstatt einfach „Fötus“ oder „Embryo“ zu sagen.

Ganz kurz: Wo ist da der Unterschied? Ein Embryo, und später der Fötus, ist ein Kind, das im Mutterleib heranreift. Also lebt es, auch wenn es noch nicht geboren ist. Was macht es also für einen Unterschied? Ah, verstehe. Auf diese Weise möchte Frau Ditfurth den kleinen Menschen wahrscheinlich zu einem undefinierbaren „Ding" herabwürdigen, das eigentlich gar nicht richtig lebt. Puh, man bekommt so langsam eine Gänsehaut.

Nebenbei weiß jeder logisch denkende Mensch mit Restverstand, dass ein Fötus oder Embryo nichts anderes, als ungeborenes Leben ist. Frau Ditfurth sollte unbedingt noch einmal ein Biologiebuch in die Hand nehmen. Ob die gute Frau schon mal was davon gehört hat, dass sich die Kleinen im Mutterleib bewegen? Und dass die dort auch Nahrung aufnehmen, weshalb die Mama während der Schwangerschaft so verschiedene Gelüste hat? Wie kann das denn sein? Ach ja richtig, die leben.

Jetzt wird es aber noch abstruser. Sie meint weiterhin zum Diskussionspunkt „Wann beginnt leben?": *„…würde die Bestimmung dessen, was Leben ist, so früh beginnen, dass es bei der männlichen Onanie einsetzt…"*

Na endlich wird die Schwachsinnigkeit des Weltbildes offenbar. Na klar, das Leben des Kindes beginnt im Sperma des Mannes. Nur dann wundert es mich, warum überhaupt eine Frau zur Fortpflanzung benötigt wird. Ich habe bisher noch nie gehört, dass ein Kind rein aus Sperma entstanden ist. Kam vielleicht irgendwann einmal ein Baby aus einem benutzten Kondom geschlüpft? Habe ich was verpasst?

Zugegeben, in einem Spermium steckt eine gewisse Form des Lebens, da es sich bewegen kann und auch muss. Wenn ein Spermium sich nicht mit der Eizelle verbinden kann, dann stirbt es ab. Also ist die These insofern noch nicht mal ganz falsch. Allerdings ist das weit weniger brutal als eine Abtreibung. Vielleicht sollte sich jeder einmal so einen Abtreibungs-Eingriff anschauen, im Internet gibt es Videos dazu. Man kann über die These streiten, aber das rechtfertigt nicht die Tötung von Kindern im Mutterleib. So leicht kommt mir Frau Ditfurth nicht davon.

Aber nun ernsthaft, natürlich beginnt das richtige menschliche Leben, das den späteren Menschen ausmacht, erst bei der Verbindung von Spermium und Eizelle. Ab diesem Zeitpunkt wächst ein Kind heran und nur so ist es lebensfähig. Ein Mensch ist immer eine Mischung aus Mutter und Vater, er kann nicht nur von einem der beiden abstammen. Das sind die, von einer natürlichen Fortpflanzung ausgehend, biologischen Voraussetzungen.

Am Ende ihrer glorreichen Ergüsse hat die ehemalige Grüne dann noch eine Botschaft für die Abtreibungsgegner parat:

> *„Aber jetzt haben wir eine massive und massiver werdende rechtspopulistische Bewegung, und ich glaube, es wird in den nächsten Monaten aufbrechen, und solche sexistischen Arschlöcher können sich dann auch auf den Paragraph 219 beziehen. Das ist meine Sorge.“*[(52)]

Ist es nicht herzallerliebst? Und da sind sie wieder, die „Rechtspopulisten“, die dürfen nicht fehlen. Und alle Lebensschützer sind „sexistische Arschlöcher“, na logisch. Nun ja, hier behalte ich meinen Kommentar besser für mich...

Es ist unfassbar, was manche Menschen von sich geben. Doch Frau Ditfurth beschränkt sich bei ihren Auswüchsen nicht nur auf ein kleines Radiointerview, sie ist auch im Internet sehr aktiv. Auf ihrer verschwurbelten Nazi-Paranoia-Facebook-Seite fabuliert sie gerne mit linksideologischen Anhängern über die angeblichen Nazis, die es bei uns überall gibt. Die Leutchen, mit denen sie dort herumspinnt, sind größtenteils geistige Vollpfosten, was sehr gut aus deren Kommentaren zu lesen ist, die bar jeder tiefergehenden Geschichtskenntnis sind und die die verheerenden Auswirkungen von jahrzehntelanger Propaganda schonungslos aufzeigen.

Manchmal könnte es einem übel werden in diesem Lande...

Der Gender-Irrsinn

Ich möchte an dieser Stelle relativ kurz und prägnant auf das Thema *Gender-Mainstreaming* eingehen, da diese Thematik schon sehr ausführlich in anderen Büchern behandelt wurde. Dennoch komme ich nicht daran vorbei, denn auch dieser Wahnsinn gehört in dieses Kapitel. Unter Gender-Mainstreaming versteht man eine Strategie zur Förderung der Gleichstellung der Geschlechter. Man versucht dabei, die unterschiedlichen Lebenssituationen und Interessen von Frauen und Männern bei allen Entscheidungen auf allen gesellschaftlichen Ebenen zu berücksichtigen, um so die Gleichstellung durchzusetzen. Meine Kritik daran hat übrigens nichts mit Homophobie oder dergleichen zu tun (was immer gerne sofort unterstellt wird). Ich habe lediglich ein Problem mit staatlich verordnetem Schwachsinn! Des Weiteren bin ich fest davon überzeugt, dass es genug vernünftige Homosexuelle gibt, die meine Ansichten über diese Theorie teilen.

Und damit liege ich nicht falsch. Dass sich gerade auch Homosexuelle zunehmend von der Gender-Theorie angegriffen fühlen, bestätigt auch David Berger. Der schwule Theologe, Publizist und ehemalige Chefredakteur der deutschsprachigen Monatszeitschrift *Männer* verfasste einen Artikel zu dieser Thematik mit dem Titel: *„Frau Roth, hören Sie auf, uns Homosexuelle ideologisch zu missbrauchen!“* Inhaltlich geht es um die Instrumentalisierung von Schwulen, Lesben und Transsexuellen für die Gender-Theorie und die Rolle der Grünen, insbesondere von Claudia Roth, in diesem Spiel. Berger schreibt:

> *„Die Grünen-Politikerin und Vizepräsidentin des Deutschen Bundestages Claudia Roth bekennt sich ganz offen zu dem – wie sie es nennt – ‚Genderwahn'. In einem Facebookpost lässt sie wissen, dass sie ‚FÜR RESPEKT! FÜR GLEICHE RECHTE! FÜR GENDERWAHN!' zu kämpfen entschlossen ist. Da sie ihr Motto mit einer Regenbogenflagge bebildert, ist anzunehmen, dass es ihr um Respekt vor LGBTs und gleiche Rechte für Homosexuelle geht. Wie das dann allerdings mit der Genderideologie vereinbar sein soll, die sie angesichts der ideologischen Verbohrtheit ihrer Vertreter zurecht als ‚Wahn' bezeichnet, bleibt schlei-*

erhaft. Denn die Genderideologie ist geradezu Ausdruck fehlenden Respektes vor (schwulen) Männern und (lesbischen) Frauen.“

Zudem fordert Berger am Ende seines Artikels nochmals: *„Frau Roth, hören Sie auf, Homosexuelle für ihre parteipolitischen Interessen zu missbrauchen!“*[(53)]

Damit sollte die Sachlage klar sein. Die ständigen Unterstellungen den Kritikern des Gender-Mainstreaming gegenüber, sie seien homophob, verlieren somit ihre Aussagekraft und sind nicht haltbar!

Es muss sowieso einmal eine strikte Unterscheidung getroffen werden: Kritik an der Gender-Ideologie hat an sich nichts mit Intoleranz irgendeiner sexuellen Minderheit gegenüber zu tun. Ich persönlich sehe das auf jeden Fall so. Von mir aus können auch noch hundert weitere Frauen mit Bart und was weiß ich nicht alles über den roten Teppich huschen. Ich sehe darin kein Unheil und kann die Aufregung, die manche Zeitgenossen darum entfachen, auch nicht nachvollziehen. Ein wahrhaftes Problem habe ich allerdings mit der Gender-Ideologie an sich. Die Theorien dieser geistigen Blähung stellen doch tatsächlich die Behauptung auf, es gebe angeblich keine Geschlechter und diese seien nur anerzogen. Deshalb müsste sich der Mensch auch unbedingt von den Zwangskategorien „Frau“ und „Mann“ lösen. Was für ein Wahnsinn! Würde man die Theorie als „gaga“ abtun, was sie definitiv ist, dann wäre alles in Ordnung. Da man diesen Schwachsinn aber ernst nimmt, halte ich ihn für hochgefährlich.

Ein weiterer Kritikpunkt – und das ist mein Hauptkritikpunkt – ist die Tatsache, dass schon kleine Kinder mit dieser Ideologie belästigt werden. Man verwirrt die kleinen hinsichtlich ihrer natürlichen Geschlechterrollen, und das hat nichts mit Erziehung zur Toleranz zu tun, sondern geht viel weiter und greift in die kindliche Seele ein. Und deshalb muss dieser Irrsinn gestoppt werden. Alle verantwortungsbewussten Eltern, aber auch Erzieher und Lehrer, sind dazu aufgerufen.

Gender-Mainstreaming ist unlogisch

Beleuchten wir einmal genauer die Unlogik, die hinter Gender-Mainstreaming steckt: Ich meine, es ist ja ohnehin schon eine tolldreiste Behauptung, wenn die Existenz des Geschlechts geleugnet wird. Ein konkretes Beispiel für die inhaltliche Unlogik ist Folgendes: Angeblich vertritt Gender-Mainstreaming auch die Interessen von Transsexuellen. Das sind Menschen, die im falschen Körper geboren sind, sich also mit ihrem Denken und Fühlen dem anderen Geschlecht als zugehörig empfinden. Nehmen wir einmal als Beispiel einen Mann, der sich eigentlich als Frau fühlt. Er geht den nötigen Schritt und entscheidet sich für ein Leben als Frau – mit Geschlechtsumwandlung und allem, was dazugehört. Jetzt ist es so, dass diese transsexuelle Frau nun sicherlich auch als ganze Frau akzeptiert und angesehen werden möchte. Jetzt kommt aber das Problem mit der Gender-Theorie, die in ihrem Kern behauptet, es gäbe gar kein Geschlecht. Was bedeutet das nun für die transsexuellen Frauen und Männer? Erliegen sie nur einer anerzogenen Täuschung? Da Geschlechter bzw. Geschlechtszugehörigkeitsgefühle nur anerzogen sein sollen, würde das konsequenterweise darauf hindeuten. Also liebe Genderisten, wie ist das nun? Wenn Geschlechtsidentitäten angeblich nur anerzogen sind, ist dann die Transsexualität auch anerzogen? Wollten deren Eltern ein anderes Geschlecht aus ihnen machen?

Selbiges trifft übrigens auch auf eingefleischte Feministinnen zu. Die sind nun auch arbeits- und geschlechtslos. Denn Männer gibt es eigentlich nicht, und die Feministinnen selbst sind natürlich auch keine echten Frauen. Das ist alles nur Illusion. Tja, Frau Schwarzer, ich muss Ihnen leider mitteilen, dass Sie in Wirklichkeit gar keine Frau sind. Dieser Gedanke wurde Ihnen nur anerzogen.

Zugegeben, ich will jetzt nicht nur schimpfen. Gender-Mainstreaming ist auch für die Akzeptanz aller Geschlechterrollen, was an sich ok ist. Aber im Kern postuliert die Theorie, das einzig „Normale“ sei eigentlich die Geschlechtsneutralität oder alternativ dazu, der stetige Wechsel zwischen den Geschlechtern, von denen es aber angeblich nicht nur zwei, sondern schier unendliche gibt. Und das ist an Schwachsinnigkeit nicht mehr zu überbieten!

Gender-Mainstreaming ist eine Beleidigung für die deutsche Sprache

Doch der Irrsinn treibt noch weitere Blüten. So werden auch stetig Angriffe auf die Sprache unternommen. Alles muss schließlich schön gegendert sein. In manchen Fällen geht das sogar so weit wie im folgenden Beispiel: An der Humboldt-Universität zu Berlin lehrt eine Frau(?) Hornscheidt, die von ihren Studenten nur als „Professx" angesprochen werden möchte und auch dieselbigen nur mit „Studierx" anspricht. Das ist kein Witz. Was wie die bizarren Fantasien aus einem Science-Fiction-Heftchen der siebziger Jahre klingt, ist in Berlin Realität. So soll die Geschlechtsneutralität nun endgültig in voller Pracht zum Ausdruck kommen.

Man kommt sich dabei vor wie in einem gallischen Dorf. Asterix, Obelix, Miraculix und jetzt noch Professx. Normalerweise könnte man sich schlapp lachen, wenn es nicht so grotesk wäre. In der Zukunft werden wir noch oft mit solchem Unfug in Berührung kommen. Die Grünen wollen nun auch unbedingt den Gender-Stern einführen. Das sieht dann in etwa so aus: Bürger*innen, Rechtspopulist*innen, Hundebesitzer*innen, IS-Kämpfer*innen usw. Ganz tolle Sache, wirklich. Ich bin beeindruckt. Als gäbe es heutzutage keine wichtigeren Probleme, nicht wahr? Manche Leute leben einfach im Wolkenkuckucksheim, anders ist das nicht zu erklären.

Unterm Strich entstellt das Gender-Mainstreaming unseren Sprachschatz immer mehr. Und so ein Wahnsinn wird auch noch staatlich gefördert, finanziert und gelehrt. Die BRD ist wirklich das reinste Irrenhaus! Die Dekadenz breitet sich aus, ohne Frage.

Aber was schreibe ich da eigentlich, das kann man alles auch ganz anders sehen. Die Gendertanten sind natürlich alle ganz hochwissenschaftlich. Die haben den Durchblick. Das konsequente Ignorieren der Biologie und anderer Naturwissenschaften ist hierbei nur eine der vielen Paradedisziplinen dieser Koryphäen. Wir müssen es einsehen, die haben die Welt einfach begriffen. Alles ist in Wirklichkeit ganz anders. Auch die Natur haben wir immer falsch gedeutet. Ist doch klar, der Silberrücken würde eigentlich auch lieber im rosa Tutu durch den Urwald hopsen und Tupperabende veranstalten, anstatt seine Weibchen zu besteigen.

Gender-Mainstreaming ist nicht nur lächerlich, sondern auch gefährlich!

Bei all dem hirnverbrannten Unfug, über den man eigentlich so herrlich lachen kann, sollte niemals vergessen werden: Gender-Mainstreaming ist gefährlich! Es ist eine Gefahr für unsere Gesellschaft und unser aller Zusammenleben, angefangen in der eigenen Familie. Leider begreifen immer noch viele Menschen gar nicht, was hinter Gender-Mainstreaming steckt. Es hat mitnichten etwas mit Gleichberechtigung zu tun, sondern möchte schlicht und einfach die Geschlechter abschaffen. Wir sollen eine undefinierbare Masse von Geschlechtslosen werden. Natürlich wird das nicht gelingen, weil die meisten Menschen diesen Wahnsinn nicht wollen. Aber wenn Kinder mit solchen Ideologien konfrontiert werden, dann können diese sich nicht so effektiv wehren wie die Erwachsenen. Das kindliche Gemüt wird dadurch ganz schön durcheinandergerüttelt.

Liebe Erziehrinnen und Erzieher, liebe Lehrerinnen und Lehrer, ich weiß, dass die meisten von euch sehr gute Arbeit leisten und das Wohl der Kinder im Auge haben. Gerade deshalb bitte ich euch: Informiert euch über diesen Genderwahnsinn. Lest Bücher darüber, schaut euch Aufklärungsfilme an. Keine Macht dieser Ideologie!

Kommen wir nun zum eigentlichen schlimmen Kern des Gender-Mainstreaming und der damit einhergehenden Frühsexualisierung: Die Kinder werden regelrecht psychisch krank gemacht. Es geht hierbei auch nicht um die Akzeptanz von Homosexuellen und Transsexuellen. Toleranz zu vermitteln, ist völlig richtig. Nur muss eben auch klar sein, dass die „normalen“ Geschlechterrollen die Mehrheit darstellen und es völlig in Ordnung ist, sich so zu verhalten. Denn wenn das auf einmal nicht mehr in Ordnung ist, sondern angeblich nur noch das Geschlechtslose oder sexuelle Randgruppen, dann verwirrt und schädigt das die Kinder.

Die Mehrheit der Menschen fühlt sich dem eigenen Geschlecht zugehörig und zeigt auch solche Verhaltensweisen. Natürlich gibt es überall Grautöne und Schattierungen. Aber gewisse Hauptmerkmale sind bei dem typischen Geschlechtsverhalten einfach vorhanden. Und die treffen auch meistens auf große Teile des jeweiligen Geschlechts zu. Warum diese einfache Wahrheit auf einmal mit aller Gewalt unterdrückt werden muss, ist mir ein Rätsel. Mädchen, die Mädchen sein wollen und sich auch so verhalten, und ebenso Jungs, bei denen das so ist, die müssen das auch dürfen! Und da kommen wir zum Problem. Gender-Mainstreaming fördert zwar die Toleranz von allem außerhalb der Mehrheit, aber für das geschlechtsspezifische Verhalten und die gängige Hetero-Familie ist da plötzlich gar nicht mehr so viel Toleranz übrig. Deshalb ist es falsch zu denken, dass Gender-Mainstreaming völlig tolerant wäre.

Was die dazugehörige Frühsexualisierung und die geplanten, perversen Unterrichtseinheiten angeht, so werden hier noch viel mehr Probleme aufgeworfen. Ich persönlich glaube übrigens nicht, dass jemand durch so einen Unterricht plötzlich homosexuell, transsexuell oder sonst was werden kann. Die Veranlagung trägt man in der Regel schon vorher in sich. Also das befürchte ich nun wirklich weniger. Aber ich habe so meine Bedenken, ob die vielen Mädchen und Jungen, die sich geschlechtsspezifisch verhalten und sich auch ihrem Geschlecht zugehörig fühlen, nicht auf einmal verunsichert werden und an sich selbst zu zweifeln beginnen. Das kann durchaus psychische Störungen hervorrufen – und das bei eigentlich völlig gesunden Kindern. Wollen wir so etwas wirklich?

Die Pornografisierung

Neben dem Gender-Mainstreaming ist die Pornografisierung der Kinder und Jugendlichen ein nicht zu unterschätzendes Problem! Früher haben Kinder auch mal heimlich in Sexheftchen geschaut oder sich ein dementsprechendes Filmchen angesehen, wenn sie die Möglichkeit dazu hatten. Ich will da kein Drama heraufbeschwören, doch heutzutage hat das eine ganz andere Qualität. Durch das Internet stehen zahlreiche Möglichkeiten zur Verfügung. Die Kinder werden dort schon früh mit harten Sexpraktiken in Berührung gebracht, was ihre Psyche nachhaltig beeinflusst. Der Zugang zum nächsten Pornostreifen ist in der Regel nicht weit, im Netz wimmelt es davon. Für Eltern ist es daher sehr schwierig, die Kinder völlig von solchen Inhalten fern zu halten. Und wenn Kinder oder Jugendliche sich ständig Pornos anschauen – vielleicht auch noch den ganz derben Mist –, dann geht das nicht spurlos an ihnen vorüber. Das normale Kennenlernen der Sexualität, das Schrittweise herantasten, fällt dann später einmal ganz weg. Klein Julius will dann sofort einen „Blowjob" von Anne haben und anschließend gibt's natürlich den „Cumshot" ins Gesicht, und Anne soll das Zeug dann auch noch gierig herunterschlucken. Weiter geht's dann mit Analverkehr usw.

Ich bitte darum, mich nicht falsch zu verstehen. Erwachsene können das alles miteinander tun, das ist ja kein Problem. Aber Heranwachsende sollten sich doch erst einmal der Sexualität annähern und nicht gleich wie im Hardcore-Porno übereinander herfallen. Diese extreme Sexualreizüberflutung kann später zu sexuellem Frust und Beziehungsunfähigkeit führen. Und das ist für eine Gesellschaft hochgefährlich – mal davon abgesehen, dass es auch das Lebensglück des einzelnen Menschen zerstört.

Was können wir dagegen tun? Die Antwort ist mehr als schwierig. Das Internet abzuschalten, ist definitiv keine Lösung. Erstens ist das schier unmöglich, unsere moderne Welt ist wirtschaftlich, aber auch in allen anderen Bereichen voll ins Netz eingebunden, und Zweitens ist das Internet (auch wenn es diese Schattenseiten gibt) in erster Linie unser Freund. Denn das Internet ermöglicht es den Menschen, sich unabhängig über Geschehnisse und Vorgänge zu informieren bzw. sich darüber auszutauschen. Deshalb nützt es uns wesentlich mehr, als dass es uns schadet.

Was die Schattenseite mit der Pornografisierung angeht, so gibt es kaum eine sichere Lösung. Eltern können im Endeffekt nicht viel mehr tun, als darauf zu achten, dass sie ihre Kinder so gut wie möglich schützen z.B. durch die geeignete Software, die bestimmte Inhalte sperrt.

Das ist zwar auch keine Garantie und es gibt da noch den Freundeskreis, über den man an solche Inhalte gelangen kann, aber man tut immerhin etwas. Unterm Strich ist es unglaublich schwierig, die Kinder von solchen Dingen fernzuhalten – leider.

Ausufernde Liberalität

Der nächste Punkt, der Probleme in einer Gesellschaft aufwirft, ist die ausufernde Liberalität (nicht mit dem politischen Liberalismus zu verwechseln). Kurz angemerkt: Ich halte ein gewisses Maß an Liberalität für ungemein wichtig und unabdingbar in einer freien Gesellschaft! Anders funktioniert es nicht. Das alles kann jedoch nur positiv wirken, wenn es nicht ausufernd wird. Ungezügelte Liberalität sorgt nämlich in ihrer Endkonsequenz nicht für Freiheit, sondern für Chaos und Unterdrückung. Und damit schafft sie sich am Ende sogar selbst ab.

Toleranz ist eminent wichtig und hat noch keiner Gesellschaft geschadet. Aber es muss auch ganz klare Grenzen geben. Das Problem der schrankenlosen Liberalität ist, dass in ihrer Endkonsequenz die eigene Abschaffung steht. Durch das Dulden jeglicher extremistischer Ideologie (egal welcher), egal, wie gefährlich sie auch ist, bringt man die eigenen, freiheitlichen Werte in Gefahr. Der Extremismus darf sich hierbei so lange frei entfalten, bis er zu einer starken Macht heranwächst, die schließlich und letztlich die Freiheit gewaltsam zerstört.

Auch wenn das die Anhänger der grenzenlosen Duldsamkeit nicht gerne hören wollen, das ist die logische Konsequenz, die daraus entsteht. Man könnte auch sagen, die Konsequenz ist am Ende eine Diktatur, weil sich das stärkste Extrem durchsetzt und nicht aufgehalten wird. Deshalb sind bestimmte konservative Wertvorstellungen aus meiner Sicht definitiv eine unverzichtbare Größe und müssen wieder viel stärker das Handeln unseres Volkes bestimmen. Nicht, dass wir nicht auch andere Strömungen und Einflüsse bräuchten. Die brauchen wir ganz gewiss. Aber in einem gesunden Maße und nicht zügellos.

Gemeinsame Wertvorstellungen und Traditionen sind es, die eine Gesellschaft zusammenhalten. Sie sind es, die dafür sorgen, dass die Familie, die so unverzichtbar ist, auf einem festen Fundament steht! Ich meine mit „konservativ" übrigens eine gewisse Wertehaltung, die der Familie zugewandt ist und die sich der gesunden Vernunft widmet. Eine beschränkte „Brett-vorm-Kopf-Mentalität", deren geistiger Horizont nur bis zum nächsten Gartenzaun reicht, ist damit allerdings nicht gemeint.

Der blinde Glaube an die Wissenschaft

Dieser Abschnitt stellt keinen Angriff auf die Wissenschaft dar, sondern übt Kritik am Umgang mit derselbigen. Viele Menschen glauben heutzutage an die Wissenschaft, haben aber überhaupt keine Ahnung, wie diese funktioniert – und vor allem, wo überall manipuliert werden kann. Die Wissenschaft ist ganz klar eine der höchsten Errungenschaften, die wir besitzen. Damit meine ich die *freie* Wissenschaft, nicht die dogmatische. Doch das mit der Freiheit im Denken ist nicht so einfach. Dogmatismus scheint ein notwendiger Begleiter für die Menschheit zu sein, egal in welchen Angelegenheiten. Schon zu Goethes Zeiten gab es die berechtigte Kritik, dass an den Universitäten mehr altes Wissen und Glaubenssätze verwaltet werden, als dass wirklich offen und neugierig geforscht würde.

Oder gehen wir noch weiter zurück. Im Mittelalter lag die Meinungshoheit bei der Geistlichkeit und Kirche, und die Menschen glaubten jede noch so bizarre Lüge. Die Deutungshoheit über die Heilige Schrift lag ebenfalls in den Händen der Geistlichkeit. Diese Deutungshoheit, die sich zur damaligen Zeit auf alle wissenstheoretischen Bereiche bezog, wird auch „Scholastik" genannt. Die meisten Menschen konnten nicht lesen, vertrauten aber auf die Auslegungen der geistlichen Instanzen. Heute ist das nicht anders, nur dass die Meinungshoheit nun bei der Wissenschaft liegt, der die Menschen blind vertrauen. Was früher der Bischof, Pfarrer oder Mönch war, ist heutzutage ein Wissenschaftler im weißen Kittel. Auch hiervon, was diese Wissenschaftler behaupten, verstehen viele Menschen kein Wort, aber sie glauben daran. Die Masse glaubt heute an die Wissenschaft – aber die wenigsten verstehen, wie Wissenschaft überhaupt funktioniert.

Es ist daher wichtig, die Grundprinzipien der Wissenschaft zu verstehen, um sich überhaupt ein Bild über bestimmte Sachverhalte machen zu können. Was ist Verifikation, was Falsifikation? Wann ist eine Studie valide? Welche Täuschungsmöglichkeiten gibt es, vor allem bei Statistiken? Ich frage mich wirklich: Wie viele der Menschen, die angeblich voll und ganz an die Wissenschaft glauben, verstehen eigentlich etwas von diesen Dingen? Genau hier sehe ich ein großes Problem. Natürlich kann nicht jeder ein Experte sein, darum geht es auch gar nicht, aber so ein bisschen Grundahnung sollte man schon haben. Es gibt leider zu viele, die einfach nur blind alles glauben, was ihnen irgendein Professor vordiktiert oder was irgendwo in der Zeitung steht.

Eine ehrliche Selbsteinschätzung müsste demnach also lauten:

„Ich glaube voll und ganz an die Wissenschaft, obwohl ich keine Ahnung von deren Prinzipien und Zusammenhängen habe. Bezeichnungen wie ‚Falsifikationismus nach Popper' und Worte wie ‚Reliabilität' und ‚Validität' habe ich entweder noch nie gehört oder ich weiß nicht, was sie bedeuten. Ich lache über die Menschen von früher und recke meine Nase hoch in die Luft, dabei begreife ich vieles selbst nicht. Die Menschen hatten in der Vergangenheit auch gar keine Möglichkeit, sich selbst ausreichend zu informieren, weil die meisten von ihnen gar nicht lesen konnten. Ich persönlich habe die Möglichkeiten in der heutigen Zeit, nutze sie aber nicht, weil ich schlicht und einfach zu bequem dazu bin. Dennoch lache ich über die Menschen von damals und fühle mich schlau und überlegen. Die Wissenschaft ist rational und ich auch. Natürlich weiß ich gar nicht, wie Wissenschaft und Forschung richtig funktionieren, ich habe keine Ahnung, wie man Statistiken erstellt und deren Ergebnisse eventuell verdrehen kann. Dennoch glaube ich einfach alles, was ich offiziell gesagt bekomme, auch wenn ich es nicht nachprüfen kann. Das ist für mich dennoch völlig rational und logisch, weil das Wort ‚Wissenschaft' etwas damit zu tun hat. Und dieses Wort ist für mich ein Glaubensbekenntnis. Ich bin also gläubig, genau wie die Menschen früher. Wo besteht jetzt eigentlich der Unterschied zu damals? Irgendwie kann ich den gerade gar nicht mehr erkennen."

Das wäre doch immerhin der erste Schritt zur Erkenntnis. Doch das alleine genügt nicht. Wir brauchen einen besseren Zugang zu den entscheidenden Wissensbereichen. Und das sollte schon in der Schule beginnen.

Wichtige Gedanken zum Schulsystem

Es wird mittlerweile viel über unser Schulsystem gescholten. Ich persönlich, der auch auf beruflicher Ebene schon etliche Berührungspunkte mit diesem System hatte, sehe das nicht ganz so hart. Hier muss man die Kirche im Dorf lassen. Allerdings könnte das System an der einen oder anderen Stelle durchaus ein kleinwenig Veränderung vertragen. Ich möchte hier nur mal ein paar Vorschläge bezüglich neuer Lehrfächer beziehungsweise der Ausgestaltung bestimmter Lehrfächer mit einbringen. Mein Vorschlag wäre die Einführung von Fachrichtungen, die spätestens ab der fünften Klasse gelehrt werden sollten. Vier Vorschläge fände ich zur Ergänzung des bisherigen Unterrichts besonders wichtig. Dazu gehört aber nicht das Fach „Zivilcourage“, wie es schon von der Linken-Politikerin Kipping gefordert wurde. „Zivilcourage“ bedeutet heutzutage ja, dem linken Weltbild zu folgen und sich bei Gutmenschen-Ansammlungen gegenseitig vollzuschleimen. So etwas brauchen wir nicht. Wenn schon, dann echte Zivilcourage. Aber die findet sich in einem soliden Bürgertum auf jeden Fall.
Die Fächer, die ich vorschlagen würde, heißen *Geschichte*, *Wissenschaftstheorie*, *Politische Bildung* und *Deutsche Kultur*.

Geschichte

Das Fach *Geschichte* gibt es natürlich bereits, wobei es sogar Überlegungen gibt, es abzuschaffen bzw. mit anderen Fächern zu vermischen (was an manchen Schulen schon geschehen ist). Ich finde, wir brauchen genau das Gegenteil, nämlich viel mehr Geschichte. Ich höre da jetzt schon wieder ganz viele Leute stöhnen, aber es ist nun mal so. Wer sich nicht verschaukeln lassen möchte, der muss selbst ein wenig Ahnung von der Materie haben. Mangelnde Geschichtsbildung ist unzweifelhaft einer der Hauptgründe, warum man den

Menschen am laufenden Band Unsinn erzählen kann. Wir brauchen also einen guten Lehrplan, der Geschichte ordentlich vermittelt. Der Unterricht sollte dabei frei von dogmatischen Glaubenssätzen sein und die verschiedenen Blickwinkel auf die jeweilige Thematik so neutral wie möglich beleuchten.

Wissenschaftstheorie
Wissenschaftstheorie brauchen wir zwingend. Denn gerade in unserer Zeit, in der viele an die Wissenschaft glauben, sollte sie auch jeder verstehen bzw. die Zusammenhänge von seriöser Wissenschaft benennen können. Wie im vorherigen Abschnitt schon erläutert, hat der Glaube an die Wissenschaft nicht unbedingt etwas mit dem Wissen über die Wissenschaft zu tun. Deshalb wäre ein solches Unterrichtsfach, das zumindest das Grundgerüst von Wissenschaftstheorie vermittelt, sehr wichtig.

Politische Bildung
Auch dieses Fach wäre enorm wichtig. Gerade wenn man mehr Demokratie durch Volksentscheide anstrebt, brauchen die Menschen auch ein Grundwissen im Bereich der Politik. Und dieses Wissen sollte schon etwas detaillierter sein, als es in einem gewöhnlichen Sachkundeunterricht vermittelt wird. Es gibt in diesem Bereich sicherlich einiges aufzuholen.

Deutsche Kultur
Deutsche Kultur ist ein Fach, das auf jeden Fall schon von der ersten Klasse an gelehrt werden muss. Gerade auch für die Kinder mit Migrationshintergrund ist es wichtig, die Kultur des Landes, in dem sie leben, genauestens kennenzulernen (wenn das nicht ohnehin schon der Fall ist) und sich darauf einzulassen. Aber auch für die Kinder ohne Migrationshintergrund kann es förderlich sein, einiges über die eigene Herkunft und Kultur zu erfahren. Nicht in jedem Elternhaus wird noch genügend Wissen vermittelt, und vom In-die-Glotze-schauen im Nachmittagsprogramm lernt man das auch nicht.

Die wesentlichen Bausteine dieses Faches sollten sein:

- Deutsche Geschichte (Aber nicht nur die Weltkriege, denn die deutsche Geschichte hat wesentlich mehr zu bieten. Zudem sollte ein – so gut es geht – objektiver Blick auf die Zusammenhänge und die geschichtlichen Darstellungen und Fakten gewährleistet sein, damit sich die Schüler ein eigenes Geschichtsbild aneignen können.)
- Informationen über deutsches Brauchtum allgemein.
- Auseinandersetzung mit den verschiedenen Regionen des Landes, den jeweiligen Dialekten und Traditionen.
- Naturkunde über die deutsche Flora und Fauna (in der Qualität, wie es früher einmal gelehrt wurde).
- Deutsche Literatur und ihre größten Denker sowie wichtige Philosophen (Goethe, Schiller, Schopenhauer, Kant etc.).

Das alles sollten Lehrinhalte des Faches darstellen. Wir brauchen ein ganz eindeutiges Bekenntnis zur eigenen Identität. Am Ende muss klar sein: Die deutsche Kultur ist in diesem Lande die Leitkultur und für alle verbindlich. Die Identifizierung mit Deutschland und den dazugehörigen Sitten und Gebräuchen soll dadurch erreicht werden. Das bedeutet nicht automatisch, dass Menschen mit Migrationshintergrund ihre eigenen traditionellen Werte gänzlich aufgeben sollen oder werden. Aber ein bestimmtes Grundwissen über die deutsche Kultur und die vollständige Akzeptanz derselbigen muss zwingend erreicht werden. Nur so ist eine erfolgreiche Integration überhaupt möglich.

Vor allem aber auch für die deutschstämmigen Kinder ist diese Unterrichtseinheit wichtig. So wird endlich wieder ein gesundes Verhältnis zur eignen Identität und Herkunft hergestellt. Und das brauchen wir!

Ich will weiterhin anmerken, dass diese Vorschläge sicherlich nicht die einzigen sinnvollen Änderungen des Schulsystems darstellen.

Zudem würde ich regelmäßigen Unterricht im Wald oder in Grünanlagen durchführen lassen. Der Mensch ist Teil der Natur und gerade für Kinder und Jugendliche ist es wichtig, dass sie den Zugang zur Natur finden bzw. behalten. So lernen sie auch, ihre Sinne richtig zu nutzen und sich auf sie zu verlassen. Das ist generell von Vorteil, wenn man nicht anfällig für Manipulationen sein möchte.
Ich kann das übrigens auch nur jedem Erwachsenen empfehlen. Hört öfter mal auf eure Sinne, und wenn ihr ein wenig Zeit habt, dann arbeitet an ihnen und schärft sie. Dann kann euch auch keiner mehr so schnell aufs Kreuz legen. Ein Schärfen der Sinne, kombiniert mit dem selbständigen Erwerb von Wissen und der Auseinandersetzung mit kontroversen Meinungen, trainiert Deinen Verstand und Dein Urteilsvermögen. Deshalb muss die Vernunft, die ich immer wieder so gerne betone, auch mit scharfen Sinnen ergänzt werden. Nur wer seine Sinne schärft, kann auch seine Umwelt detailliert wahrnehmen. Beides sollte daher kombiniert werden – das vernünftige Denken und die geschärften Sinne. Schon ein Immanuel Kant wusste in seiner *Kritik der reinen Vernunft* darzulegen, warum diese alleine nicht ausreicht.

Falsche Vorbilder

Wenn man die Glotze einschaltet oder im Internet surft, kommt man nur selten an Sendungen oder Schlagzeilen vorbei, in denen wieder irgendwelche Stars und deren Privatleben im Mittelpunkt stehen. Um manche Leute wird ein regelrechter Kult zelebriert. Kinder und Jugendliche sehen die Sendungen oder lesen die Nachrichten und Magazine und lassen sich von solchen Kulten leicht anstecken. Dabei sind diese Popstars und Hollywoodgrößen nicht immer die besten Vorbilder.

Also viele Leute in Hollywood mögen ja vielleicht ganz gute Schauspieler sein, das möchte ich denen gar nicht absprechen (und auch ich sehe mir gerne gute Filme an), und die Popstars können in der Regel auch gut singen, ohne Zweifel, aber als Vorbilder in Bezug auf das Privatleben – speziell was Ehe und Familie angeht – taugen die meisten wohl eher weniger. Hier sollten sie uns besser als abschreckende Beispiele dienen.

Klar, es gibt Ausnahmen. Nicht alle sind verkorkst. Manche führen tatsächlich vorbildliche Ehen, haben glückliche Familien und was weiß ich nicht noch alles. Aber mal ehrlich, der Großteil dieser Leute lebt doch eher in kurzweiligen, brüchigen, teils chaotischen Beziehungen. Diese Menschen sind meist reif für den Familien- oder Paartherapeuten, aber keinesfalls befähigt, um anderen Menschen, insbesondere Jugendlichen, als Vorbild zu dienen – zumindest nicht, wenn diese später einmal ein normales Familienleben führen wollen.

Ein weiterer, irrwitziger Punkt in dieser ganzen Glamourwelt-Inszenierung ist der Schönheits- und Jugendwahn. Überall auf den Bildschirmen sieht man mittlerweile diese Botox-Fratzen, die uns wie eine fleischgewordene Galerie des Grauens aus der Mattscheibe anblinzeln. Man reibt sich verwundert die Augen – sind das Menschen oder Außerirdische? Meist handelt es sich hierbei um ältere Promis, die mit aller Gewalt jung aussehen möchten, sich in Wirklichkeit aber entstellen. Anhand dieser Umstände wird deutlich: Nicht nur Jugendliche lassen sich von den Schundmagazinen im Fernsehen den Kopf verdrehen, auch immer mehr ältere Leute fangen an zu spinnen. Der Jugendwahn betrifft dabei nicht nur Prominente, sondern auch Teile der Bevölkerung.

Wenn sich jemand fit hält und gesund lebt, dann finde ich das wunderbar. Natürlich sollte man versuchen, so lange wie möglich „jung“ und vital zu bleiben. Das ist ein durchaus erstrebenswertes Ziel. Das hat aber nichts mit dem lächerlichen Gehabe zu tun, dass man angeblich keine Oma oder kein Opa ist, obwohl der Enkel direkt neben einem steht. Jungbleiben, vor allem geistig, ist eine gute Sache. Aber eines ist im Alter besonders wichtig, liebe Leute: Bitte altert in Würde! Alles andere ist lächerlich. Ihr könnt also selbst entscheiden, ob ihr in Würde oder in Lächerlichkeit altern wollt. Es liegt bei euch.

Prominente sind auch im System gefangen

Es ging im vorigen Abschnitt sicherlich nicht darum, undifferenziert auf Prominente einzudreschen. Da gibt es solche und solche, so wie überall. Und vielen dieser Menschen geht es, zumindest was die Meinungsfreiheit angeht, nicht viel besser wie dem Normalbürger. Denn auch die Prominenten sind in dem politisch korrekten System gefangen. Immerhin ist man Teil einer erlauchten Gesellschaft und möchte das auch bleiben. Da gibt es irgendwie so eine besondere Gruppendynamik. Der eine schmeichelt dem anderen. Ich möchte diesen Zustand deshalb ganz gerne als „Prominentenklüngel" bezeichnen. Das trifft es wohl ganz gut. Vor allem hier bei uns in Deutschland haben wir einen sehr fest verwobenen Klüngel. Da treffen sich Politiker, Manager, Großindustrielle, Schauspieler, Regisseure, Produzenten, Profisportler, Musiker, Modeschöpfer, Models, Moderatoren und hochrangige Journalisten auf Partys und Empfängen. (Sollte ich irgendeine Gruppe vergessen habe, so möge mir diese verzeihen.)

Diese Tatsache ist erst mal nichts Schlimmes und es ist klar, dass sich Prominente untereinander kennen und treffen. Was uns aber viel mehr zu denken geben sollte, ist die Konsequenz, die sich daraus ergibt. Gerade in Deutschland, wo kaum ein Prominenter mal eine eindeutige Stellung zu kritischen Themen bezieht (außer es ist politisch korrekt und mainstreamgerecht), merkt man es deutlich. Man lebt in seiner eigenen Welt und möchte auch keinem ans Bein pinkeln. Außerdem will man seine Pfründe bewahren und äußert sich deshalb auch nur dementsprechend. Das ist irgendwie auch nachvollziehbar, ich kann diese Leute zumindest teilweise verstehen. Auch ein Prominenter, oder gerade ein Prominenter, kann ganz schnell karrieretechnisch vernichtet werden, wenn er etwas Falsches sagt.

Es sind in der Tat nur wenige aus diesem Prominentenklüngel, die sich wirklich einmal trauen, den Mund aufzumachen. Oder sollte ich schreiben, die überhaupt gewillt sind, einmal offen und ehrlich ihre Meinung zu sagen? Dass die alle eingefleischte Linksideologen sind, kann ich irgendwie nicht so ganz glauben, aber man hört nur selten kritische Stimmen. Es ist zudem durchaus bekannt, was einem widerfahren kann, wenn man sich nicht systemkonform äußert. Auch hier schlägt die moderne Inquisition wieder eiskalt zu. Das Beispiel der ehemaligen Tagesschausprecherin und Buchautorin Eva Herman hat es unter anderem deutlich gemacht.

Und hieran erkennen wir auch, was eigentlich die offizielle „Todsünde“ ist. Während Leute wie ein Herr Friedman nach seinem Exzess mit Zwangsprostituierten und Drogen wieder in die erlauchte Gesellschaft aufgenommen werden, und auch andere, egal, was die so anstellen, reuig wieder zurückkriechen dürfen, werden Menschen wie Frau Herman knallhart abgestraft. Warum ist das so? Ganz einfach, weil es in der Öffentlichkeit das schlimmste Verbrechen ist, wenn man ehrlich seine Meinung sagt, und darunter ist eine *politisch nicht korrekte Meinung* zu verstehen. Wer dies tut, hat mit einer schlimmen Strafe zu rechnen: der Ächtung!

Eigentlich ist fast alles erlaubt, Sex mit Zwangsprostituierten, exzessiver Drogenmissbrauch, Körperverletzung, Steuerhinterziehung (was angesichts unserer Staatskrake, die immer mehr Geld an sich reißt, um es anschließend zu verpulvern, fast schon positiv zu bewerten ist), Betrug, das Verfassen von Pädophilie verharmlosenden Schriften (siehe Volker Beck und Daniel Cohn-Bendit) usw. Der reuige Sünder darf irgendwann wieder (wenn er überhaupt je ausgestoßen war) im Prominentenkarussell mitfahren und am öffentlichen Leben teilhaben. Aber wehe, wehe, man tut das, was Frau Herman getan hat. Dann wird man gnadenlos verurteilt. Und dieses Urteil lautet: lebenslanger Ausschluss aus der Kaste, berufliche Zerstörung und Verbannung! Deshalb wird es auch weiterhin nur wenige Prominente geben, die ihren Mund aufmachen.

Apropos Mund aufmachen: Da gibt es schon welche unter den Prominenten – wenige in die richtige und leider einige mehr in die falsche Richtung. Es gibt eine bestimmte Riege, zu der auch der schon genannte Til Schweiger gehört, die ziemlich laut daherkommt und hochmoralische Predigten hält. Doch Herr Schweiger ist nicht der einzige Apostel der neuen Hochmoral, da profilieren sich auch noch andere. Wenn wir gerade bei großen Sprüchen sind, dann fällt mir spontan der Talkshow-Auftritt Herbert Grönemeyers bei Günther Jauch ein. Der Sänger sorgte mit seinen Aussagen in der Sendung dafür, dass ich mir wieder den Kotzeimer an die Couch holen musste. Da fielen Sprüche wie:

„Aber trotzdem ist das, was er sagt, verbale Brandstiftung. Wenn man den Leuten draußen erklärt, es gibt keinen Plan, wenn Sie selber sagen, die Bayern nehmen das wunderbar auf, kümmern sich, dann ist das verbale Brandstiftung, um im rechten Lager zu fischen und das ist einfach ne Unverschämtheit…"[(54)]

Die Aussage Grönemeyers bezog sich auf Horst Seehofer, der den Kurs der Kanzlerin mehrfach kritisiert hatte und offen aussprach, dass es keinen vernünftigen Plan für die Flüchtlings-Situation gebe. Mal ehrlich, der Seehofer muss das Chaos in Bayern ausbaden, nicht der Grönemeyer. Da lässt es sich leicht daherreden und vom „verbalen Brandstifter" faseln. Und wieso ist das verwerflich, wenn man den Menschen die Wahrheit sagt? Puh, das war schon starker Tobak. Ich hatte Flugzeuge in meinem Bauch, konnte den Würgereiz aber gerade noch unterdrücken.

Immerhin hatte der Herr Grönemeyer auch noch anderes zu bieten. Wegen der aktuellen Umstände meinte er gegen Ende der Sendung:

„Ich glaube, die Amerikaner und die Engländer haben das Ganze angerichtet im Irak. Die ISIS ist ein Resultat des Westens, das darf man nicht vergessen."[(55)]

Zweifellos, da hat der Herr Grönemeyer etwas richtig verstanden, teilweise zumindest. Mein Magen beruhigte sich wieder ein wenig. Doch im Endeffekt hatte der Sänger ein lautes Plädoyer für zügellose Aufnahmebereitschaft gehalten, was real kaum zu bewältigen sein wird. Ähnliches wusste auch der Wissenschaftsjournalist Ranga Yogeshwar zu verkünden, der ebenfalls eingeladen war. Auch er redete von abstrusen Dingen wie beispielsweise, dass jeder eine Patenschaft für einen

Flüchtling übernehmen solle. Entschuldigung, die Idee an sich ist ganz löblich, aber in der Praxis ist das doch mehr als utopisch. Die Wenigsten werden das tun. Das sind alles Träumereien, die sich in Luftschlössern abspielen. Wir brauchen vernünftige Konzepte, nur so kann Hilfe funktionieren, wie ich in Kapitel 3 schon erläutert habe.

Am Ende ist es immer das Volk, der ganz normale Bürger, der in erster Linie diese Herausforderungen stemmen muss. Deshalb sollte auch das Volk die lauteste Stimme bei wichtigen Entscheidungen haben. Und dazu kommen wir im nächsten Kapitel.

Kapitel 5: Das Demokratiedefizit

Leben wir wirklich in einer Demokratie? Ich meine so, wie es sich gehört, so richtig demokratisch, mit Teilhabe des Volkes an wichtigen Entscheidungen. Kurze Frage, ganz banal: Wurdest Du gefragt, ob Du den Euro haben willst? Immerhin geht es hier um eine Währung, das ist kein Pappenstiel. Und ob Du dafür oder dagegen gestimmt hättest, ist erst mal egal. Es geht nur darum, ob Du überhaupt abstimmen durftest. Also, wurdest Du gefragt?

Na klar, ich kenne die Antwort. Natürlich nicht! Ich übrigens auch nicht! Und dennoch haben wir jetzt den Euro. Bist Du Dir immer noch sicher, dass wir in einer Demokratie leben? Mal ehrlich, wenn noch nicht einmal über solch wichtige Dinge vom Volk abgestimmt werden darf, dann hat dieses System aber auch wirklich gar nichts mit einer echten Demokratie zu tun. Sieh es ein, momentan hast Du weder in Deutschland noch in Europa was zu sagen. Du hast nix, aber auch rein gar nix zu melden. Genau wie ich. Und das müssen wir ändern! Alle gemeinsam! Zeigen wir dem aktuellen System die rote Karte.

Was meinst Du, wie die sich in Berlin in Wirklichkeit vor uns in die Hosen machen. Die wissen ganz genau, würde ein Großteil der arbeitenden Bürger einfach mal ein paar Tage die Arbeit niederlegen, dann wäre das große Spiel vorbei. Deshalb muss das aus deren Sicht auch unbedingt verhindert werden, denn der ganze Affenzirkus, den die veranstalten, ist nur durch das arbeitende Volk möglich! Deshalb müllt man die Leute mit stupider Unterhaltung zu und lässt sie Polittalks im Fernsehen gucken, so als hätten sie damit irgendeinen Einfluss auf die Politik und deren Entscheidungen. Auch Angst schüren, beispielsweise vor Arbeitsplatzverlust, ist hier ein probates Mittel. Hauptsache der deutsche Michel wird sich nicht einig und begreift erst gar nicht, dass er eigentlich die Macht in den eigenen Händen hält.

Es ist doch so: Die Bevölkerung ist nicht auf die Politiker angewiesen, sondern genau umgekehrt! Ohne die arbeitende, produzierende und Steuern zahlende Bevölkerung könnten die feinen Herrschaften in

Berlin und anderswo mal ganz schnell alles vergessen. Das Volk bezahlt die Politiker, nicht umgekehrt. Es ist ein geschickter Schachzug der Politik, dem Volk immer wieder vorzugaukeln, dass es von ihnen und ihrer angeblichen Weisheit abhängig wäre. So festigen sie ihre Position. In Wirklichkeit ist es aber genau anders herum. Die Politiker sind austauschbar, wahrscheinlich würde man schnell noch fähigere Leute für die Posten finden, aber die Arbeitskraft des Volkes nicht. Die Politiker, die unsere Angestellten sind, sind also von uns abhängig und haben daher nach unserer Pfeife zu tanzen. Dass es momentan noch anders herum läuft, liegt nur daran, dass sich das Volk zum Großteil immer noch verarschen lässt und denkt, es bräuchte diese Leute. Clever gemacht, liebe Politik, aber die Wahrheit sieht anders aus. In Wirklichkeit waren und sind schon immer intelligentes Unternehmertum, Ingenieurskunst, Erfindungsreichtum und nicht zuletzt die Arbeitskraft der vielen Fach- und Hilfsarbeiter, die täglich ihr Bestes geben und hart malochen, das wahrhafte Fundament und der wahrhafte Grund, auf dem unser aller Wohlstand in Deutschland (noch) begründet ist. Selbstverständlich können auch fähige Politiker positiv auf die wirtschaftlichen Weichen eines Landes einwirken und haben das in der Vergangenheit das ein oder andere Mal getan. Dennoch ist das alles nur Beiwerk, die Hauptleistung liegt bei den Bürgern selbst. Es ist in der Tat ein geschickter Schachzug, wenn Spitzenpolitiker dem Volk suggerieren, es sei von ihnen abhängig und sie, die Politiker, seien die Hauptverantwortlichen für den Wohlstand. Die Realität ist und bleibt jedoch eine andere!

Daher müssen wir auch endlich verstehen, dass wir das Recht haben, diesen Politikern alles, aber auch wirklich alles abzuverlangen und eine vernünftige politische Arbeit einzufordern! Kein anderer Chef würde das mitmachen, wenn er seine Angestellten teuer bezahlt und die ihm dafür noch ganz tolldreist auf der Nase herumtanzen, sich als die wahren Chefs aufspielen und nicht mal ihre Arbeit vernünftig machen. Solche Typen würden in der freien Wirtschaft sofort rausfliegen. Aber nicht so unsere Politiker. Die machen, was sie wollen und wir, die eigentlichen Chefs, schauen auch noch zu und lassen uns verschaukeln.

Schluss damit! Wir sollten unsere Rechte vehement einfordern! Zudem sollte endlich einmal verstanden werden, was so manche Politiker eigentlich wirklich meinen, wenn sie etwas sagen. Ich möchte an dieser Stelle kurz ein paar Beispiele für „Politiker-Sprech" aufzeigen und die Übersetzung in Klarsprache dazuschreiben:

Politiker-Sprech: *„Wir müssen uns solidarisch zeigen und finanzielle Hilfe organisieren."*

Übersetzung: *„Ihr, die Bevölkerung, müsst euch solidarisch zeigen, weil wir euch das vorschreiben. Wir werden mit eurem Geld, nicht mit unserem, diese Solidarität finanzieren. Also bleibt weiterhin schön produktiv, damit wir euch noch mehr Steuern abpressen können. Wir selbst zahlen uns davon dann ein üppiges Gehalt, das wiederum nicht versteuert wird und organisieren großzügig Hilfe für andere, ob es euch passt oder nicht. Denn ihr seid die Zahler und wir die Abkassierer und Umverteiler, die sich hinterher auch noch scheinheilig als Wohltäter aufspielen. Wir machen das mit euch, weil ihr es mit euch machen lasst. Ganz einfach!"*

Politiker-Sprech: *„Wir dürfen nicht zwischen Kriegs- und Wirtschaftsflüchtlingen unterscheiden. Alle Menschen müssen bei uns willkommen sein, und wir sollten sie dementsprechend auch bei uns aufnehmen. Von der Bevölkerung erwarten wir hierbei Toleranz und Aufnahmebereitschaft."*

Übersetzung: *„So, ihr dummen Michels, jetzt zeigen wir euch mal, wo der Hammer hängt. Wir weigern uns, zwischen Kriegs- und Wirtschaftsflüchtlingen zu unterscheiden, weil es uns – ganz ehrlich gesagt – egal ist, wer hierher kommt. Dass wir damit das Asylsystem untergraben und wirklichen Kriegsflüchtlingen in der Zukunft damit schaden, juckt uns kein bisschen. Ist doch nicht unser Problem. Außerdem müssen wir das Ganze auch nicht bezahlen, das macht ja schon ihr. Also hopp hopp, Steuern zahlen und Platz für andere machen. Die hocken wir einfach mal in Zelte, Bunker oder Container neben euch. Ob euer sauer angespartes Haus dabei an Vermögen verliert, ist uns absolut* *scheißegal! In unseren Vierteln, in denen WIR wohnen, werden wir solche Container nicht aufstellen. Und bei uns zuhause nehmen wir auch niemanden auf. Das habt IHR zu machen, weil ihr das Fußvolk seid. Wir sind eure gnädigen Herrscher und deshalb machen WIR zwar die großen Versprechungen, aber IHR müsst das bezahlen und dafür gerade stehen. Kapiert?"*

Politiker-Sprech: *„Wir müssen bei dem Thema ‚Zuwanderung' unsere Worte sorgsam wählen, um den Rechtspopulisten nicht in die Hände zu spielen."*

Übersetzung: *„Wir müssen mit unserem politisch korrekten Gequassel unbedingt alle Fakten verschleiern und jede Debatte damit verzerren. Die Bürger sollen ein ungutes Gefühl bekommen, wenn sie bestimmte Begriffe bei bestimmten Themen verwenden und somit die offene Diskussion scheuen. Damit würgen wir jegliche unbequeme Kritik ab und müssen uns nicht mit logischen Argumenten und Fakten auseinandersetzen."*

Das ist die traurige Wahrheit über so manchen Politiker und dessen Denkweise. Und wenn ich hier von Politikern spreche – das ist mir durchaus wichtig –, dann meine ich nicht die kleinen Lokalpolitiker und Ortsbürgermeister, die meist sehr anständige Leute sind und wirklich etwas Gutes erreichen wollen. Ich meine da ganz andere Leute, nämlich die lieben Spitzenpolitiker, die meist durch ihre Ellenbogenmentalität zu ihren Ämtern kommen. Die ganz obere Kaste sozusagen. Bei denen gibt es sicherlich auch einige Aufrichtige, ohne Zweifel, aber auch leider einige andere. Und diese „anderen" sind nicht zu unterschätzen. Es sind Menschen, denen ihre Posten und Ämter zu Kopf gestiegen sind. Diese Leute sind es, von denen ich spreche, die das Volk an der Nase herumführen und es verkaufen, wo sie nur können, diejenigen, die an den Schalthebeln der Macht sitzen und von denen dieselbige vollends Besitz ergriffen hat.

Wobei diese „Macht" auch nur scheinbar da ist. Die wirklichen Herrscher hocken wo ganz anders, im Hintergrund. Horst Seehofer sagte einmal so schön: *„Diejenigen, die entscheiden, sind nicht gewählt, und diejenigen, die gewählt werden, haben nichts zu entscheiden."*(56)

Interessant, was uns der bayrische Ministerpräsident da verkündet. Natürlich kann man das alles auch für eine „Verschwörungstheorie" halten, aber wenn man es nüchtern betrachtet, gibt es so etwas überhaupt nicht. Es gibt Theorien, die zu verschiedenen Annahmen und Ergebnissen führen. Nicht mehr und nicht weniger. Selbstverständlich ist nicht jede Theorie wahr bzw. gibt es auch immer genügend Schwachsinn unter den verschiedenen Sichtweisen. Aber das bedeutet nicht automatisch, dass man alles, was von einer offiziellen Version abweicht, gleich verwerfen muss. Das Wort „Verschwörungstheorie" dient am Ende nur dazu, unbequeme Theorien und Sichtweisen immer ganz schnell als Blödsinn abzutun, damit ja keiner auf die Idee kommt, dem Glauben zu schenken oder tiefer nachzuforschen. Es ist nichts weiter als ein Trick. Aber bei manchen Leuten funktioniert dieser Trick auch sehr gut und viele denken tatsächlich, es gäbe so etwas wie Verschwörungen nicht. Na klar, geheime Absprachen gibt's nicht. Wie naiv kann man sein?!

Verschwörungen sind nichts anderes als geheime Absprachen. Und dass solche stattfinden, kann man sich wahrlich an fünf Fingern abzählen. In der Vergangenheit haben die Machthaber schon immer versucht, das Volk durch Beeinflussung zu steuern. Aber das soll heutzutage plötzlich alles anders sein. Jetzt wollen die alle nur noch unser Bestes. Ganz ehrlich, wenn ein fünfjähriges Kind eine solche Meinung äußert, dann ist das in Ordnung. Von einem erwachsenen Menschen erwarte ich hingegen etwas mehr Sinn für die Realität. Natürlich wird im Hintergrund gemauschelt, das war noch nie anders. Doch in der jetzigen Zeit, in der wir alle so modern und fortschrittlich sein wollen, sollten wir dieses nicht mehr so leicht hinnehmen. Vor allem, wenn es um politische Entscheidungen geht, die unser aller Leben betreffen. Da hilft es auch nicht, die Augen zu verschließen und geheime Absprachen als nicht existent einzustufen. Diese ganzen Geheimtreffen – ob von den Bilderbergern oder auch anderen Gruppierungen – dienen selbstverständlich zu geheimen Absprachen und Vereinbarungen. Und die Presse schaut dabei zu und gleichzeitig weg. Was dort genau besprochen und vereinbart wird, mag Spekulation sein. Keine Ahnung, was von den kursierenden Behauptungen stimmt und was nicht. Aber dass solche Treffen und Absprachen stattfinden und dort sicherlich nicht nur Backrezepte ausgetauscht werden, ist mehr als offensichtlich. Diese Erkenntnis zu leugnen, ist absolut irrational. Und dass es eine gewisse Gruppe, Kaste, egal, wie wir es nennen wollen, gibt, die über sehr große finanzielle Mittel und Macht verfügt, und diese auch für ihre eigenen Vorteile einsetzt, ist auch nicht verwunderlich und sehr wahrscheinlich.

Zu dieser Thematik möchte ich nur einen dieser „Verschwörer" anführen bzw. drei Zitate von ihm, die für sich sprechen – den Multimilliardär David Rockefeller:

> *„Manche glauben gar, wir seien Teil einer geheimen Kabale, die entgegen den besten Interessen der USA arbeitet, charakterisieren mich und meine Familie als ‚Internationalisten' und Verschwörer, die gemeinsam mit anderen weltweit eine integriertere globale politische und wirtschaftliche Struktur schaffen – eine einheitliche Welt, wenn Sie so wollen. Wenn das die Anklage ist, dann bin ich schuldig, und ich bin stolz darauf."*
>
> Autobiographie *Memoiren*, 2003

> *„Wir sind der Washington Post, der New York Times, dem Time Magazine und anderen großen Publikationen dankbar, deren Chefredakteure an unseren Treffen in der Vergangenheit teilnahmen und die Zusage der Vertraulichkeit fast 40 Jahre lang respektierten. Es wäre unmöglich für uns gewesen, unsere Pläne für die Welt zu entwickeln, wenn wir all die Jahre im Rampenlicht der Öffentlichkeit gestanden hätten. Nun ist unsere Arbeit jedoch soweit durchdacht und bereit in einer Weltregierung zu münden. Die supranationale Souveränität von Welt-Bankern und einer intellektuellen Elite ist sicher der nationalen Selbstbestimmung, welche in den letzten Jahrhunderten praktiziert wurde, vorzuziehen."*
>
> Bilderberg-Treffen in Baden-Baden im Juni 1991

„Wir stehen am Rande einer weltweiten Umbildung, alles was wir brauchen, ist die richtige allumfassende Krise und die Nationen werden in die Neue Weltordnung einwilligen."

1994 vor dem UN Business Council(57)

Kommen wir aber wieder zurück zum eigentlichen Buchthema: In Deutschland, und nicht nur hier, wird schon seit Jahren alles gefördert, was Chaos erzeugt: die Linksextremisten, Islamisten, krude Weltanschauungen etc. Einzig gegen den Rechtsextremismus wird wirklich vorgegangen. Aber dabei leider auch gegen Bürgerbewegungen, denen man die rechtsextreme Etikettierung künstlich aufdrückt. Man sieht das auch deutlich an dem Beispiel, wie über PEGIDA berichtet wird und an den krassen Reaktionen aus der Öffentlichkeit gegen Asylkritiker generell. Natürlich könnte man annehmen, dass auch bürgerliche Bewegungen angeschoben werden, damit noch mehr Unruhe entsteht, dies ist aber ein Trugschluss. Die bürgerlichen Bewegungen, das, was aus der vernünftigen Mitte der Gesellschaft kommt, werden knallhart bekämpft. Und das ergibt aus der Sichtweise der Chaosstifter auch Sinn. Denn am Ende ist es so, dass immer noch eine große Masse der Menschen – Gott sei Dank – zum vernünftigen, ordentlichen Bürgertum gehört. Wenn nun eine solche Bewegung immer stärker wird, verdrängt sie am Ende die anderen, irren Randgruppen.

Das bedeutet also, dass eine Bewegung aus dem Bürgertum langfristig für Ordnung sorgt. Sie bewirkt dabei genau das, was die kulturellen Brandstifter nicht wollen. Deshalb wird das Bürgertum, und damit auch die Werte und die Vernunft, aggressiv bekämpft und als „rechtsradikal" denunziert. Gleichzeitig werden die tatsächlich radikalen Bewegungen gefördert, sodass diese ihren schädlichen Einfluss ausweiten können. Kurzum: Was Ordnung schafft, wird bekämpft, was Chaos schafft, wird gefördert. So sieht es leider aus.

Wenn man mal genauer hinschaut: Viele dieser chaosstiftenden Gruppierungen bekommen die Steuergelder geradezu in den Hintern geblasen. Es gibt aufgrund dieser Tatsache verschiedene Meinungen und Theorien, warum das so ist. Nach der Meinung des Autors Akif

Pirinçci bekommen die Gruppierungen etwas, die am lautesten Schreien und am dreistesten brüllen. Nun gut, dreist sind viele dieser Organisationen allemal, das stimmt. Aber ob es wirklich nur daran liegt? Ich habe Zweifel!

Sind wir doch mal ehrlich, die meisten dieser Gruppen – nehmen wir doch nur mal die Gender-Mainstreaming-Fraktion als Beispiel – müssen doch nur mit dem Finger schnippen und schon kommen eifrige Politkasperl wie willige Lakaien angerannt und überschütten diese mit den hart erarbeiteten Steuergeldern der Bürger. Andere Gruppen hingegen rackern sich einen Ast ab, versuchen auf sich aufmerksam zu machen, prangern Missstände an und... was kriegen sie? Pustekuchen.

Nein, meiner Meinung nach werden die Gelder ganz bewusst an bestimmte Gruppen verteilt, ohne dass diese es nötig hätten, laut zu schreien (was diese sicherlich trotzdem oft genug tun, aber eben gar nicht müssen). Sie bekommen es aus meiner Sicht deshalb so reichhaltig und großzügig, weil sie mit ihren Ansinnen dem heutigen, offiziellen Zeitgeist entsprechen. Und dieser Zeitgeist ist ultralinks, familienfeindlich und auf die Globalisierung ausgelegt!

Nun ist die Frage: Wie können wir wieder davon abkommen und vor allem, wer sind die Förderer dieses Zeitgeistes? Die Antwort ist nicht einfach, es gibt zahlreiche Theorien und Meinungen dazu. Deshalb ist die Gefahr, sich zu verzetteln, sehr groß. Sehr wahrscheinlich haben bestimmte Gruppierungen, Bündnisse, Finanzgrößen etc. einen Einfluss auf die Geschehnisse, sie besitzen auch das Geld und damit die Macht dazu. Aber wie alles genau zusammenhängt, ist am Ende auch immer zum Teil Spekulation. Wer im Einzelnen hinter den Dingen steckt, ist nicht einfach auszumachen. Es gibt Menschen wie den Multimilliardär George Soros, auf deren Namen man unweigerlich immer wieder stößt, wenn man sich mit dem Thema auseinandersetzt. Aber was bringt uns diese Erkenntnis? Es ist äußerst schwierig, solchen Typen das Handwerk zu legen, doch wir haben eine Chance, wenn wir deren Ziele erkennen. Eines dieser Ziele wird uns mittlerweile deutlich vor Augen geführt: Der Versuch, die Gesellschaften und Kulturen in Europa zu zerstören. Und genau hier müssen wir den Hebel ansetzen. Wir dürfen diese Zerstörung nicht zulassen. Dann wirken wir den Chaoserzeugern und ihren Plänen direkt entgegen.

Speziell in Deutschland haben wir zudem jedoch noch ein weiteres, schwerwiegendes Problem. Die fehlende Souveränität!

Die fehlende Souveränität Deutschlands

Zu diesem interessanten Thema führte der russische Politologe Sergej Micheev im Mai 2016 ein sehr aufschlussreiches Radiointerview mit dem russischen Historiker Aleksej Fenenko über gegenwärtige Einschränkungen der deutschen Souveränität, die im Zwei-plus-Vier-Vertrag von 1990 festgelegt sind.

Nachfolgend werden Teile des Interviews[58] wiedergegeben:

> **Politologe Micheev:** „*Wir haben jetzt 16:34 Uhr in Moskau, ich möchte die Zuhörer noch einmal daran erinnern, dass wir heute in der Sendung Aleksej Fenenko zu Gast haben. Aleksej Fenenko ist Historiker, Experte für Amerikanistik an der Moskauer Staatsuniversität MGU, hat Doktortitel in der Geschichtswissenschaft... Heutzutage haben solche Länder wie Japan und Deutschland immer noch keine vollständige Staatssouveränität als Direktfolge des Zweiten Weltkriegs.*“
>
> **Historiker Fenenko:** „*Das ist wahr.*“
>
> **Politologe Micheev:** „*Und diese Staaten sind in Wirklichkeit abhängig von den USA. Es gibt eine ganze Reihe von Gerüchten zu diesem Thema, wie z.B. die berüchtigte ‚Kanzlerakte' und anderes. Zu Deutschland, was können wir zu Deutschland in diesem Zusammenhang sagen, was sind die Gerüchte und was sind felsenfeste Fakten in Bezug auf Deutschland? Bleibt die Souveränität Deutschlands weiterhin eingeschränkt oder...?*“

Historiker Fenenko: *„Ja, sie bleibt eingeschränkt, mehr noch, einen Friedensvertrag mit Deutschland gibt es immer noch nicht..."*

Politologe Micheev: *„Wer hat keinen Friedensvertrag mit Deutschland?"*

Historiker Fenenko: *„Alle. Alle Hauptalliierten haben immer noch keinen Friedensvertrag mit Deutschland. Auf diese Geschichte werde ich jetzt näher eingehen.*
In der Potsdamer Konferenz in 1945 haben sich die Alliierten auf eine einheitliche Lösungsformel in Bezug auf das besiegte Deutschland geeinigt. Es sind die vier ‚D' – Demilitarisierung, Demokratisierung, Denazifizierung und Demonopolisierung. Diese Vereinbarung zwischen den Alliierten sollte Grundlage des zukünftigen Friedensvertrages mit Deutschland werden.
Danach fand die Pariser Konferenz 1947 statt, wo jedoch der Friedensvertrag mit Deutschland von den Alliierten nicht unterzeichnet worden war. In dieser Konferenz haben die Alliierten die Friedensverträge mit den ehemaligen Verbündeten Deutschlands unterzeichnet – mit Finnland, Italien, Rumänien, Bulgarien und Ungarn. Die Unterzeichnung des Friedensvertrages mit Deutschland ist damals 1947 fehlgeschlagen. Seit dem Moment waren die Alliierten in Bezug auf Deutschland untereinander nicht mehr einig. Das heißt, im Grunde war damit die Vereinbarung von Potsdam 1945 außer Kraft gesetzt bzw. gebrochen.
1952 unterzeichneten die Westalliierten in Bonn den sogenannten ‚Deutschlandvertrag', womit die Souveränität der BRD nur teilweise wiederhergestellte wurde, mit einer Reihe von Einschränkungen bzw. Vorbehalten.
Danach, am 12. September 1990 in Moskau wurde der 2+4-Vertrag unterzeichnet, der die Einzelheiten der Wiedervereinigung der DDR und BRD regelte. Der 2+4-Vertrag heißt so, weil der Vertrag zwischen BRD+DDR und den 4 Hauptalliierten geschlossen wurde. Im Einzelnen waren das die UdSSR, die USA, Großbritannien und Frankreich. Die Regelungen des Vertrages waren folgende: 1. Die Souveränität wird vollständig wiederhergestellt, damit Deutschland zum eigenstän-

digen Subjekt auf der internationalen Bühne wird, 2. die Vollmachten der vier Hauptalliierten in Bezug auf ganz Deutschland werden damit vertraglich beendet und die Reste des Besatzungsstatutes werden damit beseitigt.
Aber es bleiben weiterhin in Kraft die vier Einschränkungen der deutschen Souveränität, die noch im ‚Deutschlandvertrag' von 1952 durch die Westalliierten festgelegt wurden. Erste Einschränkung: Verbot von Volksentscheiden über militärpolitische Fragen des Landes. Die Deutschen haben kein Recht zu entscheiden, eine US-Militärbasis im Lande zu haben oder nicht zu haben. Die Deutschen haben kein Recht zu entscheiden, eine strategische Luftwaffe zu haben oder ihre eigene Armee zu vergrößern, dazu haben die Deutschen kein Recht."

Politologe Micheev: *„Moment mal, Sie wollen damit sagen, das deutsche Volk darf nicht darüber entscheiden, ob die Amerikaner in Deutschland militärisch präsent sein können oder nicht? Das bestimmen alleine die US-Amerikaner?"*

Historiker Fenenko: *„Dieser Punkt unterliegt der zweiten Einschränkung der Souveränität, nämlich: Nach dem 2+4-Vertrag hat Deutschland kein Recht, den Abzug der ausländischen Truppen aus Deutschland zu verlangen bzw. zu fordern. Die Sowjetunion hat ihre Truppen aus der DDR freiwillig abgezogen, so haben wir entschieden. Diese Entscheidung lag allein in unserer Macht, wir wollten das. Deutschland hat bis heute kein Recht, den Abzug der alliierten Truppen zu fordern, laut 2+4-Vertrag. Übrigens, bis 1998 hatten die Westalliierten das Recht, die deutsche Regierung über die Bewegungen der alliierten Truppen innerhalb Deutschlands nicht zu informieren. Wenn die US-Amerikaner ihre Truppen und Panzer z.B. von Garmisch nach Ramstein verlegen wollten, brauchten sie die deutsche Regierung nicht einmal zu informieren. Nur im Jahre 1998 haben die US-Amerikaner die Zustimmung erteilt, über die Bewegungen ihrer Truppen in Deutschland die BRD-Regierung zu informieren, mittels NATO-Strukturen."*

Politologe Micheev: *„Erst im Jahre 1998?"*

Historiker Fenenko: *„Die dritte Einschränkung der deutschen Souveränität: Deutschland wird verboten, außenpolitische Entscheidungen zu treffen, ohne diese zuvor mit den Siegermächten abzusprechen. Übrigens, als Merkel im letzten Jahr, 2015, anlässlich des 9. Mai-Feiertags Russland kritisierte, hätte Putin erwidern können: ‚Frau Merkel, der 2+4-Vertrag verbietet Ihnen, die außenpolitischen Handlungen der Siegermächte zu bewerten oder gar zu kommentieren. Vergessen Sie das nicht.' Aber Putin hat das nicht getan, weil, wie ich glaube, Putin immer noch hofft, Deutschland irgendwann auf die russische Seite ziehen zu können, wenigstens teilweise.*
Und die letzte, vierte Einschränkung der deutschen Souveränität durch den 2+4-Vertrag verlangt, die Truppenstärke der Bundeswehr auf 370.000 Soldaten zu beschränken. Vor 1990 war die Grenze bei 500.000. Auch bestimmte Arten der Militärtechnik bleiben durch den 2+4-Vertrag weiterhin verboten.
Diese vier Einschränkungen der deutschen Souveränität bleiben in Kraft bis zur Unterzeichnung des Friedenvertrages.
Ein weiterer interessanter Punkt in diesem Zusammenhang: Es werden keine Verhandlungen über den möglichen Abschluss des Friedensvertrages geführt. Sobald ein deutscher Verteidigungsminister den Friedensvertrag nur erwähnt, bleibt er in der Regel nicht lange im Amt.“

Politologe Micheev: *„Wir haben reale, tatsächliche Abhängigkeiten Deutschlands von den USA besprochen. Ein sehr interessantes Thema vor allem in Bezug auf die Gegenwart.“*

Historiker Fenenko: *„Nach 1990 hat Deutschland schon einmal versucht, sich gegen die USA aufzulehnen, das war im Jahr 2009. Die Geschichte dazu war folgende: Am 5. April 2009 hat Obama eine Rede in Prag gehalten. Dort hat er sich für eine atomwaffenfreie Welt ausgesprochen. Die Deutschen haben darin sofort ihre Chance erkannt, und der Bundestag hat kurz darauf eine Resolution verabschiedet, die die Empfehlung beinhaltete, die Atomwaffen der USA aus Deutschland zu entfernen. Das würde die Situation der Deutschen grundlegend ändern, wenn die US-Atomwaffen weg wären. Die US-Amerikaner haben so-*

fort kapiert, was die Deutschen mit dem Abzug der US-Atomwaffen beabsichtigen. Denn, hätten die USA ihre Atomwaffen aus Deutschland abgezogen, hätten die Deutschen sagen können, es gäbe keinen Atomschutz mehr seitens der USA und deshalb bräuchten die Deutschen eine eigene, vollwertige Armee. Und diese eigene, vollwertige Armee der Deutschen wäre dann nur einen kleinen Schritt vom Friedensvertrag entfernt. Die USA haben diese Absichten der Deutschen erkannt und sofort die Polen und Engländer mobilisiert. Und die polnische und die englische Regierung haben erklärt, der Abzug der US-Atomwaffen aus Deutschland sei für sie nicht hinnehmbar. Also als Ergebnis haben die USA ihre Kontrolle über Deutschland noch weiter verstärkt. Am 22. April 2010 fand der NATO-Gipfel in Tallinn statt, auf dem beschlossen wurde, dass ab sofort, also ab 2010, der Abzug der US-Atomwaffen aus einem beliebigen NATO-Mitgliedsland nur einstimmig zu erfolgen hat, das heißt, nur wenn alle NATO-Staaten das einstimmig bewilligen. Das heißt, die Deutschen dürfen einseitig nicht verlangen, die US-Atomwaffen aus Deutschland abzuziehen. Dazu bedarf es der Einstimmigkeit der NATO-Länder.

Es ist klar, dass weder die Polen noch die Tschechen das je zulassen würden. Das heißt, ab 2010 haben die Deutschen keinerlei Möglichkeit mehr, den Abzug der Atomwaffen legal und rechtlich zu bewirken. Das wäre dann sogar eine weitere, die fünfte Einschränkung der deutschen Souveränität.

Nur wenn man den Inhalt des 2+4-Vertrages versteht, kann man auch das Wesen der gegenwärtigen Außenpolitik Deutschlands verstehen.

Aus meiner Sicht ist in Deutschland ein permanenter Kampf zwischen zwei Strömungen oder Parteien zu beobachten. Die erste Strömung bzw. Partei strebt eine Neuverhandlung des 2+4-Vertrages an und einen Friedensvertrag und die Verwandlung Deutschlands in eine vollwertige Großmacht, und das würde zu Freundschaft und Dialog mit Russland führen.

Helmut Kohl und Gerhard Schröder sind typische Vertreter bzw. Anhänger dieser Strömung bzw. Partei. Deshalb haben sie den politischen deutsch-russischen Dialog gefördert, um auf dieser Grundlage die Rege-

lungen des 2+4-Vertrages in Zukunft zu überschreiben. Das galt besonders für die Politik von Gerhard Schröder.
Und es gibt die zweite Strömung innerhalb Deutschlands, ich bezeichne sie als ‚kleinkariert' oder ‚provinziell'. Diese zweite Strömung erkennt den 2+4-Vertrag an, für ewig gültig, und sieht die Interessen Deutschlands mehrheitlich in der wirtschaftlichen Ausbeutung von Osteuropa – Polen, die Ukraine, das Baltikum usw. Und das bedeutet automatisch Konflikt mit Russland. Und Merkel stellt den typischen Vertreter der zweiten Strömung dar. Ich bin unsicher, ob die US-Amerikaner Druck auf Merkel ausüben. Jedenfalls haben die USA begriffen, dass diese zweite ‚kleinkarierte' Strömung für die USA nützlich ist."

Politologe Micheev: *„Die Amerikaner beherrschen die Kunst, Politiker dieser Art wie Merkel zu finden und sie zu lenken, das dürfte unbestritten sein. Und es ist wichtig, dass wir jetzt dieses Thema ausführlich behandeln, weil in Diskussionen oft das Argument vorgebracht wird, Europa und speziell Deutschland seien eben nicht eigenständig. Darauf wird wiederum geantwortet, dass dies nicht wahr sei. Ich danke Ihnen dafür, dass wir mit Fakten dieses Thema durchgegangen sind."*[(58)]

Das ist ein erhellendes Interview. Die Souveränitätsfrage in Bezug auf Deutschland ist eben doch nicht so eindeutig, wie immer vollmundig behauptet wird. Und wenn wir schon dabei sind, so sollten wir Deutschen uns auch endlich eine eigene Verfassung geben. Die haben wir durch das Grundgesetz zwar angeblich bereits, doch im Grundgesetz für die Bundesrepublik Deutschland Artikel 146 steht dazu: *„Dieses Grundgesetz, das nach Vollendung der Einheit und Freiheit Deutschlands für das gesamte deutsche Volk gilt, verliert seine Gültigkeit an dem Tage, an dem eine Verfassung in Kraft tritt, die von dem deutschen Volke in freier Entscheidung beschlossen worden ist."*[(59)]

Dann sollten wir mit dem Beschließen doch langsam einmal anfangen. Und das *„in freier Entscheidung"* selbstverständlich!

Eine reine Stellvertreterdemokratie ist immer eine Scheindemokratie

Um die vielen Missstände zu ändern, benötigen wir neben der allumfassenden Souveränität unseres Landes auch im ersten Schritt mehr Entscheidungsgewalt aus dem Volk heraus. Eine wirkliche, echte Demokratie kann es ohne Volksabstimmungen überhaupt nicht geben. Bei dem unzureichend demokratischen System, das wir aktuell erleben, wird die Mehrheit immer von einer Minderheit bestimmt. Zudem dürfen die Bürger nur alle vier Jahre ihre Stimme abgeben und das war's. Danach hat man nix mehr zu melden. Die Parteien können in der Zwischenzeit machen, was sie wollen. Das geht gar nicht!

Des Weiteren ist das, was diese Parteien anschließend machen, allzu oft nicht das, was die Mehrheit der Bevölkerung will. Selbst wenn 50% der Wähler einer bestimmten Partei ihre Stimme geben, so ist das ja keine Mehrheitsentscheidung. Zum einem handelt es sich nur um die Hälfte der Wahlbeteiligten und zum anderen bei weitem noch nicht einmal um die Hälfte der wahlberechtigten Bevölkerung – weil man ja noch die Nicht-Wähler miteinrechnen muss und deren Zahl wird immer größer. Natürlich werden jetzt viele wieder sagen: *„Wer nicht wählen geht, ist selbst schuld."* Dieser Satz trägt durchaus Wahrheit in sich. Wenn man die Möglichkeit zur Wahl hat, dann ist es sicherlich empfehlenswert, diese wahrzunehmen. Wie ich bereits im ersten Kapitel schrieb: Wer nicht wählt, der wählt automatisch die Partei mit den meisten Stimmen. Darüber sollte man sich im Klaren sein.

Auf der anderen Seite – und das muss auch berücksichtigt werden – muss man sich die Frage stellen: Was ist, wenn eine Person sich durch keine der wählbaren Parteien vertreten fühlt? Was dann? Klar, man kann das für einen selbst geringste Übel wählen. Das ist aber auch schon alles. Genau an diesem Punkt wirken Volksabstimmungen beflügelnd für eine Demokratie. Es ist absolut einleuchtend, dass man nicht über alles abstimmen kann. Das ist weder zeitlich noch finanziell machbar. Aber sehr wichtige Entscheidungen, wie beispielsweise über die eigene Währung, sollten doch unbedingt vom Volk selbst bestimmt werden. Dann könnten endlich auch die Menschen mitwählen, die sich sonst nicht vertreten fühlen. Hier würde es auch endlich mal eine echte Mehrheit geben, eine echte Mehrheitsentscheidung. So etwas ist mit unserem aktuellen Parteiensystem, komplett ohne Volksabstimmungen, überhaupt nicht möglich. Und deshalb muss dieses System zwingend geändert werden!

Leider sind wir von einer Änderung noch meilenweit entfernt. Nicht nur bei uns in Deutschland, sondern auch auf europäischer Ebene. Gerade in der heutigen Zeit, wo das EU-Brüssel-Bevormundungskonstrukt seine Fangarme über ganz Europa ausbreitet, ist eine wahrhafte Demokratie immer schwieriger zu erreichen. Die Schweiz ist eine kleine Insel inmitten des Elends, die sich weiter tapfer gegen die Bevormundung von außen wehrt.

Wir brauchen ein Europa der positiven Nachbarschaft, Freundschaft und Zusammenarbeit, aber gleichzeitig auch der Kulturvielfalt und Souveränität. Zusammenhalten ja! Aber jeder muss seine eigene Entscheidungsgewalt behalten, alles andere wäre Tyrannei! Nicht nur wir Deutschen, sondern auch die anderen europäischen Länder sollten deshalb unbedingt einen genauen Blick auf die Schweiz werfen, denn die Schweizer zeigen uns, wie es laufen muss. Wir brauchen Volksabstimmungen, nur so wird Demokratie lebendig!

Natürlich kann man diesen Gedanken auch kritisieren. Was passiert, wenn zu viele Menschen sich zu wenig für Politik interessieren und dann eventuell falsche Entscheidungen treffen? Das ist eine berechtigte Überlegung. Aber mal ganz ehrlich: Die gleichen Personen wählen ja auch und können somit auch schlicht und einfach die falschen Parteien wählen. Macht das die Sache besser? Außerdem, wenn man mal betrachtet, was manche Politiker für einen Stuss verzapfen, wird es die Masse da auch nicht schlechter machen. Der Wille des Volkes hat zu gelten und deshalb kommen wir an mehr direkter Demokratie nicht vorbei. In der Schweiz wird es so praktiziert und die fahren dort gar nicht schlecht damit.

Selbstverständlich wehren sich unsere Volksvertreter gegen solche Gedanken. Bloß keine direkte Demokratie, das geht gar nicht. Der Präsident des Deutschen Bundestages, Norbert Lammert, äußerte sich dazu klar und verständlich. Volksentscheide in das Grundgesetz aufzunehmen sei für ihn keine Option, denn das würde *„die Architektur unseres politischen Systems nachhaltig verändern."*[(60)]

Ja, Herr Lammert, das stimmt. Die Architektur dieses Systems würde tatsächlich verändert werden. Allerdings ist das kein negativer, sondern im Gegenteil, gerade der positive Aspekt! Denn dieses System muss geändert werden!

Natürlich wollen der Bundestagspräsident und Seinesgleichen das nicht. Für die ist das natürlich lästig. Aber für den Großteil der Menschen in Deutschland, für die Bürger, wäre es ein absoluter Segen! Ich fordere Herrn Lammert und seine Gesinnungsgenossen dazu auf, den Weg zu mehr Demokratie und Freiheit in Deutschland nicht länger zu behindern!

Das Demokratiedefizit in Deutschland

Die etablierten Parteien in Deutschland denken überhaupt nicht daran, so etwas wie Volksabstimmungen auch nur in Erwägung zu ziehen. Man hat es sich gemütlich eingerichtet in Berlin. Die Stimme der Bürger würde da nur stören, das geht natürlich gar nicht. Und dieser Kurs verhärtet sich zusehends. Auf den wachsenden Unmut innerhalb der Bevölkerung wird mitnichten mit Verständnis reagiert, sondern vielmehr mit Abscheu und Härte. Der Ton verschärft sich! Wer nicht spurt, der hat das volle Programm zu erwarten. Ich erinnere an dieser Stelle an das unterschwellige Klima der Angst und Verunsicherung. Wohl dem, der finanziell unabhängig ist und/oder dickere Eier als ein Deckhengst besitzt. Ansonsten kann man sich die eigene freie Meinungsäußerung an den Hut stecken.

So weit ist es mit diesem Land leider schon gekommen. Aber nicht wenige unserer gut bezahlten Politdarsteller fabulieren weiterhin großmäulig über die angeblich ach so tolle Demokratie in Deutschland. Es wäre fast schon lächerlich, wenn es nicht doch so traurig wäre. Eines von vielen Beispielen für den traurigen Zustand, in dem sich unsere Demokratie befindet, ist auch der Honorarprofessor der Universität Mainz, Gerd Mielke. Er gab dem *SWR*-Chefreporter Thomas Leif ein Interview[(61)], das man durchaus als bedenklich einstufen kann. In dem Interview ging es um den achswenden Zuspruch für die AfD sowie deren potenzielle Wähler und PEGIDA.

Mielke machte von Anfang an klar, dass er von der AfD nichts hält und diese sich aus seiner Sicht zunehmend radikalisiere. Jeder hat so seine Meinung, auch der Herr Mielke. Das ist auch nicht weiter tragisch, doch das war nur Vorgeplänkel. Mielke holte relativ schnell zu harsch formulierten Verbalschlägen aus. Er meinte in Bezug auf die Anhänger von PEGIDA: *„PEGIDA ist ‚Pack', aber im Wesentlichen ostdeutsches ‚Pack'.“* Da hat aber jemand gut aufgepasst und vom Vizekanzler gelernt. Das Pack, was sonst, aber vor allem „ostdeutsches Pack“. Ich weiß nicht, das klingt für mich irgendwie rassistisch. Aber da es ja gegen Deutsche gerichtet ist, scheint es wohl in Ordnung zu sein, so der traurige Stand unserer heutigen Zeit.

Doch Mielke hatte noch mehr auf der Pfanne, noch viel mehr. Der Interviewer, Thomas Leif, fragte: *„Mit welcher Strategie kann dem wachsenden Rechtspopulismus effektiv begegnet werden?“* Mielke antwortete mit dem Verweis auf die Ursachenforschung und *„latente rechtsextreme und anti-demokratische Einstellungen“*, die manche Leute angeblich in sich tragen und die in *„Stresslagen“* dann zum Vorschein kommen. Des Weiteren nahm er Bezug auf Adorno, was ihn als Anhänger der Frankfurter Schule entlarvt. Diese unselige *Frankfurter Schule* ist ein Stützpfeiler der kruden Ideologie der extrem Linken. Vielleicht erklärt das auch die Denkweise des Honorarprofessors und die Antwort, die er auf die nächste Frage gab. Er steigerte sich an dieser Stelle in abstruse, antidemokratische Fantasien hinein. Auf die Frage von Leif, ob der Staat, Polizei und Justiz härter gegen Rechtspopulisten und ihr Umfeld vorgehen sollten, meinte er:

„Hier plädiere ich für ein sehr drastisches Vorgehen gegen die Anhänger der Rechten, ganz so, wie man es mit Herzensfreude seinerzeit gegen die Friedensbewegung oder bei Stuttgart 21 praktiziert hat. Vor allem im Osten darf sich nicht die Lesart ‚Die wollen doch bloß spielen' gewohnheitsrechtlich einbürgern. Im Gegenteil, man sollte auf eine konsequente Einschüchterung des ‚Packs' durch eine konsequente Kriminalisierung setzen, eine Strategie, die zumindest die AfD und die PEGIDA von ihren autoritären Mitläufermassen trennen würde. These: Wenn sich die Mengen von rechtsaffinen Kleinbürgern in Dresden in einem dreistündigen Polizeikessel erst alle mal in die Hose gepinkelt haben und abschließend mit Wasserwerfern traktiert wurden, dann haben sie für eine geraume Weile genug vom Demonstrieren."[(61)]

Das ist also das Demokratieverständnis eines Politikwissenschaftlers, der an einer Universität lehren darf. Die Bezeichnung „haarsträubend" ist angesichts dieser Inhalte noch untertrieben. Die Sachlage wird so dargestellt, als seien AfD-Mitglieder und -Wähler sowie PEGIDA-Teilnehmer allesamt potenzielle Gewalttäter, die Ausländer angreifen. Eine sehr gewagte These. Und vor allem sehr undifferenziert. Und die Antwort, wie man mit den Unliebsamen denn umgehen sollte, spricht sowieso für sich. Unfassbar! Vielleicht sollte sich Herr Mielke mit diesem Interview mal in Nordkorea, beim dortigen Machthaber Kim Jong-un, bewerben. Ich denke, er hätte dort gute Aussichten auf ein einflussreiches Amt. Der Herr Mielke hat „tolle" Ideen, wie man die Menschen gefügig machen kann, wenn sie nicht spuren.

Das politische Klima in Deutschland ist rau geworden, sehr rau! Wie weit werden die extrem Linken noch gehen, um das Bürgertum zu bekämpfen? Sie merken, dass ihnen die Felle davonschwimmen und das macht sie zunehmend aggressiv. Der Druck wird erhöht, doch viele Menschen lassen sich davon nicht mehr einschüchtern. Das ist die gute Nachricht. Vielen Leuten stinkt es mittlerweile gewaltig und das lässt sich nicht einfach so wegwischen. Ich möchte Herrn Mielke jetzt nicht als Extremisten darstellen, aber manche seiner Aussagen sind meiner persönlichen Meinung nach durchaus als antidemokratisch einzustufen. Und nicht nur das, sondern auch als Hetze, das muss an dieser Stelle einmal deutlich gesagt werden! Wir sind Zeugen eines politischen Kampfes, der immer schmutziger wird. Gegen einzelne Menschen, freie Medien, Zusammenschlüsse und Parteien, die nicht dem vorgegebenen Linkskurs nachfolgen wollen, wird eine Diffamierungskampagne durchgeführt, die an düstere Zeiten erinnert. Wer den vorgegebenen Weg nicht mitgeht oder kritisiert, ist rechtsextrem. So die einfache Antwort der Meinungsmacher. Alle bekommen das nun zu spüren. Auch eine AfD, die in den Umfragewerten stetig stärker wird, wird nun plötzlich nicht mehr als „eurokritisch", sondern als „rechtspopulistisch", von einigen Hardlinern sogar ganz ungeniert als „rechtsextrem", bezeichnet. Vorher, als die Bedrohung für den Linkskurs noch nicht so groß war, verwies man immer großzügig auf die Demokratie und dass diese verschiedene Meinungen aushalten müsse. Doch nun, wo die AfD ein ernstzunehmender Konkurrent wird (wie schon bei den Landtagswahlen im März 2016 deutlich zu sehen), ist es nicht mehr so weit her mit den demokratischen Grundsätzen. Jetzt wird diffamiert, was das Zeug hält. Die Leute, die das tun, nenne ich „Schönwetterdemokraten". Solange alles so läuft, wie die es wollen, faseln sie von der Demokratie. Sobald sich das aber ändert, wird sofort scharf geschossen und notfalls auch gehetzt. Von diesen Schönwetterdemokraten – man könnte sie auch Antidemokraten, Scheindemokraten oder Pseudodemokraten nennen – haben wir in Deutschland mehr als genug. Leider!

Wer es wagt, gegen diese Schönwetterdemokraten und deren Gefolge aufzubegehren, kann sich auf einen Gewittersturm einstellen. Es ist in etwa so, wie es Ernst Jünger schon treffend in seinem Essay *Der Waldgang* beschrieb:

> *„Es ist nun das natürliche Bestreben der Machthaber, den legalen Widerstand und selbst die Nichtannahme ihrer Ansprüche als verbrecherisch darzustellen, und diese Absicht bildet besondere Zweige der Gewaltanwendung und ihrer Propaganda aus. Dazu gehört auch, dass sie*

in ihrer Rangordnung den gemeinen Verbrecher höher stellen als jenen, der ihren Absichten widerspricht.«[62]

Eine hervorragende Beschreibung, die auf die aktuellen Zustände genauestens zutrifft. Doch wir dürfen uns das nicht mehr länger gefallen lassen! Die etablierten Parteien und Medien sowie deren Anhänger und Unterstützer sind nicht die einzigen, die ein Anrecht auf freie Meinungsäußerung haben, ohne dafür denunziert zu werden. Es wird Zeit für mehr Demokratie!

Täuschung und Heuchelei im politischen Diskurs

Es ist schon fast bezeichnend, wie manche Parteien im politischen Diskurs angegangen werden. Ich möchte nochmals auf eine Begebenheit mit der AfD eingehen. Dieser Umstand hat allerdings nichts mit einem Parteibuch zu tun, das ich nicht besitze, sondern mit dem Umstand, dass die AfD als aktuell einzig ernstzunehmender Konkurrent zu den etablierten Parteien ständigen Angriffen ausgesetzt ist. Diese Tatsache bietet daher natürlich viel Anschauungsmaterial.

Ein äußerst interessantes Thema ist hierbei die Aussage Frauke Petrys zum Schusswaffengebrauch an der Grenze und die Reaktionen der Presse und Systemparteien darauf. Ich persönlich kann nicht so ganz nachvollziehen, was die Diskussion über Schusswaffen überhaupt bringen soll, denn ich denke, es gibt bessere und menschlichere Konzepte, um die Massenzuwanderungskrise zu lösen. Aber schauen wir uns die Sache doch mal ganz sachlich und nüchtern an. Was genau ist passiert?

Am 30.1.2016 erschien im *Mannheimer Morgen* ein Interview[63] mit der AfD-Parteivorsitzenden Frauke Petry. In dem Gespräch ging es unter anderem um die Sicherung der deutschen Grenze. Kurz darauf verbreitete sich innerhalb der Medien die Nachricht, Petry wolle die Grenzen notfalls mit Schusswaffen sichern. Die Empörung vieler Journalisten und Politiker ließ nicht lange auf sich warten. Dabei wurde die Sachlage so suggeriert, als wolle die AfD an den Grenzen definitiv auf Flüchtlinge schießen lassen. Das entspricht so aber nicht der Wahrheit.

Wenn man das Interview komplett liest, merkt man das auch ziemlich deutlich. Die Journalisten des *Mannheimer Morgen* hatten versucht, Petry während des Interviews in eine bestimmte Richtung zu treiben. Auf die Frage, wie ein Grenzpolizist bei einem illegalen Übertritt im Notfall zu reagieren hätte, meinte sie schließlich: *„Er muss den illegalen Grenzübertritt verhindern, notfalls auch von der Schusswaffe Gebrauch machen. So steht es im Gesetz."*

Daraufhin die Interviewer: *„Es gibt in Deutschland ein Gesetz, das einen Schießbefehl an den Grenzen enthält?"*

Petry: *„Ich habe das Wort Schießbefehl nicht benutzt. Kein Polizist will auf einen Flüchtling schießen. Ich will das auch nicht. Aber zur Ultima Ratio gehört der Einsatz von Waffengewalt. Entscheidend ist, dass wir es so weit nicht kommen lassen und über Abkommen mit Österreich und Kontrollen an EU-Außengrenzen den Flüchtlingszustrom bremsen."*[(63)]

Soweit die genaue Aussage, was die Sachlage schon etwas differenzierter erscheinen lässt. Wobei Petry in diesem Moment gleich den Fehler macht, sich auf das Wort „Flüchtlinge" einzulassen. Sie benutzt sogar selbst die Bezeichnung „Flüchtlingszustrom". Dabei handelt sich bei der aktuellen Krise nachweislich nicht nur um echte Flüchtlinge, sondern auch um viele weitere Menschen, die aus wirtschaftlichen oder anderen Gründen nach Europa drängen. Das Interview wurde also schon auf einer falschen sachlichen Grundlage geführt. Gemäß dieser Tatsache sollte man für das aktuelle Geschehen besser die Bezeichnung „Massenzuwanderungskrise" verwenden anstatt „Flüchtlingskrise". Dadurch werden rhetorische Taschenspielertricks und Manipulationsversuche sofort abgeblockt.

Bei dem Interview mit Petry war noch eine weitere, außenstehende Person anwesend. Es handelt sich um den aus dem Libanon stammenden Regisseur und Journalisten Imad Karim. Wie auf der Internetseite des *Compact-Magazins* nachzulesen war, gab dieser auf *tagesschau.de* folgenden Kommentar ab:

„Kollegen von der Tagesschau, Ihr betreibt Propaganda von unglaublichen Maßen. So hat Frau Petry niemals gesagt. Ihr habt Euer Gewissen verkauft… für nichts!!!!
Ich saß am selben Tisch und verfolgte das ‚Interview' , in der Redaktion vom Mannheimer Morgen, das vielmehr ein Verhör war. Frau Petry wurde mehrmals diesbezüglich gefragt und jedesmal sagte sie, ‚wir müssen die Grenzen sichern und ich hoffe, es kommt nie soweit, dass ein Polizist von seiner Waffe Gebrauch macht'. Das hat aber die kleinkarierten Dorfjournalisten vom MM nicht interessiert und wiederholten immer wieder und wieder und wieder, ob sie für einen Schiessbefehl sei und jedesmal antwortete sie das Gleiche, bis sie am Ende sagte, ein Polizist habe auch laut seinen Vorschriften zu handeln. (Es gibt Tonaufzeichnungen)."[(64)]

Interessant. Das alles hört sich im Kontext dann aber doch ein wenig anders an, als es uns die lieben Linksmedien wieder serviert haben, auch wenn mir das Thema trotzdem nicht so ganz schmecken will. Aber mal davon abgesehen, dass es andere Konzepte gibt, um die Massenzuwanderungskrise zu lösen, war die Aussage Petrys auch aus politisch-taktischen Gründen nicht gerade geschickt. Man merkt auf diese Weise deutlich, die AfD ist politisch doch noch sehr unbedarft – zumindest einige ihrer Akteure. Die Altparteien gehen bei heiklen Themen meist zurückhaltender vor, wobei diese von den Medien auch stärker geschont werden und nicht jede Aussage sofort auf die Goldwaage gelegt wird.

Die AfD muss ihre Lehren und Konsequenzen aus solchen Erfahrungen ziehen, denn man hat sich ohne Not aufs Glatteis begeben. Eigentlich wäre entspanntes Zurücklehnen angesagt, denn die Altparteien kommen immer stärker ins Straucheln. Während sich stramme Linksutopisten wie ein Ralf Stegner in Talkshows und auf Twitter mit ihrem dümmlichen und hetzerischen Gefasel selbst demontieren – inklusive ihrer Partei –, bräuchte man einfach nur ruhig abzuwarten. Der gegenwärtigen Regierung wird die aktuelle Lage ohnehin noch um die Ohren fliegen. Abwarten und gelassen bleiben, ist in dieser Situation die angebrachte Strategie. Die verfehlte Politik wird durch die Realität immer deutlicher spür- und wahrnehmbar.

Das Thema *Schusswaffen an der Grenze* ist an diesem Punkt aber noch lange nicht abgeschlossen. Jetzt wird es erst richtig interessant. Gehen wir mal weg von der AfD und wenden uns den anderen Parteien zu. Auch dort wurden schon Aussagen zu dem Thema geäußert. Sogar sehr deutliche Aussagen! Der Oberbürgermeister Tübingens, Boris Palmer (Bündnis 90/Die Grünen), gab dem *Schwäbischen Tagblatt* im Oktober 2015 diesbezüglich ein Interview. Die Zeitung schreibt zu den im Interview getätigten Aussagen Palmers das Folgende:

> „*Wie eine Obergrenze durchzusetzen ist, das sei Aufgabe der Bundesregierung und müsse die Mitte der Gesellschaft debattieren, sagt der Kommunalpolitiker. Dazu gehörten unstrittig die Verbesserung der Lage in den Flüchtlingslagern in der Türkei und im Nahen Osten, eine Befriedung Syriens und Flüchtlingskontingente. Der Grünen-Politiker plädiert darüber hinaus dafür, die EU-Außengrenzen zu schließen, notfalls bewaffnet.*“[(65)]

> Und auch gegenüber dem *SWR* meinte Palmer: „*Es gibt eine Grenze, über die zurzeit fast alle Flüchtlinge kommen, aus dem Nahen Osten: Das ist die griechische Grenze... Grenzsicherung in Griechenland werden die Griechen nicht selbst schaffen. Das wird nur eine europäische Grenzsicherungstruppe sein können. Und dass die in der Regel auch Waffen besitzen, das ist an fast jeder Grenze der Welt normal.*“[(66)]

Was ist die Moral von der Geschichte? Wenn ein Herr Palmer so etwas sagt, und das zudem noch sehr deutlich, dann ist das in Ordnung. Wenn eine Frau Petry aber etwas in dieser Richtung äußert, auch wenn es sehr differenziert ist, dann gibt es einen riesigen Aufstand! Überall wird dann groß berichtet, die Aussagen aus dem Zusammenhang gerissen und die Moralkeule geschwungen, bis es kracht. Aber da bei uns mit zweierlei „Maas“ gemessen wird, ist das auch nicht verwunderlich. Es besteht ein Unterschied, ob die vermeintlich Rechten etwas sagen oder die „edlen“ Linken. Bei den einen ist es ein Drama und bei den anderen noch nicht einmal halb so schlimm. Der Grund für diese unlogische Sicht der Dinge und für die scheinheilig-verlogene Berichterstattung mancher Medienschaffenden in diesem Zusammenhang ist uns bekannt: Er heißt Naziwahn!

Doch es wird noch besser, denn die Grenz- und Schusswaffendiskussion bekommt eine ganz neue Bedeutung, wenn wir uns den *§ 11* des *Unmittelbarer Zwang-Gesetzes (UZwG)* einmal genauer ansehen. Der *§ 11 UZwG* lautet wie folgt:

> ***„Gesetz über den unmittelbaren Zwang bei Ausübung öffentlicher Gewalt durch Vollzugsbeamte des Bundes (UZwG)***
> *§ 11 Schusswaffengebrauch im Grenzdienst*
> *(1) Die in § 9 Nr. 1, 2, 7 und 8 genannten Vollzugsbeamten können im Grenzdienst Schusswaffen auch gegen Personen gebrauchen, die sich der wiederholten Weisung, zu halten oder die Überprüfung ihrer Person oder der etwa mitgeführten Beförderungsmittel und Gegenstände zu dulden, durch die Flucht zu entziehen versuchen. Ist anzunehmen, dass die mündliche Weisung nicht verstanden wird, so kann sie durch einen Warnschuss ersetzt werden.*
> *(2) Als Grenzdienst gilt auch die Durchführung von Bundes- und Landesaufgaben, die den in Absatz 1 bezeichneten Personen im Zusammenhang mit dem Grenzdienst übertragen sind.“*[67]

Hier wird nun die Realität endgültig schonungslos offengelegt. Petry hatte sich also tatsächlich auf ein aktuell bestehendes Gesetz berufen, das unter der aktuellen Regierung geltend ist! Es handelt sich demnach also nicht um irgendeine verrückte Idee der AfD, sondern um geltendes Recht. Angesichts dieser Tatsache ist es schon sehr merkwürdig, wenn ein Herr Gabriel die AfD jetzt vom Verfassungsschutz beobachtet sehen will. Denn anhand dieser Logik stellen sich mir dann gleich zwei Fragen.

Frage 1: Ist der *§ 11 UZwG* grundgesetzfeindlich? Wenn ja, warum wurde dieses Gesetz überhaupt beschlossen bzw. nicht schon längst geändert?

Frage 2: Wenn eine Partei wegen der bloßen Erwähnung einer gesetzlichen Grundlage durch den Verfassungsschutz beobachtet werden soll, was ist dann mit denen, unter deren Regierungsgewalt diese Grundlage aktuell geltend ist? Müssen diese Regierungsbeteiligten, zu denen Herr Gabriel mit seiner SPD ebenfalls gehört, dann nicht auch beobachtet werden?

Es bleibt ein übler Nachgeschmack zurück. Vor allem aber auch deshalb, weil die aktuelle Regierung noch ganz andere Dinge tut. Wohlgemerkt nicht nur sagt, sondern tut! Dazu gehört die finanzielle Fütterung Erdoğans, der sich dafür um das sogenannte „Flüchtlingsproblem" kümmern soll. Und eines kann ich Dir sagen, bei dem sitzt die Schusswaffe etwas lockerer als bei unseren Grenzpolizisten. Doch darüber jammert kein Obermoraljournalist, und auch die Regierungsparteien haben als Auftraggeber scheinbar kein Problem damit. Das Gleiche trifft auf die Waffenlieferungen an Saudi Arabien zu, ebenfalls betrieben von unserer aktuellen Regierung. Mit diesen Waffen werden dort Menschen unterdrückt, verletzt und getötet.

Das alles wird von der aktuellen Regierung, zu der auch Herr Gabriel mit seiner SPD gehört, durchgeführt! Ich wiederhole: Nicht etwa in *Erwägung gezogen* oder *diskutiert*, sondern *durchgeführt*! Der Bundesminister für Wirtschaft und Energie beklagt dabei zwar regelmäßig und öffentlich die Vorgehensweise Saudi Arabiens, beliefert sie aber de facto weiterhin fleißig.[(68)] Angesichts dieser Tatsachen kann ich dem Vizekanzler nur eines sagen: Herr Gabriel, Sie sind ein Heuchler!

Genau wie ein Teil der Medien und einige Moralapostel aus der Politik... Verlogenheit und Scheinheiligkeit kennt keine Grenzen! Das lernen wir daraus!

Der sozialistisch geprägte Konsumkrüppel

Um zukünftig auch weiterhin besser täuschen und heucheln zu können, benötigen die Träger der Meinungshoheit natürlich die passenden Untertanen. Für das Erreichen dieses Zieles wird an einem System gebastelt, in dem die Menschen zwar soweit gebildet werden, dass sie am Arbeitsplatz funktionieren, aber auf der anderen Seite zu ungebildet und geistig träge sind, um Manipulationsversuche zu durchschauen. Doch trotz all den berechtigten Warnungen vor linksextremistischen Ideologien wird das, was da auf uns zukommt, mitnichten ein rein kommunistisches/linksextremistisches System oder dergleichen sein. Die Angelegenheit wird wahrscheinlich weitaus komplexer.

Wir sollten uns darüber bewusst sein, dass auch die Vertreter des extrem linken Flügels nur Marionetten in den Händen der Mächtigen sind (siehe die Zitate Rockefellers). Die Finanzgiganten werden sich von solchen Hanseln nicht die Butter vom Brot nehmen lassen. Die lassen die Linken jetzt gewähren, weil sie ihnen nützen und weil die Bevölkerung – gerade bei uns in Deutschland – so besser kontrolliert und unterdrückt werden kann. Aber in der Endkonsequenz herrschen diese Leute und kassieren ab. Deshalb werden die auch niemals ein rein kommunistisches System zulassen, sondern maximal ein Pseudogebilde. Es wird eine Vermischung zwischen sozialistischen/kommunistischen Ansätzen und Konsumgesellschaft angestrebt. Dazu kommen die invasionsartigen Menschenströme (hauptsächlich Männer), die aktuell nach Europa und Deutschland drängen und auch in den nächsten Jahren weiterhin drängen werden. Das Ergebnis wird eine durch starke Überfremdung gekennzeichnete Gesellschaft mit einer hohen Kriminalitätsrate sein. Diese Kriminalität wird leider nicht nur aus Diebstahldelikten bestehen, sondern auch aus zahleichen Gewalttaten und sexuellen Übergriffen. Es wird unruhiger im Inneren und die Angst wird umgehen. Aus einer solchen Gesellschaft sollen dann die neuen Untertanen geformt werden. Entrechtete Menschen, die zudem Konsumkrüppel und leicht zu kontrollieren sind. Dafür ist es absolut wichtig, die Werte und kulturellen Wurzeln der einzelnen Gesellschaften zu zerstören. Für diese Werte- und Wurzelvernichtung dienen die extrem Linken – neben der Überfremdung – als perfektes Instrument. Das wissen die Weltingenieure auch ganz genau und deshalb lassen sie diese Gruppierungen gewähren, aber nur deshalb. Das Utopia, das viele Linksextreme sich herbeiwünschen, wird es in der Form nie geben. Zum einen, weil diese Luftschlösser mit anderen extremistischen Gruppen – wie beispielsweise den Islamisten – überhaupt nicht gestaltbar sind, und zum anderen, weil man es von höherer Stelle aus nicht zulassen wird. Denn dort existieren andere Pläne. Das Ziel ist eine leicht zu kontrollierende Menschenmasse, der „sozialistisch geprägte Konsumkrüppel", wie ich ihn nenne.

Dieser Typ Mensch entspricht so etwa der Vorstellung der großen Finanzjongleure, Weltingenieure und Abkassierer. So hätten sie den Menschen der Zukunft gerne. Und gerade beim Thema *Demokratie* ist es interessant, sich diesen Charakter näher zu betrachten. Denn mehr Demokratie kann nur von freiheitsliebenden und vor allem klardenkenden Menschen herbeigeführt werden. Und deshalb soll nach den Wünschen der Mächtigen der Mensch in der Zukunft das Gefühl für die Freiheit und den Willen zu deren Durchsetzung verlieren. Das System möchte keine selbständig denkenden Leute. Darum wird mit allen Mitteln daran gearbeitet, einen schwachen, labilen und leicht beinflussbaren Typus zu installieren. Dieser Versuch der Kulturzerstörung und Umformung des Menschen wird momentan weiter vorangetrieben, allerdings nicht nur in Deutschland, sondern in ganz Europa und weltweit!

Die Linksextremisten sind in diesem Spiel – neben anderen extremen Gruppen – eine wirkungsvolle Waffe, aber letztlich nur ein Mittel zum Zweck. Die Politik vieler Parteien wird zwar zunehmend linkslastiger, dabei sollten aber auch die Sozialisten/Kommunisten beachten, dass sie nur ein kleines Rädchen in einem großen Uhrwerk sind. Die Wirtschaft wird sich mitnichten einfach so zur Seite schieben lassen, da hilft auch keine Unterstützung aus der Politik. Und diejenigen, die die Wirtschaft, aber vor allem die Finanzströme kontrollieren, wissen genau, was sie wollen. Wenn es erst einmal so weit ist, werden diese Leute den Linksextremen schon zeigen, wie weit sie gehen können. Bisher tragen die nützlichen Idioten eher dazu bei, die Voraussetzungen für eine Massenzuwanderung mitzugestalten, sodass man durch mehr billige Arbeitskräfte aus dem Ausland das Lohnniveau drücken kann und die innere Ordnung damit noch stärker durcheinanderbringt. Die Linksutopisten hierzulande sind so dämlich, die merken gar nix.

Natürlich darf das Lohnniveau auf der anderen Seite nicht zu stark sinken, denn die Wirtschaft und deren Lenker brauchen auch noch den Konsumenten. Und dieser Konsument ist in den letzten Jahren regelrecht zum Konsumkrüppel geworden. Wir erleben dieser Tage also eine ganz verrückte Mischung – Menschen, die auf der einen Seite durch sozialistische Propaganda immer weiter in die Linksideologie getrieben werden, auf der anderen Seite aber fleißig konsumieren. Das Ergebnis ist der besagte sozialistisch geprägte Konsumkrüppel. Das ist die Form des Menschen, die wunderbar in die Vorstellung einer Neuen Weltordnung hineinpasst. Man lässt den Staat machen, ist neidisch auf andere, verzichtet im Prinzip auf sein Grundrecht auf eigenen Besitz. Auf der anderen Seite huldigt man aber ebenso dem Götzen Konsum und kauft sich alles Mögliche zusammen, vornehmlich natürlich zu Billigpreisen. Aber keine Sorge, die Hersteller verdienen trotzdem gut. Die Konsumartikel werden schön günstig in der Dritten Welt hergestellt. So dreht sich das Hamsterrad immer weiter. Das entspricht sicherlich nicht ganz der Wunschvorstellung, die den stark Linksaffinen in ihren Köpfen so vorschwebt, aber genau darauf läuft es hinaus. Das ist der erwünschte neue Mensch.

Die Auswirkungen dieses Systems sind jetzt schon deutlich zu spüren, gerade auch bei Jugendlichen. Noch nie war die Jugend so angepasst wie heute. Es gibt immer mehr konsumgesteuerte Ja-Sager ohne Ecken und Kanten, die keinerlei Ideale besitzen, außer dem Konsum selbst. Und aus Angst, diesen Konsum und ihren Wohlstand einzubüßen, gehen sie mit allem konform, was der Mainstream ihnen vorgibt. Eine Gesellschaft ohne Ideale, die nur rein vom Konsum gesteuert wird, ist eine Gesellschaft, die zum Scheitern verurteilt ist. Wir brauchen wieder mehr kluge Köpfe, vor allem auch Querköpfe! Konsumgesteuerte Ja-Sager können hingegen nichts zu einer positiven Veränderung beitragen.

Zusätzlich zur Konsumhuldigung und Obrigkeitshörigkeit werden weiterhin zahlreiche Manipulationsversuche vorgenommen, um die Menschen sozialistisch zu prägen. Nervig ist hierbei auch immer die Neid-Debatte, die ständig entfacht wird. Wir müssen ja unbedingt alles umverteilen. Wobei es schon stimmt, dass es viele Ungerechtigkeiten gibt. Wenige Reiche werden immer reicher, viele Arme immer ärmer. Gesund ist das definitiv nicht. Aber warum das so ist, ist doch klar. Es mutet geradezu lächerlich an, wenn in diversen Talkshows emsig darüber diskutiert wird, warum die Dinge so sind, wie sie sind und wie man das ändern kann. Ich meine, diese Entwicklung ist doch absolut logisch. Unser Geldsystem basiert nicht darauf, dass Geld durch Arbeit entsteht, sondern durch Kredite. Weiterhin ist es ein Zinssystem. Je mehr ich besitze, desto stärker vermehrt sich demnach mein Vermögen. Also haben wir hier doch schon die Antwort. Wenige Reiche werden deshalb immer reicher, weil unser Geldsystem genau darauf ausgelegt ist. Diskussion beendet.

Die Lösung kann anhand dieser schlichten Erkenntnis nur die Änderung des Geldsystems sein, auf anderem Wege kann sich gar nichts bewegen. Dass Arme immer ärmer werden, liegt ebenfalls am selben Grund. Wobei an dieser Stelle auch noch die vorangetriebene Vernichtung des Mittelstandes und damit ein Produzieren von noch mehr Armen hinzukommt. Diese Vernichtung des Mittelstandes geschieht unter anderem durch horrende Steuern. Denn während die extrem Reichen von dem Geldsystem exorbitant profitieren, muss der Mittelstand, der nicht so viel Vermögen besitzt, um genügend Zinsen zu erwirtschaften, durch die Steuern bluten. Den Superreichen tun die Höchststeuersätze nicht sonderlich weh, außerdem haben diese gute Finanzberater und wissen schon, wie sie ihre Kohle in Sicherheit bringen. Also muss der Mittelstand herhalten. Die Höchststeuersätze greifen schon bei Leuten, die alles andere als „reich" sind. Somit wird der gut ausgebildete Arbeitnehmer oder kleine Selbständige, der durch seine Arbeitskraft eben leicht überdurchschnittlich verdient, mal ganz schön zur Kasse gebeten. Mit Gerechtigkeit hat dieser Schwachsinn definitiv nichts zu tun.

Am Ende können wir tatsächlich nur eine Veränderung erzielen, wenn wir die Rahmenbedingungen ändern. Das Geldsystem wird sich nicht selbst umgestalten, das muss von außen geschehen. Es ist natürlich klar, dass ein alternatives System sinnvoll und funktional sein muss, und das ist nicht so einfach. Man sollte da keine naiven Vorstellungen haben. Mir geht es dabei aber um die Ehrlichkeit. Es ist doch absoluter Nonsens, in Talkrunden über hanebüchene Gründe zu fabulieren, warum das angeblich alles so ist, wenn es wegen des Systems doch gar nicht anders sein kann. Auf einer Straße, die nur geradeaus führt und die links und rechts mit Mauern umrandet ist, kann ich doch auch nicht nach links oder rechts abbiegen. Warum? Weil es die Konstruktion der Straße eben gar nicht anders zulässt. Ich kann nur geradeaus fahren. Es geht im Kern einfach darum, ehrlich und authentisch zu sein, und die Menschen nicht an der Nase herumzuführen. Die Bürger haben das Recht, ernst genommen zu werden.

Doch genau das geschieht nicht. Die Leute werden nicht ernst genommen, sondern für dumm gehalten und verkauft. Angeblich müssen ein paar wenige Auserwählte aus Politik und Medien den Menschen alles erklären – die Politik, die Demokratie usw. Die Bürger werden auf diese Weise wie Trottel behandelt, als wären sie allesamt Narren. Daran merkt man, wie abgehoben manche der Möchtegern-Eliten mittlerweile sind. Leute, lasst euch das nicht gefallen!

Man kann es allerdings auch immer nur mit dem machen, der es mit sich machen lässt. Und der sozialistisch geprägte Konsumkrüppel wird in der Zukunft noch ganz andere Dinge mit sich anstellen lassen, weil er geistig immer träger und uninformierter wird. Es gibt dann zwar jede Menge Menschen, die jedes Smartphone auf dieser Welt bedienen können, aber dafür schon bei der kleinsten Addition im Kopfrechnen versagen. Der gewünschte Mensch der Zukunft – ein Horrorszenario!

Auf der anderen Seite will ich nicht zu schwarz malen. Es gibt heutzutage auch immer mehr gut informierte Menschen, die kritische Bücher lesen und sich unabhängig informieren. Die Zahl derer ist ebenfalls steigend, und das finde ich höchst erfreulich und ermutigend. Ich will im Folgenden mal darauf eingehen, was meiner Meinung nach eine gewinnbringende Version des „modernen Menschen“ wäre.

Der moderne Mensch

Gleich zu Beginn möchte ich klarstellen: Es ist mir natürlich voll und ganz bewusst, dass jeder Mensch ein Individuum ist. Und das ist auch gut so. Deshalb sind Menschen logischerweise nie identisch, keiner ist wie der andere. Man muss folgedessen mit Bezeichnungen wie „der moderne Mensch“ sehr vorsichtig sein. Aber es soll hier auch nur um ein paar grobe Charakterzüge gehen bzw. welche Fertigkeiten sich dieser Mensch unbedingt aneignen sollte und was wirklich eine lohnenswerte Zukunftsvision wäre.

Meine Vision unterscheidet sich da von den Vorstellungen der gierigen Machthaber so ein klein wenig. Was der moderne Mensch meiner Meinung nach unbedingt braucht, ist weiterhin ein stabiles Wertesystem. Natürlich kann man mich jetzt als altbacken und als Ewiggestrigen bezeichnen. Das machen die linksgrünen Meinungsverdreher sowieso gerne mit Leuten, die weiterhin an traditionellen Werten festhalten wollen. Nur übersehen diese Möchtegernzukunftsvisionäre dabei vollkommen die Rückständigkeit und vor allem die Dysfunktionalität ihrer eigenen Ideologie.

Ich persönlich behaupte, der moderne Mensch braucht dringend Werte wie soziales Zusammenleben und vor allem familiäre Bindungen. Warum? Ganz einfach. Es ist ein offenes Geheimnis der Sozialwissenschaften und der Psychologie, dass Menschen verlässliche Bindungen und Wurzeln benötigen – einen festen Rückhalt und ein Wertesystem, das dem Individuum ein Fundament für das eigene Handeln gibt und das ein tiefes Vertrauen zu den Liebsten aufbaut. Ein solcher Mensch ist psychisch gefestigt, selbstbewusst und nicht so leicht manipulierbar wie Menschen ohne diesen Rückhalt. Also für die meisten Leute ist dies sicher ein lohnenswertes Ansinnen.

Und wenn gewisse andere Personen mit Allmachtsfantasien da natürlich lieber den schwachen, labilen Menschen haben wollen, dann ist das auch nur logisch. Aber um diese Wahnsinnigen sollte es uns nicht gehen. Es sollte uns darum gehen, was der Allgemeinheit dient, der Masse der Menschen. Und das ist sicherlich kein labiler, leicht zu manipulierender Charakter.

Mir ist ganz klar bewusst, dass wir heutzutage in einer sehr komplexen Welt und damit auch in einer zunehmend komplexen Gesellschaft leben. Damit richtig umzugehen, ist eine der Herausforderungen für die Zukunft. Und dass es einen gewissen Konsum gibt, ist in einer Wohlstandsgesellschaft mit immer mehr technischen Errungenschaften ebenfalls unausweichlich. Das ist auch gar kein Problem. Konsum an sich ist nichts Schlimmes, für die Wirtschaft sogar dringend notwendig, aber alles sollte immer mit Maß und Ziel betrieben werden. Darum geht es. Wenn nur noch dumpf konsumiert wird, dann verliert man irgendwann die wesentlichen Dinge aus den Augen. Ich verteufle also keinesfalls den Konsum an sich, sondern nur den dumpfen, zügellosen Konsum.

Wir sollten auf unsere technischen Errungenschaften stolz sein und sie immer weiter verbessern. Das ist selbstverständlich eine gute Sache und richtig so. Der Fortschritt ist wichtig! Aber das bedeutet nicht, dass man dabei seine sozialen und ethischen Werte vergessen muss. Wir sollten es schaffen, beides miteinander zu verbinden. Das muss der Weg für die Zukunft sein.

Und mit sozial und ethisch meine ich jetzt keine Gruppenkuschelgutmenschen-Veranstaltungen, wo man sich scheinheilig und pseudomoralisch gegenseitig vollschleimt, sondern die direkte Umsetzung im eigenen Alltag – das Leben mit der Familie und das Achten der nahestehenden Personen in der eigenen Umgebung. *„Liebe Deinen Nächsten."* muss das Motto sein. Wenn man sich zusätzlich auch noch für weitere Menschen und/oder Gemeinwohltätigkeiten einsetzt, umso besser. Aber der gute Umgang mit den Menschen, die einem nahe stehen, ist die erste Pflicht eines jeden. Denn wenn jeder Mensch so handelt, dann haben wir der Welt schon viel Gutes getan. Derjenige, der in seinem direkten Umfeld Gutes tut und seine Nächsten anständig behandelt, kann mit Fug und Recht sagen: *„Würde jeder Mensch so handeln wie ich, dann wäre die Welt eine bessere."* Und so ist es auch. Das gebietet die Logik. Wer dieses Prinzip umsetzt, sich wenigstens bemüht – denn keiner von uns ist perfekt –, der macht schon viel richtig.

Des Weiteren sollte der moderne Mensch nicht nur in einer technisierten Welt leben und deren Technologien bedienen können, sondern sich auch noch für andere Dinge interessieren, wie beispielsweise die politische Mitgestaltung der eigenen Lebenswelt. Was nutzt es, wenn man auf der einen Seite zwar einen tollen technischen Fortschritt aufweist, aber auf der anderen Seite ständig manipuliert wird und politisch nicht mehr eingreifen kann, weil man von nichts mehr eine richtige Ahnung hat? Der moderne Mensch sollte eben nicht nur modernste Technik nutzen, sondern darüber hinaus auch allumfassend gebildet sein. Er sollte auch politisch mitbestimmen wollen und können. Volksentscheide wären für mich ganz klar ein Zeichen des Fortschritts. Von daher nochmals Grüße an die Schweiz, das nenne ich nämlich Fortschritt.

Es geht nicht nur ums Konsumieren, sondern auch um das Mitgestalten. Politik ist keine Sache, für die man sich einfach mal so nicht interessiert. Das kann man sich eigentlich gar nicht leisten. Denn die Entscheidungen der Politik sind auch immer Entscheidungen, die direkt oder indirekt auf mein eigenes Leben Einfluss nehmen. Wer als Bürger also dafür eintritt, die Politik mitgestalten zu dürfen, beispielsweise durch die Forderung nach Volksabstimmungen – und nicht nur durch eine Stimmabgabe alle vier Jahre, die fast nichts bringt –, der sorgt dafür, die Einflüsse auf sein eigenes Leben besser mitbestimmen und mitgestalten zu können. Das nenne ich mal einen „modernen" Menschen.

Und wenn dieser Mensch dann noch in gesunden Familienverhältnissen lebt, mit beiden Beinen fest auf dem Boden steht und psychisch gesund ist, dann ist das doch eine wunderbare Vorstellung von der Zukunft. Das ist Fortschritt! Und nicht die debilen, geisteskranken und zerstörerischen Wahnvorstellungen der linksgrünen Meinungsdiktatoren und Umerziehungsfolterknechte.

Mir ist bei meiner Zukunftsvorstellung über den „modernen Menschen" durchaus bewusst, dass sie nicht gerade den Erkenntnissen aus der Massenpsychologie entspricht. Würde ein Gustave le Bon heute noch leben, so würde er mich gewiss als einen gutgläubigen Idealisten bezeichnen. Damit läge er sicherlich auch nicht ganz falsch. Die Masse strebt tatsächlich immer nach dem Einfachen und der Fremdherrschaft durch andere. Dennoch möchte ich diese Vision nicht einfach aufgeben. Wer aufgibt, hat schon verloren.

Wie erreichen wir mehr Demokratie nach dem Willen des Volkes?

„Die Herrschenden werden aufhören zu herrschen,
wenn die Kriechenden aufhören zu kriechen."

Friedrich Schiller

Die konkrete Frage lautet: Was können wir als Volk tun? Wie können wir Druck aufbauen, um die demokratischen Verhältnisse zu verbessern? Wie können wir die Politik und die Medien zu einem Kurswechsel und einem Umdenken bewegen? Eine Möglichkeit ist die Wahl von Parteien, die Volksabstimmungen einführen wollen. Aber was ist, wenn diese ihr Wort nicht halten? Wie können wir dafür sorgen, dass wir Bürger endlich mehr Mitbestimmung erlangen, falls die Parteien das nicht umsetzen wollen?

Die allererste Möglichkeit ist und bleibt natürlich die Wahl. Ich will hier keine Wahlwerbung betreiben, aber es gibt Parteien, die Volksabstimmungen einführen wollen. Diese zu wählen, wäre immerhin eine Möglichkeit. Die Frage ist nur, ob wir es auf diesem Wege tatsächlich schaffen? Werden diese Parteien jemals an die Regierung kommen können? Und wenn ja, halten sie ihre Versprechen? Was sind denn weitere Optionen, die wir in Erwägung ziehen könnten? Außer Demonstrationen, die natürlich eminent wichtig sind, gibt es da noch ein paar andere Methoden, wie beispielsweise die Arbeitsverweigerung. Wenn – mal abgesehen von lebenswichtigen Berufen wie Arzt, Krankenschwester etc. – die Deutschen nur einmal für eine Woche ihre Arbeit niederlegen würden, was meinst Du, wie die Herrschaften aus Politik und Wirtschaft plötzlich ins Schwitzen kämen? Denn ohne Deine Arbeitskraft sind die gar nichts.

Im Bundeslied für den *Allgemeinen Deutschen Arbeiterverein* heißt es in der ersten Strophe:

„Mann der Arbeit, aufgewacht!
Und erkenne Deine Macht!
Alle Räder stehen still.
Wenn Dein starker Arm es will.“

Heutzutage müsste es natürlich „Frau und Mann der Arbeit“ heißen, aber ansonsten hat der Text nichts an seiner inhaltlichen Wahrheit verloren. Oder ein zweiter Vorschlag, um das Risiko eines Arbeitsplatzverlustes einzudämmen, vor dem sich viele fürchten: Einfach einmal eine Woche lang den Konsum verweigern, nur das Nötigste zum Überleben kaufen oder von Vorräten zehren. Dabei können alle mitmachen und das auch noch ohne jegliches Risiko. Auch so können wir der Politik mächtig auf die Füße treten.

Wichtig ist bei alledem aber immer, dass es sich um friedliche Maßnahmen handelt und es gewaltfrei geschieht. Nicht Gewalt ist die Lösung, sondern Verweigerung. Und dazu hat jeder das Recht. Ziviler Ungehorsam ist dann das Gebot der Stunde. Das Volk hat das Recht, sich zu erheben und wird es vielleicht sogar irgendwann müssen. Doch wir müssen dabei den friedlichen Weg beschreiten. Da gibt es kein Wenn und kein Aber. Zugegeben, es bleiben berechtigte Zweifel an so einem Aufruf. Die Deutschen sind nicht gerade bekannt dafür, schnell aus dem Sessel aufzustehen. Ich zitiere an dieser Stelle den guten alten Otto von Bismarck, der in seinem Brief an Leopold von Gerlach 1854 schrieb: „*Es muss uns Söhnen Teuts erst einmal sehr schlecht gehen, ehe wir Courage haben; solange wir noch etwas zu verlieren haben, fürchten wir uns; sind wir ausgezogen und durchgeprügelt, so ist jeder ein Löwe.*“

Vielleicht sollte der deutsche Michel ausnahmsweise einmal früher aufwachen, bevor er allzu „ausgezogen“ und „durchgeprügelt“ ist. Wir können etwas tun. Wir haben als Volk die Mittel dazu. Wir müssen unsere Rechte durchsetzen, nur so kann sich etwas ändern. Wir alle sind dazu aufgerufen, unseren Beitrag zu leisten, von jung bis alt. Engagiert euch, damit sich endlich einmal etwas ändert in diesem Land. Eure Nachfahren werden es euch danken!

Und wenn ich von „allen“ spreche, dann denke ich auch an unsere Soldaten und Polizisten. Der Polizei werden immer mehr Mittel gekürzt und gleichzeitig kommen immer mehr Probleme durch politisch finanziertes linksradikales Gesindel, kriminelle Familienclans, islamistischen Terror und eine unkontrollierte Massenzuwanderung hinzu. Die Polizisten werden somit im Stich gelassen, so wie der Rest der Bürger. Bundeswehrsoldaten müssen sich indessen im Ausland den Gefahren aussetzen, die dort durch verantwortungslose Kriegstreiberei geschaffen wurden. Deshalb sollten sich Bundeswehr und Polizei mit den Bürgern solidarisieren. Wir gehören zusammen, das ist die wichtige Botschaft! Wir sollten uns zu einer gemeinsamen Einheit verschmelzen, alle Teile der Bevölkerung zu einer großen Bewegung!

Selbstverständlich muss auch eine starke bürgerliche Bewegung aufpassen, nicht von bestimmten Personenkreisen und Kräften, die in Wirklichkeit ganz andere Ziele verfolgen, unterwandert und instrumentalisiert zu werden. Natürlich gibt es sie, die Rechtsradikalen. Es gibt sie, diejenigen, die meinen, alle Ausländer müssten aus Deutschland verschwinden, das eine Volk sei mehr wert als das andere, die eine Kultur überlegener als die andere, alle Moslems seien Extremisten usw. Ja, diese Leute gibt es. Und diese Leute versuchen nun selbstverständlich auch auf den losrollenden Zug mitaufzuspringen, um das Ganze für ihre Ideologie zu nutzen. An dieser Stelle müssen wir vorsichtig und wachsam sein. Das hat nichts mit der Distanziritis zu tun, denn wir müssen und werden unseren Weg weiterhin unbeirrt gehen. Doch dafür brauchen wir klare verbindliche Ziele, Werte und Regeln, die wir festschreiben müssen. So kann man die möglichen Unterwanderer umso schneller erkennen und ins Aus katapultieren.

Nein, von solchen Leuten werden wir uns nicht vor den Karren spannen lassen. Ich weiß, die Mehrheit der Menschen, die sich jetzt gegen die aktuelle Politik erheben und noch erheben werden, sind normale, anständige und vernünftige Leute. Das weiß ich. Also lasst uns gemeinsam etwas bewegen!

Ich gebe zu, es wäre auf der einen Seite ganz klar grenzenlos naiv zu glauben, man könne die radikalen Kräfte einfach so wegwischen oder immer sofort erkennen. Bewegungen wie PEGIDA müssen an dieser Stelle definitiv wachsam sein. Aber dennoch ist es auf der anderen Seite ebenso grenzenlos naiv, wenn man der Distanziritis frönt. Diese dient nur zur Spaltung, und wäre äußerst angenehm und komfortabel für die extrem linken Kräfte in Deutschland. Die Kritik an der aktuellen Politik darf nicht verstummen und muss einheitlich aus dem Volk heraus geführt werden. Die Zukunft unseres Landes und auch Europas hängt davon ab! Wir selbst, das Volk, haben es in der Hand. Und deshalb müssen wir diese Zukunft gemeinsam sinnvoll gestalten. Zum Wohle Deutschlands! Und zum Wohle Europas!

Wir brauchen diese eine starke Bewegung, in der sich alle vernünftigen Menschen miteinander verbinden – eine Bewegung, die sich auf Dauer aber nicht nur national begrenzen darf, sondern eine Verbindung mit allen Bewegungen in den verschiedenen europäischen Ländern anstrebt und auch umsetzt. Alle Europäer, die Heimat und Kultur schützen wollen, sind dazu aufgerufen. Wir müssen zusammenstehen!

Doch es sollte uns dabei nicht nur um die inneren Verhältnisse eines jeden Landes gehen, sondern auch um Europa allgemein. Europa ist ein Kontinent, der aus vielen Ländern und deren Völkern besteht, die wiederum Jahrtausende alte Kulturen und Gebräuche aufzuweisen haben.

Wir müssen daher unbedingt ein Europa des Respekts und der Sensibilität gegenüber diesen Kulturen und Eigenheiten fördern!

Gleichzeitig benötigen wir aber genauso dringend ein Europa der nachbarschaftlichen Freundschaft und des Zusammenhalts! Dies kann allerdings nicht auf der Basis von Zwang und aggressiver Gleichschaltung (so wie es aktuell von Brüssel aus betrieben wird) geschehen, sondern nur durch die Akzeptanz eines jeden Landes und dessen Souveränität. An dieser Stelle ist viel Dialog und diplomatisches Geschick gefragt. Aber es geht nur auf diesem Wege der Toleranz für die gewachsenen Kulturen, und nicht durch eine flächendeckende Gleichmacherei. Eine solche Gleichmacherei kann nur durch Gewalt erzwungen werden, denn die Völker Europas lassen sich ihre Kultur nicht so einfach wegnehmen. Und was auf Gewalt basiert, basiert automatisch auf Unrecht. So ein Konzept ist zum Scheitern verurteilt. Es geht bei der Überlegung also nicht darum, ein „gemeinsames Europa“ in Frage zu stellen – ganz im Gegenteil! Wir brauchen ein starkes, auf Frieden und Freundschaft aufgebautes Europa. Das Konzept muss aber auf Freiheit, Kulturpflege und Souveränität ausgelegt sein. Nur so kann es gelingen.

Natürlich ist es nicht einfach, ein solches Konzept in die Tat umzusetzen. Das sehe ich ganz realistisch. Dennoch ist es die einzige Möglichkeit, die wir haben. Zwang und Drohungen sind hingegen die falschen Mittel, denn sie rufen letztlich nur Aggression hervor. Und genau das trägt dann zur Spaltung Europas bei. Wir erleben jetzt schon die ersten Auswirkungen. Solche Verhältnisse können nicht das Ziel für die Zukunft sein. Wir müssen umdenken!

Schlusswort

Wir sind am Ende dieses Buches angelangt und ich möchte Dich, lieber Leser, noch einmal dazu ermuntern, Dich vom Naziwahn zu lösen, wenn nicht schon längst geschehen. Wende Dich ab von diesem Konstrukt des Wahnsinns. Die Meinungshüter nutzen diesen Wahn, um Dich geistig zu knechten und im Zwangskorsett zu halten. Das ist das Mittel, mit dem sie Macht über Dich ausüben. Werde ihn los, diesen Naziwahn! Streife ihn ab! Dann wirst Du frei sein! Ihre Macht, mit der sie Dich geistig und vor allem seelisch drangsalieren, wird somit verschwinden! Werde frei!

Ich denke, es ist abschließend angebracht, einen ganz persönlichen Brief an den *deutschen Michel* zu senden. Vielleicht ist es noch nicht zu spät...

An den deutschen Michel!

Hallo lieber Michel,
ich möchte mich mit diesem Brief ganz persönlich an Dich wenden. Du, lieber Michel, bist tatsächlich einer der fleißigsten und duldsamsten Menschen, die ich überhaupt kenne. Zweifellos sind Deine Zuverlässigkeit und Dein Pflichtbewusstsein unerreicht. In der Regel bist Du bodenständig und Du weißt, was sich gehört. Du besitzt einen hohen Grad an Anstand. Das alles kann und muss man Dir zu Gute halten.
Dennoch ist es jetzt gerade nicht mein Ansinnen, Dir nur Honig ums Maul zu schmieren. Viel mehr möchte ich Dir noch einmal ernsthaft ins Gewissen reden. Bei all Deinen positiven Eigenschaften, die zweifellos wunderbar sind, hast Du leider auch Deine Fehler. Vor allem das mit der Duldsamkeit übertreibst Du hier und da ein wenig bis sehr stark. Da kann Duldsamkeit auch schon mal zur Lethargie, ja fast schon zur Lähmungserscheinung werden.
Deine größte Schwäche aber ist Deine Angst. Michel, mal ganz ehrlich, Du bist ein Angsthase! Ich weiß, Du kannst nichts dafür. Diese Angst hat man Dir von Kindesbeinen an per Schöpflöffel eingetrichtert. Du bist verunsichert, weil man Dir immer nur von den schlimmen deut-

schen Taten erzählt hat, damit Du Dich für Deine Herkunft schämst. Man hat Dir das Hirn ordentlich durchgewaschen und einen Duckmäuser aus Dir gemacht.
Deine Angst ist hierbei keine klassische Störung wie eine Angststörung beispielsweise, sondern vor allem eine Angewohnheit. Ein kleines Männchen, das man Dir schon sehr früh in den Kopf implantiert hat, löst immer wieder diese tiefsitzende Furcht aus. Das macht Dich sozusagen zum Angst-Bürger.
Aber ich weiß, da gibt es noch eine andere, nicht so ängstliche Seite. Wo ist er, Dein Germane? Ich bin mir sicher, er schlummert da noch irgendwo, ganz tief in Dir drin. Du musst ihn nur wecken. Und der hat keine Angst, darauf wette ich.
Natürlich geifern die Linksextremen jetzt wieder, wenn sie das Wort „Germane" hören. Doch daran darfst Du Dich nicht mehr stören. Vergiss diese ehrlosen, rückgratlosen Gestalten. Hör nur auf Dich und tue was Du für richtig hältst.
Du, als vernünftiger Mensch, weißt genau so gut wie ich, dass ein gesunder Patriotismus nichts mit Fremdenfeindlichkeit zu tun hat. Das ist alles nur linksversifftes Gewäsch, Schall und Rauch!
Wir haben als Deutsche das Recht auf unsere Heimat und darauf, diese nach unseren Wünschen zu gestalten. Wer uns dabei helfen und ein Teil davon werden möchte, auch wenn er aus einem anderen Land kommt, ist uns gerne willkommen! Unruhestifter hingegen nicht!
Viele Migranten, die hier einer ordentlichen Arbeit nachgehen oder ein eigenes Geschäft betreiben und damit ihren Beitrag in unserer Gesellschaft leisten, sehen das übrigens genauso. Die wollen auch nicht, dass ihr Ruf durch die grenzenlose Duldung von Kriminellen und Fanatikern ruiniert wird. Diese Menschen haben Bedenken, am Ende mit denen in einen Topf geschmissen zu werden – und das sprechen viele auch offen aus. Und diese Leute haben auch ebenso keine Lust auf Linksextremisten, die hier alles kaputt machen wollen, was auch nur im Entferntesten mit geordneten Verhältnissen und Wohlstand zu tun hat.
Diesen Linksextremisten muss endlich entgegengewirkt werden! Denk mal darüber nach, geh in Dich. So wie jetzt kann es nicht weitergehen.

Natürlich wirst Du jetzt sagen: „Es ist doch alles gut. Ich kann doch noch in den Urlaub fahren." Aber die Frage ist: Wie lange noch? Was jetzt noch gut ist, kann morgen schon nicht mehr so gut sein. Auf der Titanic hat auch bis zum bitteren Ende die Musik gespielt, aber das Schiff ging trotzdem unter. Du musst nur mal ganz konkret an die Zukunft denken. Was meinst Du denn, wo die ganzen Entwicklungen, die aktuell von unserer linksgrün verstrahlten Politik eingeleitet werden, hinführen? Zähl mal eins und eins zusammen, dann hast Du es schon. Außerdem gibt es jetzt schon viele Michels, die sich das, was Du Dir vielleicht noch leisten kannst, selbst schon lange nicht mehr leisten können. Es gibt immer mehr Arme. Sieh Dich nur mal um, geh in die Städte, dort siehst Du den Anfang. Alte Frauen und Männer, die in Mülleimern nach Flaschen und etwas Essbarem wühlen. Eine Schande ist das! Eine Schmach für unser Land! Aber die linkspolitischen Spendierfritzen schwadronieren ja immer großmäulig über den Wohlstand, den sie selbst zwar nicht erwirtschaftet haben, aber großzügig an alles und jeden verteilen, vor allem an sich selbst.

Ja, noch gibt es ihn, den Wohlstand. Das will ich gar nicht abstreiten. Noch gibt es ihn – noch. Doch glaube mir, die Deutschlandabschaffer sind schon fleißig dabei, alles zu vernichten. Was der Euro nicht restlos schafft, wird von denen dann endgültig dahingerafft.

Also, lieber Michel, ich meine es nur gut mit Dir. Nur die anderen machen zu lassen, kann nicht ewig Dein Motto bleiben, Du musst jetzt auch mal selbst den Arsch hochbekommen. Dir muss klar sein: Die Abschaffer werden Dir nichts lassen – gar nichts! Sogar Deinen geliebten Gartenzwerg werden sie Dir wegregulieren! Das alles werden sie tun, weil sie Dich als Problem sehen. Kapier es bitte endlich!

Ich weiß, Du hast keine Lust auf Zoff und willst weiterschlafen, aber leider wirst Du diesmal nicht so leicht davonkommen. Entweder Du wehrst Dich endlich, oder Du unterschreibst durch Deine Untätigkeit Deinen eigenen Untergang. Es liegt ganz bei Dir.

Und eins zum Schluss noch: Ich schreibe das Ganze nicht, weil ich Dich ärgern will, sondern weil mir was an der Zukunft dieses Landes und auch an der Zukunft unserer Nachfahren liegt. Verstehst Du? Dar-

an sollte Dir eigentlich auch gelegen sein. Wir haben das gleiche Ziel, und vereint können wir es schaffen. Diese Ziele sind der Erhalt der eigenen Identität und Kultur sowie eine Stärkung der Demokratie durch Volksentscheide. Ich denke, daran sollte jedem vernünftigen Menschen gelegen sein. Natürlich wird es nicht leicht, diese Ziele zu erreichen, doch es gibt Methoden, mit denen wir es schaffen können. Selbstverständlich nur, wenn auch wirklich genügend Menschen mitmachen, was ein Problem darstellt, das ist klar. Du musst an dieser Stelle Deine Ängste überwinden. Wenn die Politik nicht einlenkt und weiterhin das Einführen von Volksabstimmungen verhindert, dann muss ein Großteil der Menschen zusammenhalten und durch Arbeitsverweigerung seinen Protest ausdrücken. Oder – so riskiert auch niemand seinen Arbeitsplatz – ein Großteil der Deutschen verweigert zeitweise den Konsum. Auf diese Weise können wir Druck auf die Politik aufbauen, denn das tut ihnen weh. Ich weiß, momentan ist das fast undenkbar. Doch mit der Zeit wachen immer mehr Menschen auf, daran müssen wir einfach glauben. Anders schaffen wir es nicht. Und wir müssen uns klare Forderungen überlegen und für diese demonstrieren. Raus aus dem Sessel und auf die Straße. Wir brauchen mehr direkte Demokratie, mehr Kontrolle über die Politiker, eine strikte Begrenzung der invasionsartigen Massenzuwanderung und eine Abkehr von linksradikalem Gedankengut! Und selbstverständlich eine Abkehr von Eine-Welt-Gleichschaltungsfantasien, die alles und jeden in den Untergang führen würden und werden, wenn wir uns nicht dagegenstemmen. Das alles muss gestoppt werden, doch es funktioniert nur, wenn auch DU Deinen Beitrag dazu leistest.

Ich hoffe, Du siehst das ein. Lass uns aufstehen!

In bester Hoffnung

Dein Andreas Falk

So, der Brief ist abgeschickt. Nun hoffe ich, dass der deutsche Michel ihn auch aufmerksam liest. Ob es etwas nützen wird? Ich weiß nicht... Ich bin Optimist, aber auch Realist. Vielleicht werde ich ja doch noch positiv überrascht. Die Hoffnung stirbt zuletzt!

Ich sehe aus dem Fenster in den trüben Himmel. Es regnet, aber das macht nichts. Ich mag den Regen. Ich mag auch den Sonnenschein, die Wiesen und Blumenfelder, die Wälder und Berge, Flüsse und Seen, das Herbstlaub und den Schnee. Das alles mag ich und das alles ist Teil von meinem Heimatland. Ich liebe dieses Land, möge es für alle Zeiten geschützt sein!

Doch eines trübt meine Stimmung. Es sind nicht die dunklen Wolken, die ich gerade erblicke und die wie ein Symbol für die Zukunft stehen, sondern das drohende Chaos, das ich befürchte, und das sogar schon in Ansätzen bei uns weilt. Es ist ein Chaos, das in seiner Gestalt noch viel größer und dunkler daherkommt als die Regenwolken. Es ist ein schier undurchdringbarer Nebel, auf dessen Ausläufern sich eine hässliche Fratze abbildet. Es ist die Fratze der Lüge und des Verrats.

Dieser stinkende, schier undurchdringliche Lügendunst schwebt über Deutschland. Es ist an uns, die wir dieses Land lieben und es schützen wollen, diesen Dunst zu vertreiben. Mögen wir eine Möglichkeit finden. Möge Gott uns die Kraft schenken.

An dieser Stelle möchte ich Dir, lieber Leser, gerne noch ein Zitat von Johann Wolfgang von Goethe mit auf den Weg geben.

„Niemals darf ein Mensch, niemals ein Volk wähnen, das Ende sei gekommen. Güterverlust lässt sich ersetzen; Über anderen Verlust tröstet die Zeit; Nur ein Übel ist unheilbar: Wenn ein Volk sich selbst aufgibt.“

Ihr lieben Menschen, ich will euch zum Schluss nur um eines bitten: Werdet endlich vernünftig!

An diejenigen, die es schon sind: Meine Gratulation!

Quellenverzeichnis

(1) Röhl, K. R. (2002). *Verbotene Trauer. Ende der deutschen Tabus* (Genehmigte Sonderausgabe). Rottenburg: Kopp Verlag. (S. 56f.)

(2) www.welt.de/wirtschaft/article138326984/Merkel-will-die-Deutschen-durch-Nudging-erziehen.html

(3) www.youtube.com/watch?v=gY3nVUD8eqE)

(4) www.youtube.com/watch?v=Gx97aqRNAxQ (ab Minute 18:54)

(5) www.mdr.de/thueringen/sued-thueringen/suhl-auseinandersetzungen-fluechtlingsheim100.html

(6) www.focus.de/politik/deutschland/krawalle-in-heidenau-gewaltsamer-mob-protestierte-vor-fluechtlingsunterkunft-31-polizisten-verletzt_id_4896683.html

(7) www.mdr.de/sachsen/ueberfall-polizeistation-leipzig100_zc-f1f179a7_zs-9f2fcd56.html

(8) www.stern.de/politik/deutschland/heidenau---ein-kommentar-von-philipp-jessen---ich-will-nicht-mehr-mit-euch-nazis-reden--6416264.html

(9) www.tagesspiegel.de/medien/tagesthemen-kommentar-zur-hetze-gegen-fluechtlinge-anja-reschke-fordert-einen-neuen-aufstand-der-anstaendigen/12155988.html

(10) www.facebook.com/TilSchweiger/posts/689179144546092

(11) www.facebook.com/TilSchweiger/posts/700148730115800

(12) www.welt.de/kultur/article145820379/Lasst-uns-Auschwitz-wieder-eroeffnen.html

(13) http://derstandard.at/2000018722025/Neue-Regeln-fuer-Hetze-gegen-Minderheiten

(14) www.achgut.com/dadgdx/index.php/dadgd/article/an_allem_ist_pegida_schuld

(15) www.tagesspiegel.de/weltspiegel/reform-der-toetungsdelikte-mord-soll-nicht-mehr-bleiben-was-er-war/11985522.html

(16) www.ardmediathek.de/tv/G%C3%BCnther-Jauch/P%C3%B6beln-hetzen-drohen-wird-der-Hass-g/Das-Erste/Video?documentId=31170854&bcastId=8109878 (Ab 00:30:35)

(17) www.welt.de/politik/deutschland/article136047533/Deutsche-Leitkultur-ist-das-Grundgesetz.html

(18) www.ardmediathek.de/tv/G%C3%BCnther-Jauch/P%C3%B6beln-hetzen-drohen-wird-der-Hass-g/Das-Erste/Video?documentId=31170854&bcastId=8109878 (Ab 00:54:02)

(19) www.ardmediathek.de/tv/G%C3%BCnther-Jauch/P%C3%B6beln-hetzen-drohen-wird-der-Hass-g/Das-Erste/Video?documentId=31170854&bcastId=8109878 (Ab 00:54:27)

(20) www.ardmediathek.de/tv/Hart-aber-fair/Abschieben-abschrecken-abschotten-zi/Das-Erste/Video?documentId=31310688&bcastId=561146 (Ab 01:10:19)

(21) https://jungefreiheit.de/politik/deutschland/2015/bombardierung-dresdens-gruene-beklagen-opfermythos/

(22) Courtois, S. (2004). *Das Schwarzbuch des Kommunismus: Unterdrückung, Verbrechen und Terror* (2. Aufl.). München: Piper Verlag GmbH. (S. 16)

(23) www.youtube.com/watch?v=AZZSUgZFTlk

(24) https://jungefreiheit.de/politik/deutschland/2015/linksextremist-pruegelt-95jaehrigen-ins-krankenhaus/

(25) www.metropolico.org/2015/11/03/brandanschlag-auf-demo-fuer-alle-initiatorin/

(26) www.bild.de/politik/inland/heiko-maas/mehr-angriffe-schreckliche-drohungen-zielscheibe-politiker-46139670.bild.html

(27) https://jungefreiheit.de/politik/deutschland/2015/linken-abgeordnete-auf-we-love-volkstod-demonstration/

(28) www.metropolico.org/2015/11/09/notwendigkeit-terroristischer-gruppierungen/

(29) www.sueddeutsche.de/panorama/landtagswahl-in-baden-wuerttemberg-afd-plakataufsteller-in-karlsruhe-beschossen-1.2832067

(30) www.faz.net/aktuell/politik/die-gegenwart/studie-zum-linksextremismus-13443452-p3.html?printPagedArticle=true#pageIndex_4

(31) Schroeder, K., Deutz-Schroeder, M. (2015). *Gegen Staat und Kapital - für die Revolution! Linksextremismus in Deutschland - eine empirische Studie.* Frankfurt: Peter Lang GmbH. (S. 409f.)

(32) https://jungefreiheit.de/debatte/streiflicht/2015/das-klima-wird-vergiftet/

(33) www.zeit.de/campus/2016-06/ideologien-politische-einstellung-studium-links-rechts-werte/komplettansicht

(34) http://remszeitung.de/2016/6/3/stadt-sprecher-betont-ob-arnold-wusste-von-der-inszenierung-nichts/

(35) www.tagesspiegel.de/politik/fluechtlinge-in-deutschland-es-ist-zeit-fuer-einen-neuen-aufbau-ost/12062620.html

(36) https://linksunten.indymedia.org/de/node/98365

(37) http://dip21.bundestag.de/dip21/btd/13/044/1304445.pdf)

(38) www.daserste.de/unterhaltung/talk/maischberger/videos/neue-heimat-wie-veraendern-fluechtlinge-unser-land-104.html (Ab 42:33)

(39) www.daserste.de/unterhaltung/talk/maischberger/videos/neue-heimat-wie-veraendern-fluechtlinge-unser-land-104.html (Ab 37:27)

(40) www.daserste.de/unterhaltung/talk/maischberger/videos/neue-heimat-wie-veraendern-fluechtlinge-unser-land-104.html (Ab 40:34)

(41) www.daserste.de/unterhaltung/talk/maischberger/videos/neue-heimat-wie-veraendern-fluechtlinge-unser-land-104.html (Ab 16:00)

(42) www.zeit.de/wirtschaft/2015-09/fluechtlinge-arbeitsmarkt-arbeitslosenquote-qualifizierung

(43) https://jungefreiheit.de/kultur/medien/2015/ard-raeumt-verzerrte-berichterstattung-zu-asylbewerbern-ein/

(44) www.uno-fluechtlingshilfe.de/fluechtlinge/zahlen-fakten.html

(45) Scholl-Latour, Peter, *Der Fluch der bösen Tat*, Ullstein 2015

(46) www.express.de/koeln/sexuelle-uebergriffe-polizist--so-brutal-war-das-chaos-am-koelner-hbf-an-silvester-23252866

(47) van Helsing, J., Erdmann, S. (2016). *Whistleblower: Insider aus Politik, Wirtschaft, Medizin, Polizei, Geheimdienst, Bundeswehr und Logentum packen aus* (2. Aufl.). Fichtenau: Amadeus Verlag GmbH & Co. KG., (S. 25f)

(48) *Kopp Exklusiv* – Ausgabe 49/15 (S. 8)

(49) www.faz.net/aktuell/politik/dalai-lama-tenzin-gyatso-im-interview-zur-fluechtlingskrise-14260431.html

(50) www.zeit.de/wissen/2015-02/kuenstliche-befruchtung-mitochondrien-abstimmung-grossbritannien

(51) www.abtreiber.com/archiv/meld001.htm

(52) www.deutschlandradiokultur.de/jutta-ditfurth-ueber-abtreibungsgegner-eine-massive.1008.de.html?dram%3Aarticle_id=323989

(53) www.gaystream.info/#!Frau-Roth-h%C3%B6ren-Sie-auf-uns-Homosexuelle-ideologisch-zu-missbrauchen/cjds/574c9c6e0cf2cfb4b4a3541d

(54) www.ardmediathek.de/tv/G%C3%BCnther-Jauch/Fl%C3%BCchtlingsrepublik-Deutschland-wo-lie/Das-Erste/Video?documentId=30919278&bcastId=8109878 (Ab 00:24:41)

(55) www.ardmediathek.de/tv/G%C3%BCnther-Jauch/Fl%C3%BCchtlingsrepublik-Deutschland-wo-lie/Das-Erste/Video?documentId=30919278&bcastId=8109878 (Ab 00:45:45)

(56) www.youtube.com/watch?v=_AYcGDCZ4zs

(57) www.orwell-staat.de/zitate.htm

(58) www.smixx.de/ra/Links_U-Z/Zwei-Plus-Vier-Vertrag.pdf

(59) www.gesetze-im-internet.de/gg/art_146.html
www.youtube.com/watch?v=vjf3WMzPvpY

(60) www.metropolico.org/2015/08/03/noch-weniger-mitbestimmung/

(61) www.swr.de/landesschau-aktuell/rp/interview-mit-mainzer-politikwissenschaftler-mielke-jetzige-pegida-afd-zu-sehr-pack-partei/-/id=1682/did=16440736/nid=1682/1f3r3i9/

(62) Jünger, E. (2014), *Der Waldgang* (Erstausgabe 1951), Stuttgart: J.G. Cotta'sche Buchhandlung Nachfolger GmbH. (S. 86f.)

(63) www.morgenweb.de/nachrichten/politik/sie-konnen-es-nicht-lassen-1.2620328

(64) www.compact-online.de/zeuge-des-frauke-petry-interviews-das-hat-sie-niemals-gesagt/

(65) www.tagblatt.de/Nachrichten/Tuebinger-OB-Mehr-Fluechtlinge-gehen-nicht-249468.html

(66) www.swr.de/swr4/bw/region-aktuell/stuttgart/tuebingens-ob-zur-fluechtlingskrise-palmer-wuenscht-sich-bewaffnete-grenztruppen/-/id=258338/did=16358010/nid=258338/t0ptn2/index.html

(67) www.gesetze-im-internet.de/uzwg/__11.html

(68) www.spiegel.de/politik/deutschland/saudi-arabien-und-sigmar-gabriel-reden-ist-silber-waffen-sind-gold-a-1073627.html

Über den Autor

Andreas Falk (Jahrgang 1980) interessiert sich schon seit frühester Jugend für die Themenbereiche Geschichte, Wissenschaft und Politik. Weiterhin ist ihm eine sehr starke Liebe zur Heimat und Kultur gegeben, die er durch die politischen und gesellschaftlichen Entwicklungen der letzten Jahre zunehmend bedroht sieht.

Der Autor kommt aus dem sozialwissenschaftlichen Bereich und fühlt sich gerade wegen dieses Hintergrundes dazu verpflichtet, auch einmal eine andere Sichtweise auf die gesellschaftlichen Verhältnisse in Europa, insbesondere in Deutschland, aufzuzeigen.

Das Buch *Der Naziwahn* stellt hierbei den Auftakt einer Reihe von kritischen Werken dar.

Kontakt ist über den Amadeus Verlag möglich – siehe Impressum

WHISTLEBLOWER

Jan van Helsing

Insider aus Politik, Wirtschaft, Medizin, Polizei, Geheimdienst, Bundeswehr und Logentum packen aus!

Edward Snowden, der US-amerikanische Whistleblower, der 2013 geheime Dokumente über verschiedene Überwachungssysteme der US-Geheimdienste veröffentlichte, ist den meisten bekannt. Sicher auch Julian Assange, der Sprecher der Whistleblower-Plattform *Wikileaks*, die es sich zum Ziel gesetzt hat, geheimgehaltene Dokumente allgemein verfügbar zu machen. Beide haben im Ausland Asyl beantragt, weil man sie juristisch wegen Verrats belangen möchte. Man will sie jedoch nicht bestrafen, weil sie Unwahrheiten oder Lügen verbreitet haben – nein: Man will sie bestrafen, weil sie den Menschen die Wahrheit gesagt haben, die Wahrheit darüber, dass wir alle von unseren Regierungen und deren Geheimdiensten überwacht und ausspioniert werden.
Ist es das, wofür wir unsere Volksvertreter gewählt haben? Eigentlich haben wir sie doch gewählt, damit sie unsere Interessen vertreten, damit sie uns beschützen und Schaden von uns abhalten. Ist es nicht viel eher so, dass sie inzwischen ganz anderen Interessen dienen?

Für dieses Buch haben *Jan van Helsing* und *Stefan Erdmann* 16 Whistleblower interviewt, die u.a. zu folgenden Themen auspacken:

- Wie geht es in deutschen Asylantenheimen wirklich zu?
- Ist Deutschland souverän? Ist die BRD ein Staat oder eine Firma?
- Was ist *Geomantische Kriegsführung*?
- Was tat die Schweizer Geheimarmee *Abteilung 322*?
- Es werden viele alternative sowie schulmedizinische Therapieformen unterdrückt!
- Gibt es das „Geheime Bankentrading" wirklich?
- Wie sparen Großunternehmen und soziale Einrichtungen über Stiftungen Steuern?
- Die Demonstranten in Hongkong 2014 waren bezahlt!
- Der Ruanda-Kongo-Krieg war wegen Rohstoffen angezettelt worden!
- Warum es bei Film und Radio nur „Linke" geben darf...
- Wie Geheimdienste bei Mobilfunkanbietern zugreifen können.
- Der Sohn eines Illuminaten enthüllt Hintergründe des Ersten und Zweiten Weltkriegs.
- Ein Schottenritus-Hochgradfreimaurer spricht über UFOs und Zeitreisen.
- Die Zeit ist reif für die Wahrheit – auch wenn sie vielen nicht schmecken mag. Aber darauf
- wollen wir keine Rücksicht nehmen. Denn auf uns nimmt auch keiner Rücksicht!

ISBN: 978-3-938656-90-7 • 23,30 Euro

BEVOR DU DICH ERSCHIEßT, LIES DIESES BUCH!

Jan van Helsing

Wie schaut's aus? Sind Sie gerade an einem Punkt angelangt, an dem Sie sich die Kugel geben wollen, weil Ihnen das Wasser bis zum Hals steht oder weil Sie keine Ahnung haben, wie Sie die aktuellen Rechnungen bezahlen sollen? Ist Ihre Ehe zerbrochen, Ihr Freund oder gar Ihr Kind gestorben, oder hat ein schwerer Unfall Ihr Leben derart verändert, dass Sie keinen Sinn mehr darin sehen? Doch halten Sie inne, Sie sind nicht alleine! Viel mehr Menschen, als Sie sich vorstellen können, sind momentan in extreme innere Prozesse verwickelt. Und es werden mehr, immer mehr – weltweit! Und das hat einen besonderen Grund! Interessiert es Sie, warum gerade jetzt so viele Menschen durch persönliche Krisen gehen? Wieso gerade jetzt in allen Ländern der Welt die Menschen auf die Straße gehen, ihren Mund aufmachen und Revolutionen anzetteln – auch in Deutschland?

ISBN 978-3-938656-48-8 • 21,00 Euro

WENN DAS DIE DEUTSCHEN WÜSSTEN...

Daniel Prinz

...dann hätten wir morgen eine (R)evolution!"

Wussten Sie, dass Ihr Personalausweis oder Ihr Reisepass nicht Ihre deutsche Staatsangehörigkeit bestätigt und fast alle Deutschen in ihrem eigenen Land staatenlos sind? Nein? Es gibt tatsächlich ein Dokument, welches die rechtmäßige Staatsangehörigkeit bescheinigt, aber es ist keines der beiden zuvor genannten. Nur wenige Deutsche sind im Besitz dieser speziellen Urkunde, z.B. viele Staatsanwälte, Notare, Bundespolizisten oder Politiker. Wussten Sie zudem, dass Gerichtsvollzieher in der BRD seit 2012 keine Beamten mehr sind oder dass die BRD selbst gar kein Staat ist – und auch nie war –, sondern eine von den Alliierten installierte Verwaltung, die großteils innerhalb einer „Firmenstruktur" operiert? War Ihnen geläufig, dass wir bald in die „Vereinigten Staaten von Europa" übergehen und die Menschen in „handelbare Waren" umfunktioniert werden? Haben Sie sich nicht auch schon gewundert, wieso aus dem Arbeitsamt eine „Agentur für Arbeit" geworden ist oder warum Sie vor Gericht als „Sache" behandelt werden und nicht als Mann oder Frau? Der Autor beantwortet nicht nur diese Fragen ausführlich, sondern zeigt zudem auf, welche höchst raffinierten und hinterhältigen Mechanismen eingesetzt werden, die uns alle versklavt haben und dafür sorgen sollen, dass wir aus dem gegenwärtigen, riesigen Hamsterrad nie ausbrechen.

ISBN 978-3938656-27-3 • 21,00 Euro

Schon 200.000 mal verkauft in Deutschland!

HÄNDE WEG VON DIESEM BUCH!

Jan van Helsing

Sie werden sich sicherlich fragen, wieso Sie dieses Buch nicht in die Hand nehmen sollen. Handelt es sich hierbei nur um eine clevere Werbestrategie? Nein, der Rat: **„Hände weg von diesem Buch!"** ist ernst gemeint. Denn nach diesem Buch wird es nicht leicht für Sie sein, so weiterzuleben wie bisher. Heute könnten Sie möglicherweise noch denken: *„Das hatte mir ja keiner gesagt, woher hätte ich denn das auch wissen sollen?"* Heute können Sie vielleicht auch noch meinen, dass Sie als Einzelperson sowieso nichts zu melden haben und nichts verändern können. Nach diesem Buch ist es mit dieser Sichtweise jedoch vorbei! Sollten Sie ein Mensch sein, den Geheimnisse nicht interessieren, der nie den Wunsch nach innerem und äußerem Reichtum verspürt hat, der sich um Erfolg und Gesundheit keine Gedanken macht, dann ist es besser, wenn Sie den gut gemeinten Rat befolgen und Ihre Finger von diesem Buch lassen.

ISBN 978-3-9807106-8-8 • 21,00 Euro

WAS SIE NICHT WISSEN SOLLEN! – Band 2

Michael Morris

Was sind die Pläne der Geheimen Weltregierung?

In seinem 2011 erschienenen Bestseller „Was Sie nicht wissen sollen" führt Michael Morris anschaulich aus, wie eine kleine Gruppe von Bankiers dabei ist, durch Wirtschafts- und Währungskriege die totale Herrschaft über die Welt zu erlangen. In Band 2 legt er nun den Fokus auf den politischen und militärischen Aspekt der „Neuen Weltordnung". Die USA haben die Welt mehr als einhundert Jahre lang dominiert, doch ihr Stern sinkt, und die Machthaber im Hintergrund wehren sich verbissen dagegen. Sie intervenieren zwanghaft rund um den Erdball. Doch woher stammt ihr destruktiver Einfluss auf die EU?

Eine kleine Gruppe von Psychopathen ist für die Kriege in Afghanistan, im Irak und in Syrien ebenso verantwortlich wie für den Konflikt in der Ukraine und den „Arabischen Frühling". Afrika sowie der Nahe und Mittlere Osten versinken bereits im Chaos, das nun gesteuert auf Europa übergreift. Die Terroranschläge von Paris waren erst der Anfang! In Europa und in den USA werden Polizei-, Gendarmerie- und Militäreinheiten aufgerüstet und für die brutale Niederschlagung von lang vorbereiteten Bürgerkriegen trainiert.

Erfahren Sie, was es wirklich mit der NATO, dem weltweiten Terrorismus, dem Konflikt in der Ukraine und dem Krieg gegen Russland auf sich hat.

ISBN 978-3938656-40-2 • 23,30 Euro

GEFÄHRLICH!

Stefan Müller

Du bist viel mächtiger, als Du denkst!

Es gibt Strukturen in unserer Gesellschaft – sei es in Politik, Wirtschaft oder Religion –, die haben ein starkes Interesse, dass Du Dich für einen unbedeutenden und hilflosen Menschen hältst. Dieses Buch ist für diese Kreise äußerst gefährlich, denn es enthält Geheimnisse, die Du nicht kennen sollst. Diese Informationen können Dich befreien! Vor allem machen sie Dich stark und selbstbewusst. Das Leben ist einfach zu kurz, um es unbewusst und vor dem Karren einer anderen Autorität zu verbringen. Es ist Dein Leben! Lebe dieses Leben „Like a Boss", nicht wie ein Bittsteller. Gehe erhobenen Hauptes durch die Welt, denn dazu hast Du jede Berechtigung: Du bist ein unglaublich machtvoller Schöpfer! Willst Du Deine körperlichen und geistigen Fesseln sprengen und endlich das Leben führen, das Dir zusteht? Dann triff eine Entscheidung. Und ich helfe Dir dabei.

ISBN 978-3-938656-08-2 • 17,80 Euro

VERRATEN – VERKAUFT – VERLOREN?

Gabriele Schuster-Haslinger

Der Krieg gegen die eigene Bevölkerung

Wir Menschen werden – speziell in der westlichen Welt – gezielt manipuliert. Wir wissen, dass die Politiker unfrei sind und selten zum Wohle des Volkes entscheiden. Medien werden für Propaganda genutzt. Es ist mittlerweile auch bekannt, dass Konzerne politische Entscheidungen diktieren. Dass wir jedoch in sämtlichen Alltagsbereichen absichtlich verraten, belogen und betrogen werden, ist der Bevölkerung meist nicht bekannt. Wussten Sie beispielsweise, dass Ex-Papst Benedikt vom *Internationalen Tribunal für die Aufklärung der Verbrechen von Kirche und Staat* (ITCCS) wegen angeblichem rituellen Kindesmord angezeigt wurde? Oder dass Fluorid bereits vor 75 Jahren eingesetzt wurde, damit die Menschen stumpfsinnig wurden und nicht auf die Idee kamen, zu rebellieren? Es ist ein unvorstellbar großes Netzwerk, das alle Lebensbereiche durchdringt und beeinflusst. Wer sind die Drahtzieher?

ISBN 978-3-938656-32-7 • 26,00 Euro